Study on Technological
Innovation Investment
and Adoption Strategies of Enterprises in
Later-development Countries

后发国家企业技术创新投入和采纳策略研究

张 伟 ◎ 著

中国财经出版传媒集团

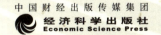

经济科学出版社
Economic Science Press

前　言
Preface

当前，提升企业自主创新能力，支持企业尽快成为技术创新的主体，是我国实施创新驱动发展战略建设创新型国家的一项重大战略任务。与先发国家企业技术创新不同，我国这样的后发国家，企业技术创新面临先发国家企业的巨大竞争压力，这对后发国家企业技术创新的策略选择具有直接和很大的影响。本书综合运用技术创新管理理论、产业组织理论、博弈论与信息经济学、决策论以及优化理论等，采用理论分析与数值模拟相结合的方法，考虑先发国家企业技术优势、先发国家企业对后发国家企业的价格打压、后发国家引进技术时的技术回报不确定性、技术溢出、政府激励等因素，研究这些因素对后发国家企业技术创新投入与采纳策略的影响。

第一，针对在后发国家市场中具有技术优势的先发国家企业和生产同质产品的后发国家企业竞争情况，从三个方面研究了后发国家企业的技术创新投入策略。一是假设后发国家市场为股份制公有企业、纯私有企业、合资企业的混合三寡头竞争市场，研究后发国家企业私有化程度、合资企业中的国内控股比例对后发国家企业技术创新投入的影响。研究认为，后发国家企业的技术创新投入随着后发国家私有化程度以及合资企业的国内控股比例的变化而变化。二是考虑先发国家企业的技术优势，后发国家政府往往给予本国企业研发投入补贴和研发产出补贴，研究政府的两种补贴策略对企业技术创新投入的影响。研究认为，研发产出补贴策略对本国企业创新投入的激励作用要优于研发投入补贴策略。三是假设市场是含有一个先发国家企业和两个后发国家企业的三寡头竞争市场，研究后发国家两企业之间在研发竞争、研发卡特尔、共同实验三种竞争与合作模式下的创新投入策略。研究认为，在先发国家企业具有技术优势的竞争环境下，研发卡特尔竞争是后发国家企业技术创新的最优策略。

第二，针对在后发国家市场具有领先技术的先发国家企业和生产差异化产品的后发国家企业进行价格竞争情况，从两个方面研究了后发国家企业的技术创新投入策略。一是假设市场竞争为同时价格竞争，把后发国家企业分为公有企业和私有企业两种情形，研究企业私有化程度、研发投入补贴对后发国家企业技术创新投入的影响。研究表明，后发国家企业的私有化将会降低国内企业的创新投入，研发投入补贴对后发国家私有企业技术创新投入具有一定的激励作用。二是假设在市场竞争阶段先发国家企业先制定产品价格作为价格主导者，后发国家企业作为价格追随者，研究了后发国家政府给予本国企业研发投入补贴和研发产出补贴两种方式下的企业技术创新投入策略。研究表明，当产品差异较大时，研发产出补贴政策更能激励后发国家企业增加创新投入；当产品差异较小时，研发投入补贴政策激励作用更强。

第三，研究了溢出效应下生产差异化产品的后发国家企业技术创新投入策略。假设先发国家企业作为领导者率先进行技术创新投入，后发国家企业跟随进行创新投入，分析技术溢出与产品差异性对企业技术创新投入的影响。研究表明，当先发国家企业与后发国家企业的技术创新效率相当时，后发国家企业的技术创新投入与技术溢出正相关；当先发国家企业技术创新效率较高且后发国家企业技术创新效率较低时，技术溢出的增加会降低后发国家企业的技术创新投入。进一步，考虑政府激励因素以及技术溢出，分析了产品差异性、技术溢出、研发投入补贴对后发国家企业技术创新投入策略的影响。研究认为，后发国家企业的技术创新投入随着研发投入补贴的增加而增加。如果两企业之间的产品差异不大，并且政府给予企业的研发投入补贴不多时，随着技术溢出的增加，后发国家企业的技术创新投入将减少；如果企业的产品差异较大，并且政府给予企业的研发投入补贴较多时，随着技术溢出的增加，后发国家企业技术创新投入将增大。

第四，研究了后发国家企业从先发国家企业购买新技术实施创新时的技术采纳策略问题。考虑企业在采纳新技术过程中的技术溢出、创新回报不确定性、技术采纳时间以及贴现率等因素，研究了后发国家企业的新技术最优采纳时间。研究表明，随着创新回报不确定性的增加，率先采纳新技术的企业越应及早采纳新技术。在古诺竞争和伯川德竞争情形下，创新回报不确定性、产品差异以及技术溢出变化时，后发国家企业采纳新技术的最优时间也将随之发生改变。

　　第五，本书在理论研究基础之上，通过多个企业技术创新案例剖析，对前述理论分析结果进行了验证说明，论证了理论研究的合理性与科学性。

目 录
Contents

第1章

绪　论

1.1　研究背景及意义

随着经济全球化和科学技术的迅速发展，技术更新的速度越来越快。世界经济体系呈现以掌握关键核心技术、拥有优质科技创新资源和很高经济发展水平的先发国家为中心，以科技经济发展水平相对不高的后发国家为边缘的结构。先发国家处于世界科技前沿，企业依靠自主创新，具有很强的全球竞争力和很好的经济效益；后发国家自主创新能力薄弱，无论在技术创新能力上还是在经济发展水平上都与先发国家存在显著差距。

对于我国这样的后发国家来说，核心技术受制于人，企业处于国际产业价值链的中低端（傅晓霞、吴利学，2013）。后发国家依靠引进技术实施创新，能够促进经济发展和增加就业，但是很难提升经济发展质量和效益（徐示波等，2015），以先进技术为特征的竞争优势无法通过引进技术的常规过程获取，现代经济中技术进步主要来源于以技术创新为目的的研究与开发活动。对于后发国家来说，在新的世界经济格局中摆脱比较优势陷阱和后发劣势窘境是一项艰巨的任务，而其关键在于加快提升技术创新能力，技术创新已经成为动态竞争优势和经济持续发展的源泉，后发国家发展必须技术创新。但是，后发国家技术创新面临诸多困难，常常陷入技术引进陷阱，也就是引进—落后—再引进—再落后。技术引进还会导致后发国家忽略自主创新能力的培育。例如，东南亚经济危机暴露出该地区经济发展依托雁行模式，产业和科技结构建立在引进加工的出口平台上，没有实现自主发展（张世龙、马尚平，2014）。因此，后发国家要实现经济转型升级并真正赶超先发国家，一方面，要通过引进技术实施二次创新；另一方面，必须加强企业自主创新以尽快提高技术创新能力（张世龙、马尚平，2014）。例如，第二次世界大战后，日本的某些产业以及企业通过直接引进欧美的先进技术，利用在生产线上的二次创新，在相关技术上成功地实现了赶超，提升了自主创新能力；韩国一些企业从原始设备生产商到原始设计制造商再到原始品牌制造商，使其技术能力在较快时间内接近甚至在某些领域超过了发达国家企业的技术水平，为本国企业的自主创新发展打下了坚实基础。日本、韩国的这种发展历程在当时的背景下确实可以借鉴。随着全球技术迅速发展，技术生命周期越来越短，这对目前后发国家企业的技术创新提出了新的、更高的要求与挑战。

进入知识经济时代，经济和技术的全球化推动人类社会上升到一个前所未有的高度，但对于后发国家来说，其受惠程度远远不及先发国家，甚至与先发国家的差距有加大的趋势。在垂直化国际分工中，核心技术溢出变得越来越困难，"干中学"对母国人力资本和知识技术存量的要求越来越高，这意味着后发国家在"依附型经济"发展模式的路径下，无论在技术水平还是经济发展上都会被先发国家拉开更大的差距；此外，以"追赶型"为主的后发国家在刚开始可能会拥有比发达国家更高的经济增长率，但是当后发国家接近技术前沿时，其也不得不面对一个经济放缓的事实。另外，知识产权保护制度的全球化，虽然有利于激励创新主体的创新行为，但同时也在一定程度上限制了落后者的技术进步，使技术差距有可能进一步拉大。所以，后发国家要想在激烈竞争的国际环境中求得发展，必须选择适合自己的技术创新模式，进行技术创新。后发国家企业一方面要实施"引进、消化吸收、再创新"的技术创新模式；另一方面必须加强自主创新，加大创新投入，提升企业自主创新能力，提高自主品牌产品在国际高端市场的占有率，提升其在国际分工中的地位和竞争力。后发国家企业技术创新与先发国家不同，在技术创新过程会面临更多方面的问题。

　　后发国家企业在技术创新过程中不仅面临本国企业之间的竞争，还会面临先发国家企业的竞争。先发国家企业具有较强的自主创新能力，在技术创新中往往作为创新领导者，后发国家企业作为创新跟随者。先发国家企业为了防止技术创新过程中的技术信息溢出到后发国家企业，会对后发国家企业采取一系列措施。首先，后发国家企业面临先发国家企业的知识产权保护，先发国家企业往往会控告后发国家企业侵犯其知识产权，提出索赔要求。如果控告成功，不仅能得到高昂的知识产权费用，还能对后发国家企业造成一定的打击。其次，后发国家企业面临价格竞争。有些先发国家企业在后发国家设置子企业，在后发国家生产产品，由于先发国家企业与后发国家企业的人力成本相同，原材料也从后发国家购买，先发国家企业具有先进技术和较高的生产效率，所以先发国家企业享有成本优势。如果知识产权保护没有对后发国家企业造成打击，这时先发国家企业可能会利用自己强大的资金实力、已经赚取的足够多的利润、先进技术以及成本等优势，对后发国家企业进行价格竞争。最后，后发国家企业还会面临先发国家企业采取高价收购兼并等策略。先发国家企业采取高价收购兼并等手段吸引后发国家企业，使后发国家企业在艰难的环境中好不容易培育出的高技术企业被其控股甚至成为其全资子公司。

　　后发国家企业从先发国家企业引进技术时，会面临很难得到先发国家企业核心技术的问题。积极吸引外商投资已成为发展中国家的重要发展战略之一，通过先发国家企业对后发国家的外资渗透，可以引进先进的生产技术，这样有利于后发国家企业的发展并间接提高后发国家企业的生产率，推动经济社会发展。但先发国家企业不可能将核心技术转移给后发国家企业，如果后发国家企业要想追赶，必须加大投入进行技术创新。例如，中国风电涂料由于起步较晚，叶片涂料几乎全部依赖从先发国家进口。同时，由于缺乏风电涂料行业标准，企业在研发叶片涂料时缺乏明确的技术参照，中国风电涂料市场被先发国家企业所垄断。对此，中国石油和化学工业联合会副会长周竹叶提出，要加大科研开发资金投入力度，掌握核心技术，全面提升技术水平，逐步改变受制于人的局面（姜虹，2011）。先发国家企业的领先技术优势使得其产品具有质量和成本的优势，这往往给后发国家企业造成一定的冲击，后发国家企业必须加大创新投入进行技术创新，改变被先发国家企业控制的局面。我国企业从投资主体的角度可分为多种类型，如股份制公有企业①、私有企业以及合资企业，不同类型企业追求的目标不一样，这也就意味着各自技术创新投入策略必然存在差异。

后发国家企业采纳先发国家企业技术时要面临新技术回报的不确定性以及采纳时间选择问题。引进—消化—吸收—再创新是后发国家企业的典型技术创新模式之一。消化吸收再创新是缩小技术差距、节省投资、加快技术发展的有效途径。先发国家技术并非免费的午餐，无论引进先进设备，还是购买技术专利，甚至进行单纯的技术模仿，都需要向先发国家企业支付可观的费用。在购买新技术后，后发国家企业要采纳购买的新技术，即企业新技术采纳。由于新技术往往并不是成熟的技术，所以企业采纳该新技术后的创新回报具有不确定性。同时，后发国家先采纳新技术的企业有可能向后采纳新技术企业产生技术溢出。这样，创新回报不确定性和技术溢出会对生产差异化产品的后发国家企业技术采纳策略有一定的影响。

与先发国家企业相比，后发国家企业技术创新投入水平普遍偏低，这时后发国家政府对本国企业的激励政策显得非常重要。一般后发国家政府通过给予本国企业创新补贴或者税收优惠，激励后发国家企业增加创新投入，使后发国家企业成为创新投入的主体，从而促进后发国家整体创新水平的提高和企业经营业绩的改善（仲伟俊、梅姝娥，2009）。

所以，后发国家企业的技术创新投入与采纳策略与先发国家企业不同，企业技术创新面临先发国家企业的巨大竞争压力，往往比先发国家企业更为复杂（傅晓霞、吴利学，2013）。另外，现有理论主要是从先发国家企业角度考虑，对后发国家企业的技术创新投入与采纳策略选择缺乏理论指导。因此，研究后发国家企业技术创新投入和采纳策略是亟须解决的问题。

---

① 2015 年 9 月，中共中央　国务院印发的《关于深化国有企业改革的指导意见》指出要深化国有企业改革，实行国有企业公司制股份制改革，发展混合所有制经济。

本书研究先发国家企业技术优势，先发国家企业对后发国家企业的价格打压、后发国家企业引进技术时的技术回报不确定性、技术溢出、政府激励等因素，对后发国家企业技术创新投入与技术采纳策略的影响。这既可以为后发国家企业管理者提供理论指导，也可以为政府制定政策提供帮助，具有积极的理论意义和现实意义。

1.2 国内外相关研究现状

目前，国内外有关企业技术创新投入和采纳策略的研究，绝大多数是基于先发国家企业，主要考虑溢出或者研发补贴等因素来分析企业创新类型、模式、强度以及时间（新技术采纳时间）等的选择。考虑市场上先发国家企业技术优势、先发国家企业对后发国家企业打压情形、后发国家企业性质等因素，研究企业技术创新投入与采纳策略的较少。本部分从技术溢出、研发补贴或环保税、后发国家企业类型、不确定情形，以及先发国家企业和后发国家企业竞争方面综述国内外学者对企业技术创新策略的研究状况，并对相关研究做简要评述。

1.2.1 考虑技术溢出的企业技术创新策略研究

企业技术创新成果很难被独占，可能会扩散到其他企业，从而产生溢出效应，这是技术创新的一个重要特点。技术溢出影响着企业的技术创新活动以及社会经济增长。由于技术溢出的重要性与特殊性，一些文献对研发竞争过程中的技术溢出展开了深入的研究。

对技术溢出最早的研究可以追溯到 20 世纪 60 年代。此后，技术溢出方面的众多文献大多是建立在阿斯普雷蒙特和雅克明（d'Aspremont & Jacquemin，1988）提出的 AJ 模型及卡米恩、穆勒和臧（Kamien，Muller & Zang，1992）提出的 KMZ 模型基础上。阿斯普雷蒙特和雅克明通过建立两阶段双寡头博弈模型，最早研究了技术溢出时两同质企业在古诺竞争市场结构下的研发投入策略以及最优研究与研发（R&D）投入水平。卡米恩等（Kamien et al.，1992）在 AJ 模型基础上首次提出了研发卡特尔以及研究共同体（research joint venture，RJV）卡特尔两种合作创新模式，研发卡特尔是指在研发阶段合作但在市场阶段竞争；RJV 卡特尔是指在研发阶段共同投入成立研究共同体，并共享研究开发成果，使联合体的利润最大化，但在市场阶段竞争，RJV 卡特尔模式与研发卡特尔模式近似，只是技术溢出水平取最大值为 1。阿米尔（Amir，1995）将 AJ 模型的成果溢出和 KMZ 模型的投资溢出在各种研发模式下进行了对比，研究表明，在卡来恩等（Kamein et al.，1992）提出的四种研发方式之下，当溢出水平相同时，成果溢出会导致较高的研发投入。

还有学者在考虑技术溢出时同时考虑竞争方式的影响。易（Yi，1996）考虑企业在进行以降低成本为目的的技术创新投入过程中存在的技术溢出，研究了古诺竞争情形下企业合作研发的社会福利效应，研究表明，当研发过程中的技术溢出率介于 0 与 1 的中间位置时，合作研发会减少企业的研发支出和社会剩余。宫城和大野（Miyagiwa & Ohno，2002）、西利波和维斯（Silipo & Weiss，2005）引入不确定性、技术溢出以及 RJV，对以往含有技术溢出的多寡头合作研发模型进行了扩充。阿塔拉（Atallah，2005）分析了非对称溢出强度对研发合作动机的影响。他指出，当平均溢出强度较大时，研发合作总能提高产业的总研发投资量。但是，与对称溢出下研发合作总能增加企业的利润相比，非对称溢出下研发合作有可能造成企业利润受损，因此，非对称溢出下企业之间的研发合作协议很难达成。特索里亚（Tesoriere，2015）考虑技术溢出，研究了随着研发卡特尔竞争数量的不同，企业的研发活动、总利润、消费者剩余以及社会福利的变化趋势，研究表明，技术溢出下研发卡特尔竞争的影响主要依靠社会福利标准以及企业之间是否有合作的协同效应。斯列夫科（Slivko，2014）假设企业的研发战略决策是内生的，企业可以从事研发或者放弃自己的研发去模仿外部的创新，研究了技术溢出与竞争压力对企业研发决策的影响。赵骅、丁丽英（2009）考虑到技术溢出，建立两阶段非合作博弈模型，在斯坦伯格竞争下分析了技术溢出对两个生产同质产品企业技术创新投入的影响。孙晓华、郑辉（2012）构建含有技术溢出的三阶段古诺竞争博弈模型，利用逆序归纳法求解，对不同合作研发模式下技术溢出对企业研发投资的影响和社会福利效应进行了分析，研究表明，在混合与水平合作情况下，水平溢出有利于企业研发投资和社会福利的提高，垂直溢出的社会福利效应并不确定。龙勇、姜寿成（2012）将参与企业的知识投入和知识开放水平视为内生变量，通过构造模型，对知识投入和知识开放水平在联盟不同时期对企业均衡利润的影响进行了分析。

企业在创新过程中的技术创新策略选择方面，王健聪（2011）考虑技术溢出，建立两阶段博弈模型，对两个生产同质产品的企业分别在合作研发、不合作研发两种创新策略下的选择问题进行了分析。张春辉、陈继祥（2011）考虑内生溢出性，利用演化博弈方法分析了企业的技术创新策略选择问题，以及内生溢出与研发投入对技术创新策略选择的影响，研究表明，内生溢出与R&D投入对创新策略选择的影响效应是相反的。艾兴政等（2012）考虑存在技术溢出和无技术溢出两种情形，分析了无合作创新、无技术溢出的合作创新、有技术溢出的合作创新三种模式的均衡绩效。宋之杰、孙其龙（2009）和张子健、刘伟（2010）研究了考虑技术溢出时，不同竞合模式下的企业技术创新策略。

考虑市场结构因素的技术创新投入策略，西蒙尼迪斯（Symeonidis，2003）考虑技术溢出，对生产差异化产品的双寡头在技术创新时的伯川德均衡和古诺均衡进行了比较，研究发现，古诺竞争下的创新投入、均衡价格以及企业的利润要比伯川德竞争下的创新投入、均衡价格以及利润要高；当技术溢出效应较弱或者产品差异足够大时，伯川德竞争下的产出、消费者剩余以及总的社会福利要高于古诺竞争的情形；当技术溢出较大或者产品差异很小时，伯川德竞争下的产出、消费者剩余以及总的社会福利要低于古诺竞争情形；对于企业和消费者来讲，市场上的产量竞争要优于价格竞争。切里尼（Cellini，2009）利用微分博弈法研究了技术溢出下双寡头在古诺竞争市场的研发过程，在研发过程中企业可以独自进行研发，也可以形成一个卡特尔进行研发以降低研发投入，然后对这两种模式的利润与社会福利进行了比较。欣卢彭（Hinloopen，2009）在溢出效益下比较了古诺均衡和伯川德均衡的效率。柴田（Shibata，2014）考虑创新投入过程中的溢出，扩展了松村（Matsumura，2013）的模型，研究了在不同市场结构下的创新投入溢出效应。戴菊贵、王伟（2012）考虑溢出效应，分别在古诺竞争与伯川德竞争下分析了生产差异化产品的企业研发投入问题，并进行了比较。进一步考虑不对称双寡头市场，孙彩虹等（2009）通过建立不对称双寡头博弈模型，研究了初始成本、创新率、溢出水平对半合作创新模式下企业间的创新投入、产量、利润以及社会福利带来的影响，发现当初始成本差距越小、创新率差距越小、企业溢出都非常低或非常高时，社会福利越高。张洪潮、何任（2010）考虑企业合作创新超额收益、违约额外收益、超额收益分配系数和违约成本等影响因素，利用演化博弈理论，构造了两非对称企业合作创新的进化博弈模型，对非对称企业进行合作创新的策略选择进行了分析。

在考虑研发时间及创新回报不确定性的研究方面，纳西姆（Naseem，2006）考虑创新时间的不确定性，将创新时间看成一个泊松分布，研究了研发竞赛中技术溢出对合资企业与社会福利的影响。特索里亚（Tesoriere，2008）考虑企业研发时间，对生产同一种产品的两个垄断企业技术研发的溢出效应进行了研究，它假设同时研发时溢出为零，只有顺序研发、溢出不为零的前提下，分同时研发、顺序研发两种情况分别求出了两个对称企业在古诺竞争环境下研发投入的均衡解。

对于生产差异化产品企业的技术创新策略问题，马家喜等（2010）考虑技术不确定性和市场不确定性，建立了两阶段动态博弈模型，得出创新企业价值函数，研究了不确定环境下生产差异化产品的企业在伯川德竞争下的创新策略问题。格特勒和戈登（Goettler & Gordon，2014）考虑到产品替代率、技术溢出、产品质量的研发投入等因素，建立了动态多寡头垄断模型，研究了企业竞争与研发投入之间的关系。党兴华、郑登攀（2007）以 AJ 模型为基础，把产品替代率变量引入需求函数中，分析了两个企业在初始单位成本不同时，技术溢出对其创新策略选择的影响。邦达列夫（Bondarev，2014）考虑溢出效应，为产品差异企业的技术创新提供了一个简化的动态双寡头模型。进一步考虑地理位置因素，匹格和普阿戈·西奥托基（Piya & Poyago – Theotoky, 2005）研究了技术溢出、企业的位置选择与产品差异之间的关系，研究表明，产品差异的增大，将会增加企业所在位置之间的距离。

对于多个企业参与的技术创新策略问题，纳谢罗夫斯基和阿尔塞勒斯（Nasierowski & Arcelus, 2003）研究指出，由于技术垄断等原因，会导致弱势企业将更多的资源投入模仿、抄袭中，从而减少企业的自主创新投入。韦铁、鲁若愚（2011）在技术溢出情形下对中小企业的自主创新投入策略问题进行了研究。李星北、齐二石（2014）考虑不同风险偏好，建立供应链企业创新投资决策模型，分别对供应商单独投资和联合投资两种情况下供应链的创新投资水平进行了研究。游达明等（2015）考虑多主体参与的企业技术创新策略问题，通过构建一个包括供应商和顾客参与的创新策略选择博弈模型，分析了各参与创新的主体对企业创新策略选择的影响，研究表明，供应商和顾客多主体参与时，企业选择突破性技术创新的比重增加，选择渐进性技术创新的比重减少。

在实证分析方面，吉良（Jirjahn, 2007）利用德国机构的数据，采用实证分析法研究表明，研究型企业不太可能使用其他对手企业的溢出信息。胡荣、张骥骧（2012）利用非线性动力系统的分支理论，研究了分别具有有限理性和简单理性的双寡头 R&D 竞争模型，通过对模型的解析分析和数值仿真，研究了技术溢出对双寡头 R&D 竞争演化的影响。

1.2.2 研发补贴或环保税下企业技术创新投入策略研究

技术创新的风险性、不确定性以及技术溢出性等特征，往往导致企业技术创新动力不够。政府为了激励企业开展技术创新活动，可采取激励措施，例如给予企业一定的研发投入补贴或者研发产出补贴。国内外学者关于政府补贴对企业技术创新投入激励效应的看法并不一致，研究结论也尚未达成共识。

关于不同市场结构下研发补贴对企业技术创新投入影响研究方面，欣卢彭（Hinloopen，1997；2000；2001）比较全面地阐述了补贴政策对企业技术创新激励的影响。基于 AJ 模型，欣卢彭（1997）假设政府在企业研发之前以最大化社会福利为目标选择最优的研发成果补贴率，其中，补贴来源于事后的产品征税。研究表明，补贴不仅可以刺激企业从事更多的 R&D 投入，还可以提高整个社会的福利水平，这表明对 R&D 成果进行补贴确实可以在某种程度上改善 R&D 活动在市场机制内的失灵。欣卢彭（2000；2001）将欣卢彭（1997）的研究扩展到多寡头古诺竞争和伯川德竞争市场。斯克瑞米特（Scrimitore，2014）研究了含有一个部分私有化国有企业和一个私有企业的混合双寡头分别在同时古诺、有序古诺、同时伯川德、有序伯川德等六种竞争下的最优研发产出补贴与私有化程度，研究表明，最优研发产出补贴与私有化程度无关，也就是国有企业的最优控股比例与最优补贴无关，最后研究了一个公有企业、n 个私有企业的多寡头情形的最优研发产出补贴与社会福利。彼得拉基斯（Petrakis，2002）、桑顿斯和玛丽埃尔（Sandonís & Mariel，2004）评估了针对工艺创新的补贴、研发补贴政策以及其他反垄断措施对提高社会福利的效果，表明政府激励政策提高了社会福利。

同时考虑政府补贴与技术溢出因素的企业技术创新投入策略研究方面，何塞·吉尔·莫尔托和普阿戈·西奥托基（José Gil‑Moltó & Poyago‑Theotoky，2011）针对有研发补贴和无研发补贴两种情形，分别对生产同一种产品的混合双寡头和纯私企双寡头在技术创新中的技术溢出、研发补贴、私有化、社会福利之间关系进行了研究，这是第一篇研究研发补贴对混合双寡头影响的文章，文中研究的是生产同一种产品的两个竞争企业。齐欣、王策（2015）考虑到技术溢出率以及研发补贴，建立了两阶段双寡头博弈模型，对不同研发模式下政府补贴政策的有效性及补贴政策进行了分析。吴福象、段巍（2015）从产品质量竞争视角，建立博弈模型，对技术溢出与企业研发行为、研发补贴时企业与政府之间的行为进行了比较分析。王玮、陈丽华（2015）考虑技术溢出效应，建立多阶段博弈模型，对非合作研发、合作研发两种不同研发模式下激励制造商的两种补贴策略进行了研究，研究表明，政府给予研发补贴比供应商给予制造商研发补贴效果更好。梁彤缨、赵悦祺（2016）建立博弈模型，研究了技术溢出及其政策歧视对研发补贴效果的影响。杨仕辉、王麟凤（2015）通过构建三阶段博弈模型，对最优研发补贴政策和技术溢出效应进行了分析，研究表明，实施最优环境研发补贴政策后，技术溢出增加将会提高企业的研发水平。

关于不同补贴下的企业技术创新投入策略问题，赫尔姆等（Helm et al.，2008）比较价格补贴和创新竞赛两种模式，研究发现，价格补贴下的产出始终高于创新竞赛下的产出，且补贴政策能激励企业进行更多的创新。阿斯克等（Asker et al.，2010）假设企业需消耗固定的成本进行研发以减低产品边际成本，在企业可以自由进入的垄断竞争市场下，分析了研发补贴、研发支出与社会福利之间的关系。凯萨瓦龙和齐科斯（Kesavayuth & Zikos，2013）在吉尔·莫尔托等（Gil – Moltó et al.，2011）的基础上引入研发产出补贴，分析了在混合双寡头垄断中存在溢出时研发产出补贴和研发补贴对社会福利的影响，研究表明，技术溢出较大时研发补贴方式要优于研发产出补贴方式，否则研发产出补贴为社会最优方式。生延超（2008）通过建立三阶段的博弈模型，在同质双寡头古诺竞争下比较了创新投入补贴和创新研发产出补贴的效果。针对各国之间补贴的不同，康多（Kondo，2013）考虑贸易成本的不同，对各国之间的研发补贴竞争结果进行了研究，研究表明，研发补贴竞争较强时，更发达的工业化国家会选择更高的研发补贴以防止企业搬迁，从而使得经济增长更快；反之，研发补贴竞争不强烈时，经济增长率降低。

进一步考虑企业产品之间的差异化程度，邱和陶（Qiu & Tao，1998）针对合作研发过程中的补贴与税收政策进行了研究，结果表明，线性需求函数下税收不可能是最优政策，不论企业之间是替代品还是互补品，企业合作研发过程中的补贴策略要优于税收策略，最优政策是给予企业补贴策略。方海燕、达庆利（2009）考虑产品的差异性和伯川德（价格）竞争，在多种研发合作方式下研究了政府的最优研发补贴策略。安同良等（2009）通过建立企业与研发补贴制定者之间的动态不对称信息博弈模型，研究了研发补贴对中国企业自主创新的激励效应。唐丁祥、蒋传海（2010）从产品差异化程度和企业定价模式两个维度度量市场竞争程度，建立三阶段动态博弈模型，研究了两种不同度量方式下企业的研发激励问题，研究表明，随着市场竞争程度的提高，企业技术创新积极性将增强。

与供应链问题相结合的研究方面，孟卫军、张子健（2010）分别在纳什博弈、斯坦伯格博弈以及合作博弈三种情形下，构建政府对制造商和供应商合作研发投入进行补贴的博弈模型，对企业最优研发投入与政府最优补贴进行了分析。肖湘平等（2014）把供应链研发中不同合作情况分为三种情形，建立相应的研发合作动态博弈模型，利用逆序归纳法，对两供应商的研发绩效水平、制造商产量、中间产品价格、制造商对两供应商的研发补贴率及总利润进行了分析。

在实证分析方面，科伦坡等（Colombo et al.，2011）研究了支持高技术新兴企业提高效率的研发政策，研究表明，研发补贴政策在企业竞争下可以发挥明显的积极效应。付和卢（Fu & Lu，2012）对企业研发竞赛的最优设计，以及在企业进行研发过程中给予企业奖励还是给予企业研发补贴的问题进行了研究。布罗克尔（Broekel，2015）研究了产业集群内的研发补贴与研发合作网络问题。克劳森（Clausen，2009）利用实证分析法分析了研发补贴是否对企业的研发和创新活动有积极的影响。戴和程（Dai & Cheng，2015）以中国制造业企业为样本，研究了随着补贴程度的不同，补贴对企业研发投入决策的影响，研究表明，补贴对于企业的总研发投入和私企研发投入分别遵循"S"型和倒"U"型关系。胡德和侯辛格（Hud & Hussinger，2015）研究了研发补贴对处于经济危机中的德国中小型企业研发投入的影响，表明研发补贴对中小企业的研发投入行为具有积极效应。布龙齐尼和皮塞利（Bronzini & Piselli，2016）以意大利北部地区的公司为例，用实证分析法分析了研发补贴对创新企业的影响，研究发现，实施研发补贴项目明显提高了一些小型企业的专利申请数量。

随着环境污染越来越严重，有的企业在技术创新过程中忽略了对环境的保护。在大力倡导发展生态经济、低碳环保、循环经济的背景下，部分学者将企业技术创新与环境规制联系起来，考虑环保税或者排污税等因素对企业技术创新投入策略的影响。邱（Chiou，2001）、王（Wang，2009）和科提卡（Kurtyka，2011）把环境税引入生产差异化产品企业的混合双寡头模型中，分析了环境税政策与私有化对市场结构的影响。乌奇达和戈托（Ouchida & Goto，2014）研究了在减少排污的环境研发竞争中排放补贴或者排污税是否减少排污的问题，研究表明，在排污税或者排放补贴政策下，社会福利始终要强于自由放任政策下的社会福利，并且当环境破坏系数足够小的时候，环境均衡污染税率始终是负的；当环境破坏系数足够大而且研发成本比较低时，排放补贴政策下的污染排放要少于自由政策下的污染排放；但是，如果环境破坏系数足够小且研发成本较高时，排放补贴政策下的总污染排放要高于自由政策下的污染排放。骆瑞玲等（2014）在碳排放交易政策下对供应链碳减排技术投资策略进行了分析，发现制造商和零售商通过渠道协作共同决策碳减排水平时，供应链碳排放总量明显少于分散决策情形，政府合理制定碳限额能够使供应链企业有效减少碳排放。宋之杰、孙其龙（2012）利用博弈论，通过构建研发补贴与污染排放税收下的企业研发模型，对企业的最优研发水平、最优研发补贴和最优污染排放税收进行了研究。张倩等（2014）考虑环境税与环境偏好，建立了双寡头垄断市场企业技术创新决策博弈模型，研究了消费者环境偏好和环境税对企业技术创新决策的综合影响。生延超（2013）考虑环境税和环保技术创新补贴相结合的环境规制制度，建立环境规制约束下的企业三阶段自主创新模型，运用逆向归纳法，分析了企业的自主创新行为。游达明、朱桂菊（2014）考虑到技术溢出水平、单位排污费用、环境损害系数等因素，建立政府和企业间的"补贴—研发—生产"三阶段博弈模型，分别在研发竞争、研发卡特尔和 RJV 卡特尔三种不同竞合模式下，研究了企业生态技术创新投入和政府最优补贴政策。

1.2.3　考虑企业类型的技术创新投入策略研究

企业技术创新过程中，竞争企业的类型不同，企业的目标不一样，直接影响企业的技术创新投入策略。对于私有企业来说，其目标一般是利润最大化；对于纯公有或者国有企业来说，目标是社会福利最大；对于股份制公有企业或者合资企业而言，它们的目标相对要复杂一些。企业类型和目标不同，对其技术创新投入会有影响，所以国内外有学者做了不同类型企业之间竞争时的技术创新投入策略的研究。整体上看，国外研究多于国内，国内文献比较少。

在混合双寡头市场下企业创新投入策略研究方面，普阿戈－西奥托基（Poyago－Theotoky，1998）研究了在混合寡头情形下的研发竞争中的创新投入策略问题，对两个纯私有企业创新投入、一个公有企业一个私有企业的创新投入以及社会福利进行了比较，结果表明，公有企业可以很好地处理投资不足的问题，公有企业投入比私有企业投入要多。林和小川（Lin & Ogawa，2005）假设公有企业和私有企业可以同时决定是否研发，研究了混合双寡头降低边际成本的技术创新投入策略，但是文中没有考虑公有企业的部分私有化程度。卡托（Cato，2008）考虑溢出的存在，分析了混合寡头的技术创新投入策略。卡托（2011）推广了其2008年的模型并引入私有化程度，主要比较了在混合寡头市场和标准寡头市场下私有企业的研发水平，研究表明，当市场需求足够大时，私有化程度会增加降低产品边际成本的研发投入；当市场需求足够小时，私有化程度会减少企业的研发投入。文中的局限性在于只允许私有企业研发，没有考虑技术溢出，而且成本函数采取了一般形式。凯托（Kato，2007）假设混合寡头下私有企业以企业利润和其他因素的加权和最大化为目标，考虑企业私有化程度与研发补贴等因素对普阿戈－西奥托基（2001）的结论进行了验证，结论仍然成立。海伍德（Heywood，2009；2010）研究了在混合双寡头（部分私有化公有企业和纯私有企业）研发竞争下，私有化程度对研发的激励，表明只有研发成本非常非常低（接近为0）时，可以忽略部分私有化。

还有学者将混合双寡头市场推广到混合多寡头市场情形。菲耶尔和海伍德（Fjell & Heywood，2004）讨论了混合多寡头模型中私有企业的角色变为部分私有化企业时，研发补贴与研发产出、社会福利之间的变化以及研发补贴对企业研发决策的影响。松村和奥村（Matsumura & Okumura，2013）对菲耶尔和海伍德（2004）的结论进行了推广，在无研发补贴时结论也成立。吉尔·莫尔托和普阿戈·西奥托基（2006）研究了在混合多寡头（一个公有企业，多个私有企业）情形下，政府补贴、研发投入、私有化与社会福利之间的关系，比较了混合多寡头和纯私企多寡头下的社会福利，给出了最优研发补贴。齐科斯（2008）研究了古诺竞争市场下混合多寡头的产品边际成本降低研发投入问题。西村（Nishimori，2002）利用经典古诺模型对公有企业技术机构研发投入进行了研究，研究表明，私有企业的出现对公有企业进行降低成本的研发投入具有负面影响。卡托（2008）进一步概括了西村和小川（2002）的结论。王（Wang，2010）通过建立含有一个公有企业、n 个国内私有企业和 m 个国外私有企业的混合多寡头混合博弈模型，研究了在企业之间存在成本效率差距时，私有化程度对企业均衡产出和社会福利的影响，研究表明，从长远角度看，部分私有化是公有企业的最好政策，同时均衡价格要低于公有企业的边际成本，在混合多寡头模型中，公有企业的产出、利润以及社会福利是最小的。松村和坎达（Matsumura & Kanda，2005）对包含一个公有企业和多个私有企业的混合双寡头市场中公有企业的最佳行为问题进行了研究，研究表明，允许私有企业自由进入时公有企业社会福利最大是最佳选择，当且仅当公有企业利润非负时，混合市场要好于没有公有企业的纯私有企业市场。进一步考虑最优关税因素，朝（Chao，2006）研究了混合多寡头下国外企业竞争以及私有化程度对最优关税的影响，研究表明，福利最大化关税税率随外来竞争压力增大而减小，随私有化程度增大而提高。进一步，杰恩和帕（Jain & Pal，2012）引入企业交叉所有权，对公有企业的私有化程度进行了研究，但是没有考虑企业的进一步研发程度。

有学者将同质产品企业情形推广到差异产品企业，考虑产品差异和私有化程度等因素，对产品差异企业的技术创新投入策略问题进行了研究。萨哈（Saha，2009）分析了生产差异产品的对称混合双寡头企业的最佳私有化程度、产品差异性对私有企业创新的影响，提出了最优税收补贴政策来替代私有化。奥尼希（Ohnishi，2010；2011）研究了同时生产替代性产品以及同时生产互补产品的两个混合企业分别为国内和国际混合企业时，在伯川德竞争情形下私有化程度对生产互补产品两企业价格设置的影响，表明部分私有化时社会福利最大。石桥（Ishibashi，2008）对生产有差异化产品的混合双寡头下私有化程度以及最优结果进行了研究，发现公有企业与私有企业生产效率相同时，社会福利最大化的公有企业提供的产品质量要比私有企业的产品质量低，并且在缺乏产品质量竞争时，社会福利最大化是对公有企业最优的激励政策，在存在产品质量竞争时，社会福利最大化和利润最大化都不是最优激励目标。藤原（Fujiwara，2007）在松村和坎达（2005）所建模型的基础上建立差异化产品混合多寡头模型，讨论了社会福利最大下公有企业的私有化程度，并分两种情形，即在短期限制进入和长期自由进入时，得出最优私有化程度解，但文中没有考虑技术研发程度。进一步考虑技术创新对环境污染的程度，帕和萨哈（2015）引入排污税和私有化程度参数，建立生产差异化产品的混合双寡头博弈模型，研究了私有化程度以及排污税对公有企业技术创新以及环境的影响。

1.2.4 不确定情形下企业技术采纳策略研究

企业技术创新，既可以通过研发实施，也可以从外部购买新技术，也就是引进再创新，企业购买新技术后需要实现新技术采纳，新技术采纳是企业实施引进再创新模式的关键。企业在采纳新技术的过程中同样面临着技术溢出以及其他的高度不确定性。针对采纳新技术面临的不确定性，国内外学者从新技术采纳策略、采纳时间等方面做了研究。

对于考虑创新回报不确定性因素的企业技术采纳策略研究，埃尔伯菲尔德和恩蒂（Elberfeld & Nti，2004）分析了创新回报的不确定性对多寡头新技术采纳策略的影响，发现当新技术和旧技术共存并且新技术采纳所需的固定成本较高时，随着创新回报不确定性程度的增加，创新企业个数将增加。张（Zhang，2014）考虑新技术回报的不确定性以及企业之间的技术溢出，构建新技术采纳两阶段博弈模型，分析了创新回报不确定性以及技术溢出对企业技术采纳策略的影响，重点分析了创新企业的均衡个数。黄波等（2010）在创新回报不确定性下分析了合作研发成员在不同市场环境、联盟结构和利益分配方式下的技术创新策略。在新技术采纳时间选择方面，戈茨（Gotz，2000）对创新回报不确定情况下的采纳新技术时机进行了研究。豪恩斯柴尔德（Hauenschild，2003）将创新回报的不确定性引入 AJ 模型和 KMZ 模型，分别分析了投资溢出和成果溢出下不确定性对企业创新采纳策略选择的影响。

对于生产差异产品企业的新技术采纳策略问题，帕（2010）研究了生产差异化产品的两个企业面临市场上同一种技术，在古诺竞争环境与伯川德竞争环境下，产品差异率对采纳时间选择的影响，但文中没有考虑到采纳时间。米卢（Milliou，2011）对生产差异化产品的两个企业在古诺竞争和伯川德竞争两种情形下的采纳新技术时间进行了分析比较，并且对最优社会福利的采纳时间也进行了分析，但是文中没有考虑到新技术的不确定性的影响，以及技术创新过程中的学习、溢出等因素。

也有学者利用期权博弈理论对新技术采纳进行了研究，盖斯戈瑞（Gaitsgory，2013）考虑到新技术的运营成本，研究了新技术效率保持不变、新技术的运营成本随机减少、服从泊松跳跃过程，以及新技术效率和新技术运营成本减少过程都服从泊松跳跃过程两种情形下企业面对新技术升级时的采纳策略。法辛（Farzin，1998）把新技术的出现过程设为齐次泊松分布，在新技术到达时间和提高效率都不确定的情况下，导出了企业面对未来无穷代新技术情况下最优的投资门槛值，分析了各种因素对投资门槛的影响。胡斯曼和科特（Huisman & Kort，2003）把升级换代新技术的投资策略视为一系列隐含期权，研究了竞争环境下两代新技术的采纳行为，模型中考虑了后动优势对企业投资决策的影响，简化了新技术到达时间的不确定性。李岱、岳意定（2013）和李岱（2014）建立企业技术创新战略投资最优时机的实物期权模型，对最优时机进行了研究。

在关于新技术采纳模型的研究方面，黄（Huang，2013）考虑到新技术的不确定性，建立新技术采纳决策模型，利用贝叶斯决策分析法对新技术最优采纳时间进行了研究。埃德林顿和麦卡曼（Ederington & McCalman，2013）考虑到政府政策与税收，建立技术采纳开放经济模型，研究了贸易壁垒对新技术均衡扩散与技术采纳的影响。福尔马内克（Formaneck，2013）给定当前的技术采纳决策集，在预算约束情形下，研究了企业的当前状态到它最佳状态的技术采纳最短路径问题。法内利（Fanelli，2012）考虑政府政策、生产成本等外部因素和采纳者的内部因素，用延滞微分方程描述技术的采纳过程，时间延迟表示采纳者正在考虑是否采纳新技术，建立新技术扩散的时间延迟模型，最后证明了该模型的稳定性。陈和马（Chen and Ma，2014）假设采纳者对技术没有完全预见性，且新技术的学习过程是不确定的，建立完美预见与有限预见最优模型，对新技术的采纳问题进行了研究。哈格斯皮尔和胡斯曼（Hagspiel & Huisman，2015）假设新技术到达率是变化的，研究了新技术采纳及其时间问题，表明当新技术到达的时间不确定时，不确定性的增加将加速企业采纳新技术。在实证分析方面，马勒姆（Barham，2014）研究了风险规避与模糊厌恶对新技术采纳的影响，以农民采用转基因大豆和玉米种子为例，通过实验测量美国中西部农民的风险规避与模糊厌恶情绪，研究表明，风险规避对采用转基因大豆时间的影响非常小，而模糊厌恶加快了农民采用转基因玉米的速度，影响相对较大。

1.2.5　先发国家企业与后发国家企业之间的竞争方式研究

积极吸引外资和引进技术一直是发展中国家的重要发展战略之一，但是先发国家企业的核心技术很难被后发国家企业得到。这样，后发国家为了提升经济发展质量，必须进行技术创新。针对面临先发国家企业竞争时的后发国家企业技术创新问题，以及先发国家企业与后发国家企业之间的竞争方式，国内外部分学者也做了研究。

对于含有国外企业竞争的混合寡头技术创新策略研究，哈门施拉格（Halmenschlager，2004）针对发展中国家与发达国家企业间的差距，建立了由两个成本劣势的跟随企业与一个具有成本优势的领导企业进行决策的博弈模型，比较了研发非合作与研发卡特尔、共同实验等竞争合作模式下的均衡研发投入、均衡产出以及利润，得出了模式选择的适用条件。托马鲁（Tomaru，2007）研究了国外企业和国内企业进行古诺竞争时，国内企业通过研发降低边际成本，国外企业以及私有化对生产效率和社会福利的影响，表明国外企业降低了本国的生产效率，但是提高了国内的社会福利。松村（2003）对含有国外企业的混合寡头进行了斯坦伯格博弈分析，分析表明，如果竞争对手为国内企业，国有企业应该作为追随者；如果竞争对手为国外企业，国有企业应该作为领导者，这样可使得社会福利最大。松村（2009）在安德索纳（Andersona，1997）的基础上研究了在国外企业进入时，并假设所有企业边际成本相同，生产有差异化的国内公有企业、私有企业以及国外企业的混合多寡头市场竞争下，私有化与外资渗透的程度对社会福利的影响。韩丽华（2010）将外国投资带来的技术溢出引入混合寡头模型，分析了外国投资的技术溢出对公有企业私有化的影响。叶光亮、邓国营（2010）通过构建一个双寡头垄断竞争的博弈模型，探讨了存在产品差异的混合寡头市场中，国内外企业的产品差异程度和公有企业私有化程度对最优关税的影响。

结合含有外资渗透、私有化等因素的混合双寡头市场结构研究，原口和松村（Haraguchi & Matsumura，2014）在高希和密特拉（Ghosh & Mitra，2010）的基础上考虑国外企业或者外资渗透，对生产差异化的两个混合寡头的市场结构进行了研究，其中，公有企业以社会福利最大化为目标，合资私有企业被国内和国外企业控股，最后分同时产量竞争、公有企业产量—合资企业价格的竞争、公有企业价格—合资企业产量的竞争、同时价格竞争四种竞争情形对私有企业的最优外资渗透比例进行了分析。费尔南德斯（Fernández，2009）研究了含有一个国内公有企业与一个国外私有企业双寡头的租用管理者问题，并与含有国内公有企业与一个国内私有企业的双寡头中私有企业租用管理者问题相比较，研究发现两个企业都租用管理者可以达到更高的社会福利，但文中没有进一步分析企业创新投入。进一步考虑政府激励政策，托马鲁（2006）在普阿戈·西奥托基（2001）和松村（1998）的基础上考虑到研发补贴与私有化，得出了混合多寡头下的最优研发产出补贴，均衡产出与利润。有学者进一步考虑技术溢出因素，研究了国外企业竞争下国内企业的技术创新问题，卡卢桥（Carluccio，2013）和迪杰斯特拉（Dijkstra，2015）考虑技术溢出、国内企业与国外企业技术的不协调，研究了国外企业进入国内时国内企业的生产效率和社会福利问题。

在跨国并购方面，海伍德等（2010）分析了混合寡头市场上跨国并购行为，与私有企业相比，公有企业跨国并购的战略动机更强。王小芳（2013）考虑了一个国外企业和两个国内企业在市场竞争和企业兼并的竞购行为，研究了国有企业在海外竞购中的兼并问题，同时分析了对社会福利的影响。在技术创新决策方面，傅晓霞、吴利学（2012）把国外技术引进和国内企业创新投入的生产函数引入内生技术进步增长模型中，对后发国家企业自主创新强度的机制问题进行了探讨，研究表明，后发国家企业与发达国家企业的技术差距对企业创新强度的单独作用不显著，主要通过与开放程度等因素的共同作用影响企业创新决策。

1.2.6　研究现状评述

分析已有的研究成果可以发现，目前从后发国家视角研究后发国家企业技术创新投入和技术采纳策略的非常少。已有研究主要从先发国家的立场和率先开展新技术应用的企业视角，广泛研究了技术溢出、政府激励、外资渗透、企业类型等因素对企业技术创新投入以及新技术采纳的影响，很少考虑面临先发国家企业激烈竞争情形下后发国家企业的技术创新投入和采纳策略。另外，已有的研究考虑因素还不全面，例如对生产差异化产品企业，研究时考虑技术溢出的没有考虑补贴、面对先发国家企业竞争的后发国家技术创新投入研究没有考虑先发国家企业的技术优势等，已有成果还无法很好解决在多种因素下尤其是异质企业价格竞争、不同类型企业竞争时企业技术创新投入与技术采纳等现实问题。具体来说，主要存在以下不足。

一是关于先发国家企业进入后发国家市场后，后发国家企业的技术创新投入策略问题，目前多数研究考虑的是在无研发补贴的产量竞争也就是古诺竞争下的研究。而现实中后发国家政府为了社会福利最大化，往往会采取更有效率的措施激励国内企业进行技术创新。目前的研究还没有考虑在先发国家企业竞争与后发国家政府激励下，政府激励对后发国家企业技术创新投入的影响。

二是关于先发国家企业具有技术优势情况下，后发国家企业技术创新投入问题，现有研究只考虑了企业技术之间的差距以及产量竞争等情形。现实中先发国家技术领先企业的产品与后发国家企业产品存在差异，先发国家企业在后发国家的市场竞争中有可能对后发国家企业产品进行价格打压。在先发国家企业作为价格主导者，后发国家企业作为价格追随者的市场竞争情形下，后发国家企业的技术创新投入策略研究目前极少涉及，考虑政府激励措施的研究更少。

三是目前针对生产差异化产品的企业，在研究企业技术创新投入策略选择时，多数文献都只考虑了技术溢出，仅有几篇文献考虑到政府的激励政策，而且只是针对古诺竞争市场结构。而在后发国家中，在价格竞争也就是伯川德竞争下，或者价格主导者对后发企业价格打压下，综合考虑政府激励政策与技术溢出因素，研究生产差异产品的后发国家企业技术创新投入问题还不深入。

四是先发国家企业在后发国家市场与后发国家企业竞争过程中，考虑后发国家企业类型的研究较少。例如，没有考虑后发国家市场股份制公有企业、纯私有企业、合资企业同时存在的情形。在后发国家公有制企业股份制改革的背景下，考虑后发国家企业的股份制比例、合资企业的后发国家国内控股比例以及后发国家政府激励政策，研究后发国家企业技术创新投入问题尚未发现。

五是生产差异化产品的后发国家企业，通过向先发国家企业购买新技术实施创新时，后发国家企业新技术采纳方面的研究，多数文献都仅考虑创新回报不确定性，或者仅仅考虑技术溢出。而在实际中，创新回报不确定、技术溢出以及政府的激励措施往往同时存在。目前，缺少同时考虑创新回报不确定性、技术溢出以及激励措施等因素，对后发国家生产差异化产品企业在价格竞争下的新技术采纳问题的研究。

六是目前关于后发国家企业技术创新投入与环境规制结合的研究，大多在数量竞争下只考虑环境税问题，没有考虑如政府激励、产品差异化等因素，也缺乏在价格竞争与政府激励下的后发国家企业技术创新模式与环境规制、社会福利相结合的研究。

1.3 研究框架及主要内容

　　本书综合运用技术创新管理理论、产业组织理论、博弈论与信息经济学、决策论以及最优化理论等基本理论，采用理论分析与数值模拟相结合的方法，考虑先发国家企业技术优势、企业产品之间的差异性、技术溢出、政府激励、企业类型、先发国家企业激烈竞争和打压等因素，研究考虑在这些因素的情况下后发国家企业技术创新投入与技术采纳策略。

　　本书研究框架如图 1-1 所示。

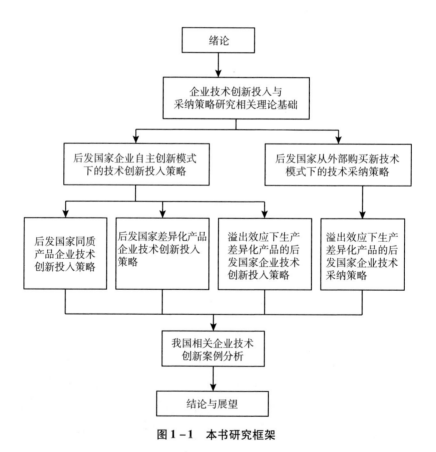

图 1-1　本书研究框架

本书共分为 8 章。

第 1 章为绪论。首先介绍了本书的研究背景、所关注的问题以及研究意义；其次总结了企业技术创新投入与技术采纳策略的研究现状，并对研究现状做了简要评述；最后对本书的结构及主要内容进行简要说明。

第 2 章主要阐述了企业技术创新投入与采纳策略的相关理论基础。首先，对技术创新、技术创新模式以及技术创新过程等相关概念进行了阐述和界定；其次，分别分析了影响企业技术创新投入以及采纳策略的因素；最后，构建了含有技术及技术创新特征、企业外部环境等多种因素下的后发国家企业技术创新投入与采纳策略研究框架。

第 3 章研究了具有技术优势的先发国家企业在后发国家市场和生产同质产品的后发国家企业竞争时，后发国家企业的技术创新投入策略。首先，考虑后发国家含有股份制公有企业、纯私有企业、合资企业的混合三寡头市场竞争，分析了后发国家企业私有化程度、合资企业中的国内控股比例或者外资渗透对后发国家企业技术创新投入策略的影响；其次，考虑先发国家企业的技术优势和政府激励因素，在后发国家政府给予本国企业研发投入补贴和研发产出补贴两种情形下，分析了政府的两种补贴策略对后发国家企业技术创新投入策略的影响；最后，假设市场竞争为含有一个先发国家企业和两个后发国家企业的三寡头，对后发国家两企业之间在研发竞争、研发卡特尔、共同实验三种竞争与合作模式下的创新投入进行分析，并给出后发国家企业的最优创新投入模式。

第 4 章研究了具有领先技术的先发国家企业在后发国家市场和生产差异化产品的后发国家企业进行价格竞争时，后发国家企业的技术创新投入策略。首先，考虑企业间技术差距、研发投入补贴，并假设市场竞争为同时价格竞争，把后发国家企业分为公有企业和私有企业两种情形，分析了后发国家企业的技术创新投入策略；其次，假设在市场竞争阶段为"先发国家企业先制定产品价格作为价格主导者，后发国家企业作为价格追随者"的有序价格竞争，研究了后发国家政府分别给予本国企业研发投入补贴和研发产出补贴两种方式下的企业技术创新投入策略。

第 5 章研究了溢出效应下生产差异化产品的后发国家企业技术创新投

入策略。首先，考虑先发国家企业与后发国家企业之间的产品差异性、技术溢出等因素，假设先发国家企业作为领导者率先进行技术创新投入，后发国家企业跟随进行创新投入，分析技术溢出与产品差异性对企业技术创新投入的影响；其次，考虑政府激励因素以及技术溢出，分析了产品差异性、技术溢出、研发投入补贴对后发国家企业技术创新投入的影响。

第 6 章研究了后发国家企业从先发国家企业购买新技术实施创新时的新技术采纳策略问题。首先，考虑后发国家企业在采纳新技术过程中的技术溢出以及新技术创新回报的不确定性，以后发国家企业采纳时间为分界点分别得出在古诺竞争和伯川德竞争两种市场下各个阶段的期望均衡利润；其次，对技术创新回报不确定性、后发国家企业的最优采纳时间、期望社会福利最大时的企业最优社会采纳时间进行了分析，研究后发国家企业的最优采纳时间。

第 7 章案例分析。通过对华为、齐鲁制药、比亚迪新能源汽车、上海三菱四个后发国家企业技术创新案例的分析，对前述理论分析结果进行了验证说明，论证了理论研究的合理性与科学性。

第 8 章概括了本书的研究内容和相关结果，并在此基础上指出进一步的研究方向。

第 2 章

企业技术创新投入与采纳策略
研究相关理论基础

在越来越激烈的市场竞争环境下，企业技术创新投入与采纳策略往往直接影响和决定着企业技术创新的成功与失败，而企业技术创新投入与采纳策略的制定受到多方面因素的影响。本章首先对技术创新、技术创新模式以及技术创新过程等相关概念进行界定和阐述；其次，分别分析影响企业技术创新投入与采纳策略的主要因素；最后，构建考虑技术创新特征及其外部环境因素等多种因素的后发国家企业技术创新投入与采纳策略研究框架。

2.1 相关概念界定

2.1.1 技术创新相关概念

1. 技术创新

"创新"这一概念是由经济学家 J. A. 熊彼特（J. A. Schumpeter）在 1912 年出版的《经济发展理论》一书中首先提出的。熊彼特提出的创新，是指把生产要素的新组合引入经济中，即建立一种新的生产函数。熊彼特提出了五种类型的创新：（1）开发一种新的产品；（2）采用一种新的生产方法；（3）开辟一个新的市场；（4）控制原材料或半制成品的供应来源；（5）实现工业的新组织。按照熊彼特的定义，创新包含技术创新、管理创新以及市场创新等多种类型。

1951 年，索罗（Solo）在《在资本化过程中的创新：对熊彼特理论和评论》一书中对技术创新理论进行了较全面的研究，他首次提出技术创新成立的两个必要条件是新思想来源和以后阶段的实现发展。经济合作和发展组织（OECD）经济顾问弗里曼和索特（Freeman & Socte，1997）认为，技术创新是指在第一次引进某项新的产品、工艺的过程中，所包含的技术、设计、生产、财政、管理和市场活动的诸多步骤。贝茨（Betz，1993）将技术创新定义为：发明、栽培与将新产品导入市场的过程和服务等。美国著名的经济学家曼斯菲尔德（Mansfield，1971）将技术创新定义为首次将一项新技术引入成为商品，而研究开发是引导技术创新程序的一个步骤。曼斯菲尔德的研究对象主要侧重于产品创新，与此相对应，该定义也限定在产品创新上，认为产品创新是从企业对新产品的构思开始，以新产品的销售和交货为终结的探索性活动。

国内方面，许庆瑞（1990）认为，技术创新泛指一种新的思想的形成，得到利用并生产出满足市场用户需要的产品的整个过程。广义而论，它不仅包括一项技术创新成果本身，而且包括成果的推广、扩散和应用过程。汪应洛、贾理群（1995）认为，技术创新就是建立新的生产体系，使生产要素和生产条件重新组合，以获得潜在的经济效益。傅家骥（1998）认为，技术创新就是技术变为商品并在市场上销售得以实现其价值，从而获得经济效益的过程和行为。吴贵生、王毅（2009）认为，技术创新是指由技术的新构想，经过研究开发或技术组合，到获得实际应用，并产生经济、社会效益的商业化全过程的活动。技术创新不仅包括新产品、新工艺，也可以包括对产品、工艺的改进；也可以是在研究开发获得新知识、新技术的基础上实现技术创新，也可以将已有技术进行新组合实现技术创新，技术创新的关键在于商业化，检验技术创新成功与否的基本标准是商业价值。不同的定义审视技术创新的角度明显不同，大致可分为三种类型。一类侧重于过程视角，强调技术创新起始于新构想的产生，经过研究开发或技术组合，到获得实际运用和产生效益的全过程的活动。另一类关注的是技术创新的相关因素，强调技术创新是发明的选择、资金投入、组织建立、计划制订、市场开辟等多种行为综合作用的结果。还有一类定义比较简单明了，强调技术创新的本质特征，是将新的或改进的产品、过程或服务引入市场。结合本书研究内容，本书定义技术创新是针对用户现实和潜在的需求，通过生产要素的新组合研发新技术或组合运用已有技术，开发新产品、新工艺或新服务，或改进已有产品、工艺或服务，进行实际运用，并产生经济社会效益的所有活动构成的有机过程（仲伟俊、梅姝娥，2009）。

从不同的视角出发，可以形成多种不同的技术创新分类。按创新程度分为渐进性创新和突破性创新。渐进性创新是在现行技术基础上对已有产品和工艺进行局部改进和创新。例如，近年来汽车性能的不断改进，是在原有产品基础上逐渐进行的，属于渐进性创新范畴；突破性创新是指技术上有重大突破，发明出了人类历史上从来没有过的全新的技术和产品。如蒸汽机、计算机、互联网等的发明，就属于突破性创新。按照创新对象分为产品创新和工艺创新。产品创新是指对产品或服务技术进行的创新，为用户提供新的或改进的产品或服务；工艺创新是指对现有的生产（服务）过程技术进行创新，用更少的投入得到更多的产出（包括产品和服务）。

2. 技术创新模式

目前，典型的技术创新实施模式包括独立创新、合作创新和引进—消化—吸收—再创新三种类型。

一是独立创新模式。独立创新是指企业主要依靠自身科技资源，在内部不断开展技术创新积累经验、诀窍与能力，创新成果属个体所有，且将其商业化的创新模式形态。独立创新模式并不要求企业在研发上面面俱到，独立攻克每一个技术环节，但主导技术必须是由企业独立研发而获得。企业完全可以针对某一领域的某一方面，或一个大的产品系列中的某一特定产品，集中有限资金，发挥技术优势，获得局部竞争优势。企业选择独立创新模式可能有多方面原因，例如，企业具备独立创新能力或者无法从外部直接获取需要的能力；企业保护私有技术；有的企业认为新技术能带来高额利润，不想与合作伙伴分享利润；或者企业的文化特别强调独立和自力更生；有的企业相信技术开发过程中投入的努力是形成和增强企业技术创新能力的关键；等等。独立创新一般要求企业大力发展自身的技术创新能力，努力开发技术创新资源，增进对市场的了解和认识。

二是合作创新模式。合作创新是指企业间或者企业、研究机构、高等院校之间的联合创新行为。合作创新通常以合作伙伴的共同利益为基础，以资源共享或优势互补为前提，有明确的合作目标、合作期限和合作规则，合作各方在技术创新的全过程或某些环节共同投入、共同参与、共享成果、共担风险。国内外相关研究中，对于合作创新的界定有所不同。国际上主要采用研发合作这一概念，认为其本质是基于分工的一系列创新活动，只要在创新过程中的某一阶段存在其他创新行为主体的参与，就可认为是合作创新。由于研发在整个创新过程中处于战略性地位，因而西方学术界的研究也主要集中在研发合作方面。从不同角度对合作创新模式进行分类，可以分为不同的合作创新方式。按照合作对象分类，既有企业与企业之间的合作，也有企业与高等院校科研院所之间的产学研合作。从合作机理角度分类，常见的有战略联盟和合资企业。采用合作创新，可以为企业带来许多好处，例如，可以使企业能够快速获取其所需要的技术和资源；可以显著提升企业的灵活性，增强企业应对市场变化的能力；可以给企业提供更好的学习机会；也可以分担技术创新项目开发的成本和风险。

三是引进—消化—吸收—再创新模式，也就是从外部购买新技术实施技术创新，基本形态如图 2-1 所示，常见的技术引进—消化—吸收—再创新方式主要有技术许可和转让外包等。技术许可是一种契约式协议，通过技术许可可以使被许可的组织或个人获得使用许可组织或个人私有技术的权利。技术许可可以使企业迅速获取自己没有的技术，或者其他资源或能力，快速拥有其需要的技术，开发新的产品并占领市场。外包也是引进再创新的重要方式，目前企业产品中包含的技术越来越多，进行产品创新，要求企业完成所有相关技术的开发，对企业的技术开发能力等提出很高要求，多数企业无法达到这样的水平，此时，企业可以将某些技术开发任务外包给其他组织来完成，其他组织技术开发成功后交给企业应用。引进再创新可以降低技术获取的成本，加快技术获取速度，缩小与技术先进企业的差距，也降低了企业对自身技术创新能力的要求，加快企业进入新兴市场的速度。当然引进再创新也有其缺陷，例如，引进再创新很难为企业带来持续的竞争优势，对增强企业技术新能力发挥不了很大的作用，容易使企业陷入引进—落后—再引进—再落后的恶性循环。

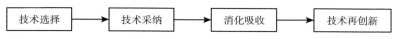

图 2 - 1　引进—消化—吸收—再创新模式（从外部购买新技术实施创新模式）

已有研究中，把独立创新和合作创新统称为自主创新模式。这样，从新技术的来源看，技术创新模式可以分为自主创新模式和从外部购买新技术实施技术创新模式，本书在研究中主要考虑这两种创新模式。当一家企业在某一个特定的技术领域中占有统治地位，而且这项技术对企业的发展有着重要意义的时候，企业应该继续提升自己的内部研发能力。这样不但能够保证企业在这一领域中继续保持领先地位，而且能够使企业进一步降低自己的生产成本。例如，技术竞争地位的提高能够使企业具备更快地开发基础技术的能力，并且其所消耗的成本也将远远低于外部购买技术所需要的费用。当企业不擅长某一技术时，通常应该通过外部购买新技术的方式来完成项目的开发或实施，对于这类技术力量尤其是研发力量不足、研发资金短缺的企业来说，外部购买新技术通常会成为以相对较低的成本较快获取特定专业知识的有效途径。

3. 技术创新过程

企业技术创新是一个复杂过程，从不同的角度出发，该过程可以用多种不同的模型进行描述，如技术推动或需求拉动的线性模型、交互模型、综合模型和第五代模型等。在此以产品创新的交互模型为例，简单说明技术创新过程（见图 2 - 2）。

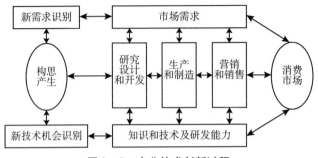

图 2 - 2　企业技术创新过程

　　企业通过对市场需求的分析，初步了解市场对产品的新需求，并结合目前的技术发展状况以及自身的创新和生产能力，形成产品的新构想。然后不断考虑市场需求的新变化，进行新产品的研究、设计和开发，并形成新产品原型。接着在不断考虑市场需求的新变化的同时生产和制造新产品，并进行营销和销售，将其推向市场，产生经济效益。该过程不断重复进行，企业不断改进和开发新产品，保持和形成持续竞争优势。

　　企业技术创新是一个具有高度不确定性、充满风险和非常复杂的过程。要成功地进行企业技术创新，必须要加强对技术创新过程的科学管理。企业技术创新的管理决策过程可以用图 2 - 3 描述，它包含了信息收集和分析、评价和决策、研究开发和生产管理以及经济效益评价这几个阶段。

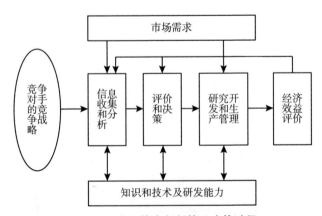

图 2 - 3　企业技术创新管理决策过程

2.1.2　研究与开发、技术采纳

1. 研究与开发

研究与开发（research and development，R&D），又称"研究与发展"，通常简称为研发。OECD 对研究与开发的定义是：研究与开发是在一个系统的基础上创造性的工作，其目的在于丰富有关人类、文化和社会的知识库，并利用这些知识进行新的发展。也就是说，研发是指为了增加知识总量，包括人类文化和社会知识的总量，并探索其新的应用而进行的系统的创造性工作。研发是企业获取新技术的重要途径之一，通常分为基础研究、应用研究以及实验开发三类。基础研究通常不是以特定方向为目标，主要是为认识和发现规律提供知识。应用研究是基础性研究与市场化产品技术研究开发之间的一个阶段，是以实现特定用途为目标进行的研究开发活动，但不是市场化和商业化的产品研究开发。实验开发是与某一特定市场需求紧密相关，以盈利为目的的产品和工艺技术研究开发。基础研究和应用研究是为实验开发服务的，是开发的基础，而实验开发则是基础研究与应用研究服务于社会的途径，是实现研究最终目标的通路。研发在技术创新过程中担负着获取新技术、创造新技术、提供创新构思、开发新产品和新工艺（改造旧产品和旧工艺），以及解决技术难题等一系列系统的创造性任务。

2. 技术采纳

企业技术创新，既可以通过研发实施，也可以从外部购买新技术，企业购买新技术后实现新技术采纳，新技术采纳是一项复杂、系统的决策活动，是企业实施引进—消化—吸收—再创新模式的中间阶段，也是企业实施引进—消化—吸收—再创新模式的关键。因此，企业在决定实施引进—消化—吸收—再创新模式时，关键是决定是否采纳新技术，何时采纳新技术。企业希望通过采纳新技术或者是改进已有产品或开发新产品，来降低自身生产或运营成本以获得更好的经济效益。但新技术采纳受大量不确定因素的影响，如新技术的回报不确定性、企业之间的技术溢出、采纳时间的选择、购买技术成本随时间的下降程度不确定等因素。

2.1.3 技术溢出、研发补贴与产品差异化

1. 技术溢出

技术溢出是指创新企业进行科技开发活动后所取得的新技术或者新知识会通过各种渠道（如企业之间的研发人员流动、产品信息、技术交流等），溢出到其他竞争企业并被其获得，而接收溢出的企业却不为此支付任何报酬，从而减小了企业获得新技术或者新知识的创新投入成本。或者说，企业研发成果不可能被研发企业独自占有，可能会通过一些方式扩散到其他竞争企业，从而产生技术溢出。技术溢出在促进其他企业研发水平提高的同时，对研发企业自身没有任何回报。企业的技术吸收能力包括技术检测及评价能力、技术获得和存储能力、学习和转化新知识的能力等，所以技术溢出与企业的技术吸收能力有关。一般地，企业拥有高技术素质、具有不同专业背景以及技术研发经验丰富的员工，具备先进的运作生产装备技术，企业的吸收能力较强，可以有效地吸收其他企业溢出的新技术或者新知识。技术溢出不仅影响企业的创新决策，还会影响到社会福利。溢出效应属于"市场失灵"，需要政府干预，一般情况下，政府通过给予研发补贴或者税收优惠等来弥补企业损失，刺激企业增加创新投入，使企业成为技术创新投入的主体，从而促进国家整体创新水平的提高和企业经营业绩的改善。

2. 研发补贴

研发补贴有多种形式，常见的两种是研发投入补贴和研发产出补贴。前者是对企业技术创新投入进行补贴，补贴依据是企业研发投入规模；后者是对企业创新产品进行补贴，补贴依据可以是企业新产品的销售量或者新产品的销售收入。对企业而言，获得补贴是为了达到利润最大化，这是

企业市场行为的准则；对政府而言，进行补贴是为了达到社会福利最大化。两个主体行为目标的不一致促使我们必须科学地比较分析两种补贴行为，为企业和政府的创新决策提供依据。

3. 产品差异化

差异化是指不同企业向市场提供的同类产品和服务项目具有不完全的可替代性，以便与其他经营同类产品的企业相区别。产品差异化一般分为两种情况：横向差异化（水平差异化）和纵向差异化（垂直差异化）。横向差异化是指产品的性能存在个性上的差别，并不存在质量绝对水平的差别，各产品之间没有"好"与"坏"的差别，只是在花色、款式、口味等方面有区别，消费者对产品的评价取决于自己的偏好。纵向差异化是指各产品的质量和档次存在高低的差别，消费者对产品的评价是一致的。

2.2　影响企业技术创新投入与采纳的主要因素

在激烈的市场竞争中，新技术新产品不断涌现，产品生命周期大大缩短，企业若不进行技术创新，就有可能被市场淘汰。企业技术创新具有创造性、不确定性，容易受市场、技术、环境等因素影响，所以，企业技术创新是一个高风险的复杂过程，企业是否有动力大量投入开展技术创新活动，进行技术创新，受到多方面因素的影响。制定技术创新投入与采纳策略是企业非常重大的决策问题。许多学者对企业技术创新投入与采纳策略选择的影响因素进行了长期研究，下面分别分析企业技术创新投入的影响因素和企业技术采纳策略影响因素。

2.2.1　影响企业技术创新投入的主要因素

1. 影响企业技术创新投入的技术创新特征因素

（1）高风险性。技术创新是寻找、挖掘、利用技术和市场机会的过程，该过程中会有多种类型的风险，主要包括技术风险、市场风险、组织风险、资金风险、信息管理风险、企业文化风险、管理决策风险等。不同学者对技术创新风险的定义也不一致，技术创新风险的定义主要有三种方式。一是从风险来源定义。技术创新风险是指由于外部环境的不确定性、项目本身的难度与复杂性，以及企业自身能力的有限性所导致企业技术创新活动终止、撤销、失败，或达不到预期的经济技术指标的可能性。二是从风险因素定义。技术创新风险是指从事创新的企业或者集团由于技术、市场、资金、财务、政策、法规等不确定因素而导致企业创新失败的可能性。三是从技术创新过程分析，技术创新是一个链状过程：设想、原型、中试、生产、市场，其中任何一个环节出现问题，都有可能导致整个项目的失败。一般而言，企业技术创新风险越大，增加创新投入的难度越大。在技术创新面临的各种风险中，技术风险和市场风险是天然存在和无法避免的，处于主导地位，而技术风险和市场风险交织在一起，极大地加剧了企业技术创新风险管理的难度。

技术风险是指在技术创新过程中由于技术方面的因素及其变化的不确定性导致创新失败的可能性，包括纯技术风险以及其他创新过程中由于技术本身因素而造成的风险。由于不确定性的存在，管理者在做出使用什么技术的决策时不可避免地将面临风险，技术风险以各种形式存在于企业技术创新过程中的各个阶段。技术风险一般表现在两个方面。一是新技术很可能不成熟。由于采用新的材料或新方法，对新技术的验证程度一般不是很充分，或者是新技术所要求的产品规范还未开发，导致创新的不确定性增加，从而导致风险增大。二是新技术很可能不成功。由于企业技术人员技术能力不足，现有整体技术水平不能完成新技术要求的所有运作环节，或者技术创新的跳跃性过大，企业的研发力量不足以承受，都有可能导致创新项目终止或延迟。还有一个可能的重要因素是成本过高，从技术上看，其实现的可能性与现实性之间的差距往往是造成生产成本大幅超预算，从而导致产品不被市场接受。

市场风险是指市场主体从事经济活动所面临的亏损的可能性和盈利的不确定性。技术创新的市场风险主要表现在以下四个方面。一是市场接受能力的不确定性。市场可能不接受新产品或新服务。新产品或新服务投入市场后，由于市场引导或宣传不足，顾客可能会持怀疑，甚至否定态度。二是市场接受时间的不确定性。新技术产品推出时间与诱导出有效需求的时间存在时滞，新的市场还未形成，产品可能难以找到确切的用户。三是市场规模不确定。有时新产品或新服务的市场需求已经显现出来，但是无法预测市场需求的规模，从而可能导致错误的产生及营销策略。四是市场成长速度和竞争激烈程度不确定。市场不确定性还表现在技术开发没有与市场需求有机结合起来，购买不方便或没有赢得利益相关者的支持、企业沟通不足、传播不够等方面。

（2）技术溢出。技术溢出影响企业的技术创新投入决策，同时也影响经济增长。由于技术创新过程中的技术溢出性，企业无法独占自己研发出的新技术或者新产品，这往往会挫伤企业实施技术创新的积极性，从而使企业在技术创新上的投入少于社会最优投入，社会福利无法达到最优。因此，社会或者政府应提供措施加强企业技术创新活动保护。建立一套比较完善的知识产权管理制度及相关法规，以加强企业知识产权的管理和保护，充分发挥知识产权制度在企业发展中的作用，促进企业技术创新，是提升企业技术创新核心能力的基石，以有效抑制企业技术创新活动过程中的溢出。

2. 影响企业技术创新投入的内部因素

（1）企业基本特征。有关企业基本特征与企业技术创新之间的关系，已有研究主要涉及四个方面：一是企业规模；二是企业的创新历史；三是企业的所有制结构；四是企业过去的创新绩效以及技术创新能力。不同特征的企业技术创新动力有所不同，开展技术创新的积极性也不同，对技术创新的投入也不一样。

企业所有制结构与企业技术创新之间也存在显著关系。部分研究认为，外部所有的企业更积极进行技术创新，增加技术创新投入。但是，也有研究认为，外部所有的企业与企业技术创新呈负相关关系，或者并不存在关系。外部所有的企业，其内部管理缺乏许多重要的管理和运作权限及职能，特别是研发职能，限制了企业技术创新活动的开展。但是反对这种结论的学者认为，外部所有企业可以从母公司获得各种技术创新资源和非技术资源，以此弥补企业自身某些资源的不足，使得企业能更快速地增强技术创新能力，增加技术创新投入。另外，企业过去良好的创新绩效会进一步激励企业继续技术创新，加大投入以保持市场竞争优势。

（2）企业战略。企业采用的战略直接影响企业技术创新投入。在经济全球化背景下，企业采用国际化战略会积极促进企业进行技术创新投入，因为企业为了在国际市场上赢得竞争优势，必须采用技术创新策略，否则就会被淘汰出局。企业采用专业化战略也对企业实施技术创新具有激励意义。企业在市场竞争过程中，最基本的两种竞争战略是差异化战略和低成本战略。一般来说，企业采用差异化战略，更能促进企业进行产品技术创新投入。企业采用低成本策略更有助于企业进行生产工艺的创新，以此来降低企业边际生产成本。另外，企业的持续竞争优势也能带动企业积极进行技术创新投入。

（3）企业文化及管理团队。已有成果对企业文化、管理团队以及组织机构与企业技术创新之间的关系进行了多方面的研究，得出了不一样的结论。在企业文化方面，一般认为企业实施全面质量管理，不断追求卓越的企业文化，会促使企业更积极地进行技术创新投入。在企业管理团队方面主要从领导者和管理者两个角度进行分析，一般认为，企业内部是否有合适的技术创新研发项目领导者积极参与，对企业成功进行技术创新非常重要；同时，管理者对创新的认知和经验的积累对企业实施技术创新也很重要，管理者对企业技术创新成本和风险的认知与企业技术创新一般呈现正相关性。在企业组织机构方面，研究一致认为企业内部不同职能部门之间的联系越紧密越有利于企业进行技术创新加大创新投入。

（4）企业职能资产。企业职能资产分为企业内部研发状况、市场营销策略、企业运作和生产能力、人力资源以及企业资金状况等方面。首先，企业内部研发能力越强，企业实施技术创新的积极性越高，投入越大。在新技术领域，由于新技术的研发和拥有者一般都是企业的竞争对手，他们为了保持自己研发的竞争优势，一般不会转让自己的新技术，即使转让，由于其技术垄断优势必然会导致转让成本非常高，所以企业内部研发对企业技术创新非常重要，企业内部研发与企业技术创新投入呈现正相关关系。其次，企业深入了解客户需求并准确分析客户需求的变化趋势，有利于企业实施技术创新，更有效的市场策略能够让企业销售更多的新产品，形成良好的收益，从而提高企业增加技术创新投入的积极性。再次，企业拥有先进的运作生产装备技术也会促进企业进行技术创新投入。最后，企业的财务状况与创新投入都与企业技术创新之间呈现正相关性。一般来说，财务上的自主权利越大，企业利润水平越高，企业内部研发投入能力和产生新技术的能力越强，企业技术创新投入的积极性就越高。

3. 影响企业技术创新投入的外部环境因素

企业所处的外部环境对企业技术创新决策也有巨大的影响。归纳国内外已有主要研究结论，企业外部影响企业技术创新投入的各种因素，可以划分为三类：企业所处市场环境、技术环境以及政府政策。

（1）市场环境。市场结构、市场竞争、市场集中度、市场需求以及产品差异化等市场环境因素都对企业技术创新投入有一定影响。市场结构分为完全垄断、寡头垄断、垄断竞争以及完全竞争四种类型。已有研究涉及的市场竞争有产量竞争即古诺竞争、价格竞争即伯川德竞争、产量—价格竞争、价格—产量竞争、领导—追随产量竞争以及领导—追随价格竞争等方式。有研究认为，技术创新与市场竞争、市场规模和垄断程度之间呈倒"U"型关系。在完全竞争市场条件下，企业规模一般较小，缺少足以支持企业持续技术创新的持久收益所需的推动力量，由此缺少技术创新所需要的资金和其他资源，不具备开拓技术创新所需的广阔市场，因此难以引发较强的技术创新动机。而在完全垄断条件下，由于缺乏竞争对手的威胁，也不容易激发出企业进行重大技术创新的活力。而介于完全垄断和完全竞争之间的垄断竞争和寡头垄断市场结构，既避免了上述两种极端市场结构的缺陷，又兼顾二者的优点，因而是最能推动企业技术创新的市场结构。虽然这一观点经常受到不少学者的质疑，但却表明了市场结构与技术创新动力之间的紧密联系。在寡头垄断下，由于同时包含垄断与竞争因素，少数企业垄断了某一行业的市场，每个企业的市场行为都会影响到整个行业，进而寡头企业之间的竞争非常激烈，促使每个企业必须进行创新来提高技术效率，以此巩固自己的市场占有率。

市场需求也与企业技术创新投入有着紧密的联系。市场需求与企业技术创新呈显著的正相关关系，处于需求增长快的产业内的企业会更积极进行技术创新。这也从另一个角度对技术创新的需求拉动理论进行了验证。首先，市场需求拉动企业创新。社会的需求是自然增长的，而自然界不会主动、轻易地满足这种需求，所以企业只有实施技术创新才能解决这一问题。其次，企业进行技术创新应用于企业生产又推动了科技创新进步。企业一方面要依据最新的科学技术武装企业、更新生产技术水平；另一方面，新产品投入市场又催生了新的市场需求，而这种新需求又进一步使得企业必须持续地进行技术创新活动，加大创新投入。

在后发国家市场，后发国家企业不仅面临本国企业的竞争，还要面临与先发国家企业的竞争，国际竞争环境下竞争激烈复杂。国外企业和大型跨国公司的进入使得竞争对手越来越多，企业间的竞争越来越激烈和复杂多样化。随着全球化进程的不断加快，企业不仅要与本土企业进行竞争，还要与国外企业和大型跨国公司进行竞争，竞争对手越来越多，实力越来越强。这样，企业间的竞争越来越激烈，采用的竞争手段越来越多，竞争规则变化越来越频繁。具体表现在以下三个方面。

一是竞争已经不再简单明了。按照过去的做法，只要企业向市场推出的产品或服务质量还可以，价格从优，总是能有市场，企业总可以生存和发展。而现在的市场环境中竞争对手多，竞争的内容更是名目繁多。有时候有些企业还没明白是怎么回事，就被淘汰出局。

二是竞争无情，淘汰率高。竞争历来带有一定的残酷性，然而现代企业面临的大多是全球竞争，且竞争的内容面面俱到，价格要低，质量要好，服务要优，这样的竞争淘汰率高，一倒一大片。

三是竞争无定律，规则常有更新。过去，竞争规则的形成、发展和更新总有一个相当长的过程，而现在的竞争节奏快，规则变化频繁。因此，企业竞争环境的不确定性、模糊性和动态性越来越强，成功竞争战略的有效期越来越短，它们处于竞争越来越激烈、越来越复杂多变的环境中。

后发国家企业在与先发国家企业竞争过程中，先发国家企业往往会有序采取多种举措对后发国家企业进行打压（徐示波等，2015）。首先是知识产权保护制度的全球化。先发国家往往会控告后发国家侵犯其知识产权，提出高昂的赔偿要求。一旦控告成功，先发国家不仅能获得巨额的知识产权费用，还能直接打击后发国家企业。其次是价格竞争，如果先发国家未能通过知识产权竞争打垮后发国家企业，接着往往是利用其自身强大的资金实力和足够多的利润优势将自己的产品大幅降低价格，在市场上进行价格竞争，让后发国家企业付出巨大代价、辛苦开发出的新产品，在国内市场上销售只能获得较少的利润甚至无利可图，打击后发国家企业。接着，如果价格手段对后发国家企业没有起到多大作用，这时先发国家可能还会对后发国家企业采取高价收购兼并等手段，使后发国家在艰难的环境中好不容易培育出的高技术企业被其控股甚至成为其全资子公司。所以，后发国家企业在面临先发国家企业竞争，压力越大，创新投入动力可能会越小，其技术创新的难度更大。

（2）技术环境。经济全球化和科学技术的快速发展也使得企业面临的技术创新环境发生了巨大变化，具体表现为以下三个方面。

一是技术的实效性越来越强，技术创新速度要求加快。目前企业面临的市场快速多变，产品生命周期不断缩短，这就要求必须加快新技术和新产品推向市场的速度，所以企业技术创新的速度也必须加快，短时间内的创新投入也随之增加。国际上一些重大创新利用的时间越来越短，技术发明产生经济和社会效益的机会稍纵即逝，技术产生价值的实效性越来越强。因此，企业不仅仅要能开发出新产品，还要以比其他企业更快的速度开发出新产品。

二是集成创新越来越重要，集成创新能力已经成为企业技术创新必备的基本能力。当今市场上的每一种产品都是由一系列不同的技术集成在一起形成的，例如计算机至少由视频播放、数据处理和记忆及其存储、键盘、软件等构成。目前的发展趋势是产品中包含的技术品种在持续增多，技术含量越来越高。所以，当前新产品的开发不仅涉及产品中包含的单元技术创新，还涉及产品中包含的多种技术的集成创新。与此同时，为了将生产出来的产品推向市场，企业既需要有与产品相关的技术，还要有产品制造技术、产品营销技术以及售后服务技术管理技术等，企业的集成创新还体现在需要产品技术与制造技术的集成，需要产品及其生产制造技术与营销技术、售后服务以及管理技术的集成。

三是技术创新难度加大，需要创新投入逐渐增多，风险加大。由于目前很多企业越来越重视技术创新，企业要通过创新赢得竞争优势，这就要求企业技术创新的起点越来越高，集成创新的技术品种越多越好，创新能力逐渐增强，创新速度不断加快。所以，企业实施技术创新的难度不断加大，创新投入越来越高，风险也逐渐增加。

（3）政府政策。企业实施技术创新具有很高的不确定性和外部性，仅靠市场环境、技术发展等因素并不能自动提供一些有利于企业技术创新的外部环境。由于企业尤其是高新技术企业从其投资中很难获得短期利润，而且创新的风险很大。因此，政府的政策就成为影响企业技术创新投入的关键因素，政府的政策可以引导、激励和保护企业的创新行为。政府既可以通过对企业的激励来鼓励企业创新，也可以通过关注企业生产结构的调整、提供公共资金支持企业的创新活动。有效的政策支持可以显著地调动企业技术创新的积极性。政府政策支持企业技术创新的方式是比较多的，常见的有风险分担机制，产权保护制度，政府采购、财政支持以及税收优惠，政府管制等。

一是风险分担机制。技术创新具有未知特性，即在创新的过程中，创新主体对未来技术的发展方向并没有确定性的认识，是一个不断摸索的过程。也就是说，技术创新的所有可能结果不可能被创新者预先做出适当的安排。技术创新的这一未知特性通常是在创新过程中逐渐显现的。例如，家用录像系统的开发过程，最初引起技术人员关注的可能仅仅只是录像带的长度问题，而当这一问题解决后，他们却发现开发出的产品根本不是顾客所能买得起的，从而面临了很大的风险。因此，技术创新的高风险性在很大程度上延缓了企业技术创新的进程。理论研究和实证分析均表明，形成有效的风险分担机制是支持企业技术创新的有效手段之一。在政府的政策支持下，建立有效的风险分担机制可以降低企业对技术创新的预期损失，将企业技术创新过程中的风险降低到最小，减少企业技术创新过程中的可能经济损失，是促进企业加大技术创新投入的必然要求。

二是产权保护制度。产权制度是支持企业技术创新的关键制度，世界各国非常重视对本土企业产权的保护，因为它是一个国家的产业竞争力和国际贸易竞争力的重要体现。技术创新主体追求技术创新超额利润的动机及其由此产生的行为力量是企业技术创新动力产生的最主要原因。明晰的产权关系是企业对技术创新收益追求的首要基础，只有明晰的产权才能明确其利益所在。从产权角度考虑技术创新的激励，最主要的是利益激励。例如专利权，保证技术成果权利人在一定的期限内对其技术成果享有独占权，禁止他人无偿占有权利人的技术成果，从而保证了权利人所拥有的技术成果不被其他企业模仿，保证其独占利益。专利制度是知识产权制度中的核心制度，只有在以专利制度为核心的现代知识产权制度建立和完善之后，广大的企业才可能有技术创新和积极性。

三是政府采购、财政支持以及税收优惠。大量研究结果表明，政府采购和财政支持是世界主要国家普遍采用的支持企业技术创新的手段，是影响企业进行技术创新投入的重要因素。政府采购，可以提供一个稳定可靠的公共消费市场来减少企业技术创新过程中的市场风险，以产生技术创新的需求拉动效应。同时，政府采购还可以让企业形成比较稳定的利润来源，支持企业持续进行技术创新，加大创新投入。财政支持政策往往以税收优惠、研发投入补贴、研发产出补贴的形式进行，以有效降低企业技术创新成本，提高企业技术创新的收益，提高企业技术创新的积极性，加大创新投入。税收政策可以影响企业进行技术创新投入的决定：一是尽管企业研发的支出是未来的投资，但大多数国家为促进企业创新投入，允许把这些税赋支出作为目前的费用在企业的支出中抵销；二是在一些国家通过允许加速折旧的方法以激励设备投资，引导其进行更多的创新投入，增长的设备投资进而提高了资本货物供应商的销售和利润，国家通过这些企业的所得税得到回报；三是许多国家规定了特殊的、明确的研发投资税收抵免激励制度，如加拿大是这方面的先行者。政府研发补贴也是影响企业实施技术创新投入的重要因素，补贴分为两种：研发投入补贴和研发产出补贴。研发投入补贴是对企业技术创新投入进行补贴，鼓励企业增加创新投入。当技术创新成本不确定时，政府一般通过研发投入补贴可以分担企业技术创新的部分风险，这主要应用于研发生产阶段，例如美国用于大型国防和航空项目的补贴；研发产出补贴是对企业创新的产品进行补贴，补贴依据可以是企业新产品的销售量或者新产品的销售收入，例如我国对购买新能源电动车的消费者给予一定补贴，不仅激发了消费者的购买欲望，还提高了企业研发新能源电动车的积极性。对企业而言，获得补贴是为了达到利润最大化，这是企业市场行为的准则；对政府而言，进行补贴一般是为了达到社会福利最大化。通过政府补贴，可以有效降低企业技术创新的成本，提高企业技术创新的收益，增强企业技术创新的积极性，加大创新投入，使企业持续进行技术创新，推动社会经济发展。

四是政府管制。政府管制是市场经济条件下政府干预经济的重要手段之一，是影响企业技术创新的因素之一。一方面，政府要在竞争性行业中限制垄断，促进竞争；另一方面，又要对具有天然垄断的行业进行管制，以防止垄断及新企业的加入而导致重复建设。政府通过有效管制，可形成有利于企业实施技术创新的市场结构，提高企业技术创新的积极性。另外，有时候技术创新也会导致负面的外部效应。例如，工业生产技术可能导致污染，影响周边生活；农业和渔业技术会导致自然栖息物的减少、腐蚀，海洋生物的枯竭。政府为了减少企业技术创新带来的环境污染或者降低对环境损害的程度，也要对企业进行管制，如对企业征收排污税或者环保税、拍卖市场许可、自由市场许可、直接管制等，以遏制环境破坏，形成一个节能的生态经济社会，保持经济可持续发展。

2.2.2 影响企业技术采纳策略的主要因素

企业在采纳新技术时，会考虑采纳技术的类型和时间。企业在确定采纳新技术的类型后，就要考虑何时采纳新技术才能得到期望的利润回报。

企业的新技术采纳策略选择受一些因素的影响，如新技术回报不确定性、企业之间的技术溢出、购买技术成本随时间的下降程度、政府政策因素。在此分别分析这四个因素对企业采纳新技术的影响。

1. 新技术回报不确定性

企业在采纳新技术时，采纳时间较早有可能承担较大的风险和回报不确定性，采纳较晚有可能错过最优的采纳时机而得不到较高的回报。另外，新的技术可能尚有可改进的空间，所以新技术的采纳具有滞后性，这使得企业也可能会持观望态度，而不会在新技术刚出现的时候立刻购买和采纳新技术。另外，若频繁地采纳最新的技术有可能引出很多问题。例如，管理上变革太快会使企业的稳定性受到危害。另外，由于所采纳的新技术是对原有技术的替代，有可能在采纳新技术时，原有技术还没有发挥出最优的效率，而且投入原技术中的成本，随着新的技术的采纳而得不到回收，从而加大了企业的创新成本。企业在采纳该新技术时往往由于方法不对或有些细节问题没有处理好，最终导致整个实施过程失败，这说明企业在采纳新技术时的创新回报具有不确定性，采纳时间掌握不好有可能承担较大风险。

2. 企业之间的技术溢出

企业在采纳新技术过程中，由于企业之间技术人员的流动，先采纳新技术企业的技术人员可能会向后采纳新技术企业溢出新技术信息，也可能会通过其他方式扩散到后采纳新技术企业，这样新技术信息会被后采纳新技术企业通过一些方式免费获得，很难被先采纳的新企业独自占有。技术溢出对企业的新技术采纳时间选择有一定影响，技术溢出较大时，企业可能会晚些采纳新技术，而不愿提前采纳新技术，这是由于先采纳新技术企业要面临新技术信息溢出到后采纳新技术企业的较大风险；技术溢出较小时，先采纳新技术企业具有一定的技术优势，容易获得更大利润，早采纳新技术对企业创新有利。

3. 购买技术成本随时间的下降程度

在新技术刚出现时，新技术的成本往往较高，企业购买并采纳新技术不必为该新技术是否被淘汰而担心，但是太早采纳新技术可能要面临新技术的高风险、高成本、回报不确定性等。在新技术成熟稳定期，新技术的成本往往会比出现时低，但下降程度不确定，企业购买采纳新技术虽然可以得到回报，但是与早期采纳新技术企业相比，失去了新技术上的领先优势，在市场上的竞争优势也减弱。在新技术要被市场淘汰时，此时新技术实际已经成为老技术（由于新一代的技术已经出现），购买成本可能降为最低，下降程度也不确定，企业购买并采纳新技术，虽然享受购买技术成本上的优惠或者折扣，但是太晚采纳新技术难以达到预期的收益。

4. 政府政策

由于新技术的高风险性，企业一旦选择购买并采纳新技术，不仅要承担现有市场迅速被侵吞的风险，同时要支付一定的额外成本。又由于新技术较之传统技术往往具有较高的生产率，可能在能源消耗、环境保护等方面具有较大的优势，满足人类倡导的可持续发展要求。政府对率先采纳新技术企业可能会给予一定的优惠政策，例如税收优惠、环保补贴等。这时，政府如果提供诱人的政策性补贴，企业有可能会选择尽早采纳新技术。如果传统技术下的市场需求较高，政府的政策性补贴会越大。当然，政府不会无限制地对先采纳技术企业进行补贴。如果传统技术下市场需求过高，政府通过市场发挥作用实现新技术采纳不可行时，这时政府可采取强制性手段和引导性措施，推动企业尽早采纳新技术。例如政府可以对企业提出合理的、有利于社会整体发展的清洁生产指标，对未完成指标的企业征收相应的污染排放税，同时政府采取政策和资金等方面的支持，通过提高先采纳企业利润，激励企业尽早采纳新技术。

由上可知，后发国家企业技术创新投入和采纳策略受到来自多方面因素的影响。所以，后发国家企业是否开展技术创新和多大程度上如何实施技术创新是许多因素综合作用的结果。

2.3　后发国家企业技术创新特征与策略研究框架

2.3.1　后发国家企业技术创新特征

先发国家与后发国家技术创新的区别，已有研究认为：先发国家的技术创新在研发活动中首先产生新的产品和技术理念，然后为了实现这个理念不断解决技术问题，最后投入生产；基本路径是先有研发再有技术设计，最后为生产环节。后发国家技术创新始于开发或生产阶段，以应用为主，主要原因是后发国家技术创新能力薄弱。在引进先发国家技术后，首先掌握成熟技术产品的生产能力，其次是掌握产品设计能力，最后才培养出创造产品理念的能力。技术进步的途径是边干边学，这是大多数后发国家技术能力积累的关键。后发国家的创新活动，起初主要是降低生产成本的工艺创新，然后逐步培养出改进产品质量和性能的产品创新能力，最后培养出独立地提出新的产品和技术理念的能力。

对于以追赶为主要特征的后发国家来说，技术创新过程很可能是一个逆 A－U 追赶过程，包括引进、消化吸收和再创新三个阶段。在工业化的早期阶段，后发国家引进成熟的先发国家技术，由于没有任何能力基础，企业通过引进国外成套技术来启动生产。后发国家引进技术成功之后，生产和产品设计技术很快就会在全国范围内得到传播。随后就会有更多企业进入，加剧了市场的竞争程度，使得本国企业努力消化吸收国外技术，生产差异化产品。通过消化吸收引进的技术，后发国家企业开始通过模仿、分拆来开发新产品，不再需要先发国家企业技术的直接转让。随着对国内市场需求的逐步满足，后发国家的企业开始开发国际市场，日益强调出口。后发国家企业技术创新能力不断提高，开始逐步进行技术研发，满足国际市场竞争的需要。

后发国家为了经济的快速发展，都希望通过对先发国家的技术引进来实现赶超。后发国家选择以技术引进为主的低成本技术创新战略在技术渐变时期对后发国家是有利的，可以发挥后发优势。但是在当今的快速发展时期，尤其是在高新技术领域，如果后发国家尤其是后发大国一味地依赖技术引进，就会让先发国家可能向后发国家转嫁产业调整转换成本，从而使后发国家的产业发展面临更大风险。一直以来，对后发国家追赶先发国家的研究，普遍基于"比较优势"理论和"后发优势"理论，认为后发国家的比较优势在于依靠自然资源的劳动力密集型产业，后发优势在于利用"适用技术"的低成本和低风险等因素进行模仿创新。根据先发国家与后发国家的技术差距以及产品发展的特点，已有研究提出并建立了技术差距模型和产品生命周期模型，对技术落后国家追赶上技术领先国家的可能过程进行了阐述，形成了传统经济形态下后发国家充分发挥比较优势和后发优势的经济发展模式。

　　学术界也并非一边倒向"后发优势"理论。其中，"后发劣势"可谓是对"后发优势"最直接的挑战。"后发劣势"理论认为，后发国家在追赶先发国家的进程中，重视引进技术和加快工业化进程，但同时也忽视了消化学习吸收再创新技术与培养工业化发展的制度土壤，因而造成了后发国家缺乏相应的制度土壤支撑，国家的发展因而缺乏可持续能力。如果后发优势单独存在，所有的企业和国家最终将会收敛到一个相同的技术水平上，那么最终一个持续的比较优势不会出现，而在现实中，技术差距存在于许多国家、行业和企业中。

　　后发国家企业与先发国家企业相比，技术创新能力薄弱，技术创新投入水平普遍偏低，在后发国家市场面临先发国家企业的竞争压力，压力越大，创新投入动力越小。先发国家企业往往是技术创新的领导者，也就是在市场竞争中能率先研发出新产品并领先后发国家企业进入市场，一般不会面临后发国家企业的竞争，或者面临这方面的竞争压力极小，具有市场竞争优势和先动优势。先发国家企业率先进行技术创新，能比后发国家企业获得更多更好的有形资产，例如最具价值和潜力的市场、大量优秀的科研人员等；先发国家企业也能比后发国家企业获得更多的无形资产，如先动优势建立起来的声望、品牌效应、企业文化以及行业经验等。先发国家企业率先进行技术创新，有利于构建高质量的产业链和与上下游厂商建立良好的合作关系，可以保证自身的长期发展，也可以在一定范围内加大后发国家企业进入市场的难度。后发国家企业往往是技术创新的跟随者，跟随先发国家企业进行创新或者从先发国家企业引进技术进行二次创新，研发出新产品并进入市场后，既面临先发国家企业的竞争，也面临本国企业的竞争，面对的竞争环境更复杂，市场竞争更激烈。

在当今的知识经济时代和经济全球化背景下，各国企业之间的竞争最终将体现为企业自主创新能力的竞争，而企业自主创新能力的提升依赖企业对技术创新模式做出正确的选择，并有效实施之后才能得以实现。由于不同企业的内外部条件存在诸多差异，如企业所处产业的技术环境、市场需求、行业竞争格局以及企业自身实力等，直接决定了后发国家不同企业在技术创新模式上选择的差异。后发国家企业可以根据所处内部外部环境综合考虑从自主创新模式、从外部购买新技术模式中选择适合自身的创新模式，企业只有选择适合自身实际情况的技术创新模式，才能真正有效地提升自主创新能力。

2.3.2 后发国家企业技术创新投入与采纳策略研究框架

企业在选择技术创新投入与采纳策略的过程中不仅要考虑技术创新本身的特征因素，如技术溢出、创新回报不确定性等，还要考虑市场竞争、市场结构、产品差异、政府干预、先发国家企业竞争等外部环境因素，所以后发国家企业技术创新投入和采纳策略制定是一个复杂的过程。目前有关考虑外部环境因素的企业技术创新投入策略的研究多数是采用实证分析法；考虑技术特征因素的研究多数是特定企业类型和市场结构，在 AJ 模型或者 KMZ 模型的基础上建立博弈模型来研究各种因素对企业技术创新投入和采纳策略的影响。下面从企业类型、市场竞争结构、技术特征因素、技术创新模式、政府激励和先发国家企业竞争等方面对后发国家企业技术创新投入和采纳策略进行分析。

首先，不同类型企业开展技术创新的目标会存在差异。像我国这样的后发国家中企业类型主要有私有企业、公有企业（国有企业）、股份制公有企业、合资企业以及外资独资企业等类型，不同类型企业承担风险能力不同，所追求的目标不一样。一般情况下，私有企业、合资企业以及独资企业都以利润最大化为目标；公有企业以社会福利最大化为目标，股份制公有企业以企业利润和社会福利的加权和为最大目标。当然，也有学者认为，公有企业以关注市场占有率为目标。

其次，在市场结构上，对于企业技术创新投入策略的研究基本都是在寡头市场下，有的考虑到双寡头市场，又有学者推广到多寡头市场。在市场竞争方面，大多数的研究是在产量竞争也就是古诺竞争框架下进行的，最近，有些研究把市场竞争推广到了同时价格竞争也就是伯川德竞争、有序价格竞争、有序产量竞争、价格—产量竞争、产量—价格竞争五种情形。

再次，后发国家企业从先发国家企业购买新技术实施创新时，企业在技术创新过程中的技术溢出、创新回报的不确定性、创新的时间等技术因素，也会影响后发国家企业技术采纳策略。对于企业的技术创新模式，目前研究过程中主要是针对自主创新和从外部购买新技术实施创新模式。

最后，企业外部因素也影响着后发国家企业技术创新投入和采纳策略。在市场竞争中，先发国家企业往往会利用自己的优势在价格方面打压后发国家企业，或者设法兼并后发国家企业，这对后发国家企业造成一定的冲击，使得后发国家企业必须创新。后发国家政府为了激发本国企业创新的积极性，往往会给予企业一些激励措施如研发投入补贴、研发产出补贴或者税收优惠等措施。此外，考虑到企业在进行技术创新过程中可能会对环境产生一定污染或者破坏环境，有的研究引入了排污税和环境损害系数。

综上所述，在已有研究的基础上，本书构建出后发国家企业技术创新投入与采纳策略的研究框架（见图2-4）。在对企业技术创新投入与采纳策略的研究过程中，首先可以从企业类型中选择企业，明确其所有权或者目标；然后从市场结构选择竞争方式，再考虑技术本身因素以及外部因素，来研究企业进行自主创新或者从外部购买新技术时，不同因素对相应企业的技术创新投入或采纳策略的影响。例如，在先发国家企业竞争下，研发补贴对股份制公有企业的技术创新投入策略有什么影响。本书研究主要是在企业自主创新、从外部购买新技术两种创新模式下，以后发国家企业技术创新投入与采纳策略为中心点，研究不同因素对后发国家不同类型企业技术创新投入与采纳策略的影响。

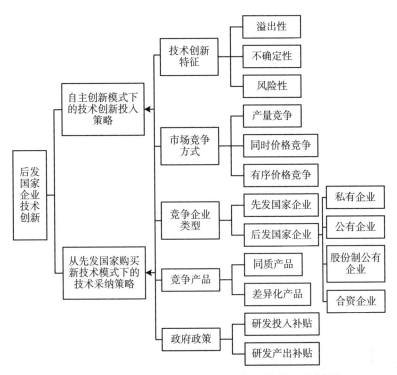

图 2 - 4　后发国家企业技术创新投入与采纳策略研究框架

(2.4) 本章小结

本章主要阐述了后发国家企业技术创新投入与采纳策略的相关理论基础。首先，对技术创新、技术创新模式以及技术创新过程等相关概念进行了阐述和界定；其次，分别分析了影响企业技术创新投入与采纳策略的主要因素；最后，构建了含有企业技术及技术创新特征、企业外部环境等多种因素下的后发国家企业技术创新投入与采纳策略研究框架。

第3章

后发国家同质产品企业
技术创新投入策略

在后发国家的市场上，本国企业面临生产同质产品的先发国家企业的竞争。本章主要研究生产同质产品的后发国家企业的技术创新投入策略。首先，考虑含有合资企业、后发国家股份制公有企业以及私有企业的市场竞争，分析此种情形下后发国家公有企业的私有化程度、合资企业中后发国家控股比例对混合寡头下企业创新投入的影响。其次，考虑后发国家政府对本国企业实施研发投入补贴与研发产出补贴两种补贴方式，研究两种补贴方式下后发国家企业的创新投入、产出以及社会福利，进而分析后发国家政府对本国企业的研发补贴策略。最后，考虑先发国家企业具备技术领先优势，市场竞争为含有一个先发国家企业和两个本国企业的混合三寡头，研究各个企业在研发竞争、研发卡特尔、共同实验三种竞争与合作模式下的创新投入、产出、利润以及社会福利，进而分析后发国家企业的技术创新投入策略。

3.1 含有合资企业的混合多寡头技术创新投入策略

3.1.1 问题提出

随着改革开放和国际化步伐的加快，我国实行国有企业公司制股份制改革，私有企业和合资企业不断增多，推动了我国经济快速发展。公有企业的部分私有化（或股份制改革）即混合所有制在许多发达和发展中国家比较常见。在发展中国家，如中国、印度等后发国家，股份制公有企业通过上市，把一部分所有权转让给私人部门，但政府仍然握有大量股份。另外，随着经济全球化的加快，外资的渗透也加快了合资企业的发展，对于生产相似产品的企业来讲，不同类型企业的存在使得企业间的竞争越来越激烈，这会促进企业技术创新。因此，后发国家企业技术创新时，股份制公有企业的私有化程度以及合资企业的外资渗透程度对企业创新投入策略的影响，值得进行探讨。

　　混合寡头是指混合所有制企业构成的不完全竞争市场。由于引进了公有企业，混合寡头市场的竞争行为和结果均不同于传统文献中纯私有企业竞争的情况。国内外学者针对混合寡头竞争市场的技术创新问题已经开展了研究，关于混合寡头情形下的研发竞争中的创新投入问题，已有研究对纯私企研发与公有企业私有企业混合研发的投资以及社会福利进行了比较，表明公有企业可以很好地处理投资不足的问题，公有企业投资比私企投资得要多。在含有一个公有企业和多个私有企业的混合多寡头情形下，有的研究对政府补贴、研发投入、私有化、社会福利之间的关系进行了分析，并比较了混合多寡头和纯私企多寡头下的社会福利，给出了最优研发补贴。尽管已有研究对混合寡头进行了分析研究，但在上述研究中多数考虑的混合双寡头或者混合多寡头只包含私有企业或者公有企业，没有考虑到合资企业。

　　鉴于此，本节考虑后发国家市场中存在股份制公有企业、纯私有企业、合资企业的混合三寡头市场竞争（见图 3 - 1），分析后发国家股份制公有企业的私有化程度、合资企业中后发国家控股比例对混合寡头下企业的创新投入以及社会福利的影响。

3.1.2　模型构建

　　考虑后发国家市场上一个为含有股份制公有企业（记为企业 0）和两个私有企业的混合多寡头，其中私有企业中有一个完全国内股份的私有企

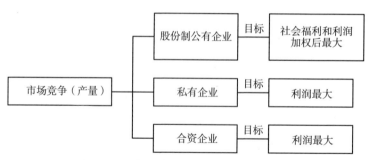

图 3-1　市场竞争中企业类型及其目标

业（记为企业 1），一个既有国外（先发国家）股份又有国内股份的合资企业（记为企业 2，本书讨论的合资企业指的是国外企业与后发国家私有企业的联合），后发国家国内股份的比例为 $\alpha(0\leq\alpha\leq1)$，其中，$\alpha=0$ 表示该企业为外国独资企业，$\alpha=1$ 表示该企业为国内私有企业。每个企业采用同一种技术生产同质产品，国内的反需求函数为 $p(Q)=a-Q$；Q 为总的产出，$Q=q_0+q_1+q_2$，p 为产品的价格，q_0 表示公有企业的产出，q_1 表示完全国内股份私有企业的产出，q_2 表示合资企业的产出。

假设每个企业的生产成本函数为二次函数：

$$C_j(x_j,\ q_j)=q_j^2-\frac{(x_0+x_1+x_2)}{2}q_j,\ j\in\{0,\ 1,\ 2\},\qquad(3.1)$$

其中，x_j 表示企业 j 的创新投入，也表示研发投资对单位成本下降的贡献（研发产出水平）。假设研发成本函数为 $\Gamma(x_j)=x_j^2$，$j\in\{0,\ 1,\ 2\}$ 以反映创新投入的报酬递减性。企业的利润函数可表示为：

$$\pi_j=(a-q_0-q_1-q_2)q_j-q_j^2+\frac{(x_0+x_1+x_2)}{2}q_j-x_j^2,\ j\in\{0,\ 1,\ 2\}$$

$$(3.2)$$

后发国家社会福利 SW 包括消费者剩余 CS、生产者剩余，即：

$$SW=CS+\pi_0+\pi_1+\alpha\pi_2,\ 0\leq\alpha\leq1,\ CS=\frac{Q^2}{2}=\frac{1}{2}(q_0+q_1+q_2)^2\quad(3.3)$$

设股份制公有企业的私有化程度为 θ，$\theta\in[0,\ 1]$，也就是说政府拥有股份制公有企业的部分为 $1-\theta$，那么企业管理者的目标是社会福利和利润加权和最大，股份制公有企业的目标函数为：

$$V = \theta \pi_0 + (1 - \theta) SW \qquad (3.4)$$

其中，$\theta = 0$ 表示股份制公有企业全部都为政府所有，目标是将社会福利最大化；$\theta = 1$ 表示企业 0 为纯私有企业，目标是取得最大利润。

考虑两阶段博弈（见图 3 - 2），第一阶段为企业同时选择技术创新投入；第二阶段为企业进行产量的博弈即古诺竞争，企业同时最大化各自的目标函数，股份制公有企业最大化 V，其他企业使 π_j 达到最大。在此利用逆序归纳法解出均衡解。

图 3 - 2　含有合资企业的博弈流程

3.1.3　混合多寡头技术创新投入分析

在第二阶段，给定合资企业的后发国家国内股份比例 α，私有化程度 θ，创新投入 x_j，通过企业的各自目标最大化即股份制公有企业最大化 V，其他企业使 π_j 达到最大，可求得均衡解为：

$$q_0 = \frac{[4 - \alpha + (\alpha - 1)\theta](2a + x_0 + x_1 + x_2)}{2h(\theta)}$$

$$q_1 = \frac{(2 + \theta)(2a + x_0 + x_1 + x_2)}{2h(\theta)} \qquad (3.5)$$

$$q_2 = \frac{(2 + \theta)(2a + x_0 + x_1 + x_2)}{2h(\theta)}$$

其中，$h(\theta) = 14 - \alpha + (4 + \alpha)\theta$，进一步将式（3.5）代入式（3.2）、式（3.4），可得出均衡利润为：

$$\pi_0 = \frac{[4 - \alpha + (\alpha - 1)\theta](2 + \alpha + 4\theta - \alpha\theta)(2a + x_0 + x_1 + x_2)^2}{4h^2(\theta)} - x_0^2$$

$$\pi_1 = \frac{(2 + \theta)^2(2a + x_0 + x_1 + x_2)^2}{2h^2(\theta)} - x_1^2 \qquad (3.6)$$

$$\pi_2 = \frac{(2 + \theta)^2(2a + x_0 + x_1 + x_2)^2}{2h^2(\theta)} - x_2^2$$

$$V = \frac{l(\theta)(2a + x_0 + x_1 + x_2)^2}{8h^2(\theta)} - x_0^2 - (1 - \theta)\left[x_1^2 + \alpha x_2^2\right] \qquad (3.7)$$

其中，$l(\theta) = -(\alpha^2 + 6\alpha + 5)\theta^3 + (\alpha^2 - 14\alpha - 35)\theta^2 + (\alpha^2 + 16\alpha - 20)\theta - \alpha^2 + 4\alpha + 96$。

通过式（3.6）、式（3.7），求出企业间的反应函数为：

$$x_0 = \frac{l(\theta)(2a + x_1 + x_2)}{8h^2(\theta) - l(\theta)}$$

$$x_1 = \frac{(2 + \theta)^2(2a + x_0 + x_2)}{2h^2(\theta) - (2 + \theta)^2} \qquad (3.8)$$

$$x_2 = \frac{(2 + \theta)^2(2a + x_0 + x_1)}{2h^2(\theta) - (2 + \theta)^2}$$

式（3.8）联立求得各企业的创新投入为：

$$x_0 = \frac{2al(\theta)}{8h^2(\theta) - 8(2 + \theta)^2 - l(\theta)}$$

$$x_1 = x_2 = \frac{8a(2 + \theta)^2}{8h^2(\theta) - 8(2 + \theta)^2 - l(\theta)} \qquad (3.9)$$

其中，$8h^2(\theta) - 8(2 + \theta)^2 - l(\theta) = (\alpha^2 + 6\alpha + 5)\theta^3 + (7\alpha^2 + 78\alpha + 155)\theta^2 - (17\alpha^2 - 144\alpha - 884)\theta + 9\alpha^2 - 228\alpha + 1440$。

将式（3.9）代入式（3.3）、式（3.5）、式（3.6），可得各个企业的均衡产出、利润以及消费者剩余关于私有化程度 θ 和后发国家国内股份比例 α 的表达式为：

$$q_0 = \frac{8a[4 - \alpha + (\alpha - 1)\theta]h(\theta)}{8h^2(\theta) - 8(2 + \theta)^2 - l(\theta)}$$

$$q_1 = \frac{8a(2 + \theta)h(\theta)}{8h^2(\theta) - 8(2 + \theta)^2 - l(\theta)}$$

$$q_2 = \frac{8a(2 + \theta)h(\theta)}{8h^2(\theta) - 8(2 + \theta)^2 - l(\theta)}$$

$$\pi_0 = \frac{4a^2[32h^2(\theta)(4 - \alpha + \theta\alpha - \theta)(2 + \alpha + 4\theta - \alpha\theta) - l^2(\theta)]}{[8h^2(\theta) - 8(2 + \theta)^2 - l(\theta)]^2}$$

$$\pi_1 = \pi_2 = \frac{64a^2(2 + \theta)^2[2h^2(\theta) - (2 + \theta)^2]}{[8h^2(\theta) - 8(2 + \theta)^2 - l(\theta)]^2}$$

$$CS = \frac{32a^2 h^2(\theta)\left[8 - \alpha + \alpha\theta + \theta\right]^2}{\left[8h^2(\theta) - 8(2 + \theta)^2 - l(\theta)\right]^2}$$

命题 3.1　在存在外资渗透和部分私有化的混合多寡头竞争情形下，随着后发国家股份制公有企业私有化程度的提高，股份制公有企业的创新投入将会减少，后发国家纯私有企业和含有国外股份的合资企业的创新投入将随之提高。

证明：

由式（3.9）可得：

$$\frac{\partial x_0}{\partial \theta} = \frac{16a\left[-(\alpha^2 + 6\alpha + 5)(\alpha^2 + 8\alpha + 15)\theta^4 - 4(\alpha^2 + 6\alpha + 5)(-\alpha^2 + 10\alpha + 54)\theta^3\right]}{\left[8h^2(\theta) - 8(2 + \theta)^2 - l(\theta)\right]^2} +$$

$$\frac{16a\left[-6(\alpha^4 - 15\alpha^3 + 52\alpha^2 + 888\alpha + 1060)\theta^2 + 4(\alpha^4 - 19\alpha^3 + 218\alpha^2 - 1268\alpha - 4080)\theta\right]}{\left[8h^2(\theta) - 8(2 + \theta)^2 - l(\theta)\right]^2} -$$

$$\frac{16a(\alpha^4 - 16\alpha^3 + 56\alpha^2 - 1280\alpha + 14208)}{\left[8h^2(\theta) - 8(2 + \theta)^2 - l(\theta)\right]^2} < 0$$

$$\frac{\partial x_1}{\partial \theta} = \frac{8a\left[(\alpha^2 + 6\alpha + 5)(9 - \theta^4 - 8\theta^3) + (57\alpha^2 + 240\alpha)(1 - \theta^2)\right]}{\left[8h^2(\theta) - 8(2 + \theta)^2 - l(\theta)\right]^2} +$$

$$\frac{8a\left[(-38\alpha^2 - 1080\alpha + 1640)\theta + 204\theta^2 + 38\alpha^2 - 1782\alpha + 2179\right]}{\left[8h^2(\theta) - 8(2 + \theta)^2 - l(\theta)\right]^2} > 0$$

同理，$\dfrac{\partial x_2}{\partial \theta} > 0$。

证毕。

命题 3.2　在存在外资渗透和部分私有化的混合多寡头竞争情形下，随着合资企业的后发国家国内控股比例的增加，后发国家股份制公有企业、纯私有企业和含有国外股份的合资企业的创新投入都将随之增加。

证明：

$$\frac{\partial x_0}{\partial \alpha} = \frac{32am(\theta)}{\left[8h^2(\theta) - 8(2 + \theta)^2 - l(\theta)\right]^2}$$

其中，

$$m(\theta) = -(\alpha + 5)^2\theta^5 - (5\alpha^2 + 68\alpha + 239)\theta^4 + (9\alpha^2 - 114\alpha - 852)\theta^3 +$$

$$(13\alpha^2 + 184\alpha - 1124)\theta^2 + (-28\alpha^2 + 296\alpha + 512)\theta + 12\alpha^2 -$$

$$288\alpha + 1728$$

$$= (1-\theta)\big[(1728-288\alpha)+\theta(2240+1116\theta+$$
$$264\theta^2+25\theta^3)+2\alpha\theta(4+96\theta+39\theta^2+5\theta^3)+$$
$$\alpha^2(1-\theta)^2(\theta^2+8\theta+12)\big]$$

由 $0\le\theta\le1$，$0\le\alpha\le1$ 知 $1-\theta\ge0$，$1728-288\alpha>0$，$m(\theta)\ge0$，故：

$$\frac{\partial x_0}{\partial\alpha}\ge0$$

$$\frac{\partial x_1}{\partial\alpha}=\frac{16a(2+\theta)^2\big[114-3\theta^3-39\theta^2-72\theta-\alpha(\theta^3+7\theta^2-17\theta+9)\big]}{\big[8h^2(\theta)-8(2+\theta)^2-l(\theta)\big]^2}$$

令 $n(\theta)=114-3\theta^3-39\theta^2-72\theta-\alpha(\theta^3+7\theta^2-17\theta+9)$，则 $n'(\theta)=$ $-9\theta^2-78\theta-72-3\theta^2\alpha-17\alpha+14\theta\alpha$，由于 $0\le\theta\le1$，$0\le\alpha\le1$，知 $n'(\theta)<0$，$n(\theta)$ 关于 θ 单调递减，所以，$n(\theta)\ge n(1)$、$n(1)=0$、$n(\theta)\ge0$，由此可知，$\frac{\partial x_1}{\partial\alpha}\ge0$，同理，$\frac{\partial x_2}{\partial\alpha}\ge0$。

证毕。

命题 3.3 在存在外资渗透和部分私有化的混合多寡头竞争情形下，随着合资企业中后发国家控股比例的增加，后发国家的最优社会福利也将增加。

证明：

对于企业 0 为纯公有企业时即 $\theta=0$，社会的最优福利 SW^* 为：

$$SW^*=\frac{4a^2(-25\alpha^4+744\alpha^3-5424\alpha^2-13568\alpha+166144)}{9(3\alpha^2-76\alpha+480)^2}$$

$$\frac{\partial SW^*}{\partial\alpha}=\frac{128a^2(3\alpha^2-76\alpha+480)(49\alpha^4-2250\alpha^3+37296\alpha^2-257248\alpha+585644)}{9(3\alpha^2-76\alpha+480)^4}$$

由 $0\le\alpha\le1$，可知：

$$3\alpha^2-76\alpha+480>0$$
$$49\alpha^4-2250\alpha^3+37296\alpha^2-257248\alpha+585644>0$$

可得，$\frac{\partial SW^*}{\partial\alpha}>0$。

证毕。

当企业 0 为纯公有企业，企业 1 为纯私有企业，企业 2 为合资企业在各自目标最大化时（纯公有企业社会福利最大化，企业 1、企业 2 最大化各自利润），各个企业的均衡产出、利润以及消费者剩余为：

$$q_0^* = \frac{8a(4-\alpha)(14-\alpha)}{3(3\alpha^2-76\alpha+480)}, \quad q_1^* = \frac{16a(14-\alpha)}{3(3\alpha^2-76\alpha+480)}, \quad q_2^* = \frac{16a(14-\alpha)}{3(3\alpha^2-76\alpha+480)}$$

$$\pi_0^* = \frac{4a^2(-33\alpha^4+968\alpha^3-7632\alpha^2+4608\alpha+40960)}{9(3\alpha^2-76\alpha+480)^2}$$

$$\pi_1^* = \pi_2^* = \frac{512a^2(\alpha^2-28\alpha+194)}{9(3\alpha^2-76\alpha+480)^2}, \quad CS^* = \frac{32a^2(14-\alpha)^2(8-\alpha)^2}{9(3\alpha^2-76\alpha+480)^2}$$

$$SW^* = \frac{4a^2(-25\alpha^4+744\alpha^3-5424\alpha^2-13568\alpha+166144)}{9(3\alpha^2-76\alpha+480)^2}$$

命题 3.4　在存在外资渗透和部分私有化的混合多寡头竞争情形下，随着合资企业中后发国家控股比例的增加，后发国家股份制公有企业的产出将减少，私有企业和合资企业的产出和利润都将增加。

证明：

由上述结论，可得：

$$\frac{\partial q_0^*}{\partial \alpha} = \frac{-16a(11\alpha^2-312\alpha+2192)}{3(3\alpha^2-76\alpha+480)^2}$$

$$\frac{\partial q_1^*}{\partial \alpha} = \frac{\partial q_2^*}{\partial \alpha} = \frac{16a(3\alpha^2-84\alpha+584)}{3(3\alpha^2-76\alpha+480)^2}$$

$$\frac{\partial \pi_1^*}{\partial \alpha} = \frac{\partial \pi_2^*}{\partial \alpha} = \frac{1024a^2(3\alpha^2-76\alpha+480)(-3\alpha^3+126\alpha^2-1748\alpha+8024)}{9(3\alpha^2-76\alpha+480)^4}$$

又由于 $0 \leqslant \alpha \leqslant 1$，可知：

$$\frac{\partial q_0^*}{\partial \alpha} < 0, \quad \frac{\partial q_1^*}{\partial \alpha} = \frac{\partial q_2^*}{\partial \alpha} > 0, \quad \frac{\partial \pi_1^*}{\partial \alpha} = \frac{\partial \pi_2^*}{\partial \alpha} > 0$$

证毕。

3.1.4　算例分析和政策启示

1. 算例分析

考虑后发国家市场上一个股份制公有企业和两个私有企业的混合多寡头，其中后发国家私有企业中有一个完全国内股份的私有企业，一个既有国外股份又有国内股份的合资企业。由于市场竞争，同时进行技术创新投入，假设 $a=100$，首先分析私有化程度对混合三寡头企业创新投入的影响，分别当 $\alpha=0.1$、0.3、0.5、0.8 时，后发国家企业私有化程度对股份制公有企业创新投入的影响曲线如图 3 - 3 所示，后发国家企业私有化程度对纯私有企业和合资企业的创新投入影响曲线如图 3 - 4 所示。

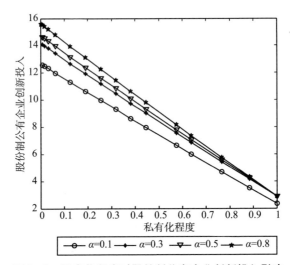

图 3 - 3　私有化程度对股份制公有企业创新投入影响

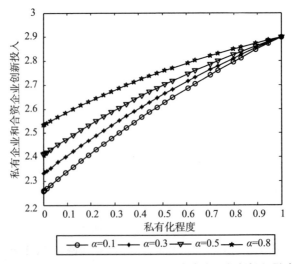

图 3 - 4　私有化程度对私有企业和合资企业创新投入影响

由图 3 - 3、图 3 - 4 可以看出，随着后发国家股份制公有企业私有化
程度的提高，股份制公有企业的创新投入在减少，而纯私有企业和合资企
业的创新投入随着私有化程度的提高在增加，与文中所得结论一致。还可
以看出，不管是股份制公有企业还是私有企业或者是合资企业，随着后发
国家国内控股比例的增大，企业的创新投入都在增加，这是由于后发国家
国内股份比例的增加，对于合资企业来说，外资渗透减少，国内股份增
加，对于后发国家企业来说，增加投入获得的利润和社会福利就会提高。
当股份制公有企业的私有化比例为 0，即为纯公有企业时，合资企业中的
国内股份控股比例对最优社会福利以及其他变量的影响曲线如图 3 - 5 所
示。由图 3 - 5 可看出，曲线的变化方向与文中所得出的结论一致。

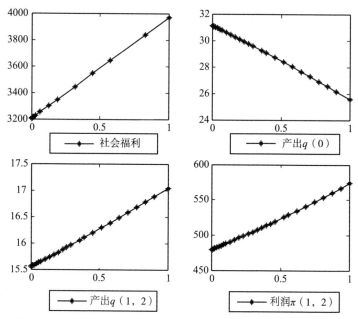

图 3 - 5　后发国家国内控股比例对社会福利及其其他变量的影响

2. 政策启示

从本节的理论研究和算例分析结果，可得出以下对企业和政府的政策
启示。

在含有股份制公有企业、私有企业以及合资企业的混合多寡头竞争情形下，后发国家减少股份制公有企业的私有化比例，股份制公有企业的创新投入会增加；提高股份制公有企业的私有化比例，纯私有企业和合资企业的创新投入将增加。所以，后发国家股份制公有企业应保持一定的私有化比例，也就是实行国有企业股份制改革策略时，各个企业的创新投入会达到一个均衡点。

后发国家增加合资企业的国内控股比例，可以促进后发国家股份制公有企业、纯私有企业以及合资企业加大创新投入，也会提高社会福利，但是会减少股份制公有企业的产出和利润。所以，后发国家应适当增加合资企业的国内控股比例，这对企业的技术创新投入有一定促进作用。

3.2 先发国家企业竞争下后发国家企业研发补贴策略

3.2.1 问题提出

在后发国家市场中，后发国家企业与先发国家企业竞争时，由于先发国家企业一般具有技术优势，可以凭借产品低成本或者高质量的优势，提高在后发国家市场的占有率，削弱后发国家企业的竞争力。所以后发国家企业为了降低产品边际成本，必须进行技术创新，以提高产品竞争力。同时，后发国家政府为了本国社会福利最大化，激励本国企业技术创新，往往会采取一些激励措施，如给予本国企业研发补贴。一般补贴有两种形式：研发投入补贴和研发产出补贴（研发产出补贴）。对企业而言，获得补贴是为了达到利润最大化，这是企业市场行为的准则；对政府而言，进行补贴是为了达到社会福利最大化。两个主体行为目标的不一致促使我们必须科学地比较分析两种补贴行为，为政府的政策选择提供依据。为此，本节在上一节的基础上考虑政府研发补贴，分析先发国家企业在后发国家市场与后发国家生产同质产品的企业进行竞争时，后发国家企业的技术创新投入策略问题。

本节主要研究市场竞争为生产同质产品的先发国家企业和后发国家企业进行产量竞争时（见图 3 - 6），政府实施研发投入补贴和研发产出补贴对后发国家企业技术创新的激励效果，拟解决的问题是：当政府分别实施研发投入补贴和研发产出补贴时，后发国家企业的最优创新投入如何变化？比较两种补贴方式对后发国家企业技术创新的激励效果，在什么情况下哪种补贴方式更有利于促进后发国家企业的技术创新。

图 3 - 6　市场竞争中企业类型及其目标

3.2.2　模型构建

考虑后发国家市场上两个生产同质产品的相互竞争企业 i、$j(i、j = 1、2)$，其中，企业 1 为后发国家的私有企业，企业 2 为先发国家以利润最大化为目标的私有独资企业，企业 2 的生产效率比后发国家企业 1 高（如果生产效率低于后发国家企业，可能在后发国家没有市场），企业 1 和企业 2 的边际成本分别记为 c_1、c_2，且 $c_1 > c_2$ 均为常数。企业在后发国家的反需求函数为：

$$p = p(Q) = a - Q = a - q_1 - q_2 \tag{3.10}$$

其中，q_1、q_2 分别表示企业 1、企业 2 的产量，Q 为总产出，$Q = q_1 + q_2$，p 表示产品的价格，$a > c_1 > c_2$，为了简化运算，假设后发国家企业的边际成本 $c_1 = c$，先发国家企业拥有成本或技术优势，边际成本 $c_2 = 0$，这里 c 也代表了后发国家企业与先发国家企业的成本差距或者技术差距，$0 < c < a$。由于先发国家企业 2 的生产效率比后发国家企业高，企业 1 为了降低边际成本，对技术创新进行投入，降低产品边际成本，以获得更大的收益。同时，后发国家政府为了鼓励本国企业创新，给予本国企业一定的研发投入

补贴，这里不考虑技术创新风险。企业 1 的创新投入为 x，也表示研发投资对边际成本下降的贡献，研发成功后企业 1 的边际成本下降为 $c - x$，$x \in (0, c]$，$c - x$ 也表示企业 1 的生产效率，所以，x 也反映了企业的生产效率，x 越大，说明企业 1 生产效率越高。此时，企业 1 的研发成本设为 $\Gamma(x) = \frac{1}{2}kx^2$，$k > 0$，其中，$k$ 为企业技术创新的成本参数，k 越小说明企业的创新能力越强。为了保证后发国家企业的研发产出为正值，研发具有实际意义，也就是 $x > 0$，这里设 $0 < c < \frac{2}{3}a$。

由于企业之间生产效率不同，它们之间进行产量竞争是常用的竞争手段，所以，研究古诺竞争下的决策是非常有必要的。在此利用三阶段博弈模型（见图 3-7）进行分析：第一阶段，后发国家政府选择研发投入补贴使得社会福利最大；第二阶段，企业 1 选择创新投入降低边际成本；第三阶段，企业采取产量竞争即古诺竞争阶段，各自最大化自己的目标函数。在此利用逆序归纳法求均衡解。

图 3-7　企业三阶段博弈流程

3.2.3　两种补贴方式下后发国家企业技术创新投入策略分析

分别考虑后发国家政府给予本国企业研发投入补贴和研发产出补贴两种情形，分析后发国家企业在面临先发国家企业的成本优势竞争下的市场均衡结果、后发国家企业创新投入以及政府给予企业的研发投入补贴、研发产出补贴。后发国家政府给予企业 1 研发投入补贴时，该情况用上标 A 表示；后发国家政府给予企业 1 研发产出补贴时，该情况用上标 B 表示。

1. 研发投入补贴下后发国家企业技术创新投入策略

后发国家政府鼓励本国企业技术创新，对创新企业实施研发投入补贴政策，每一单位的研发投入，政府给予研发投入补贴 s，企业 1 的补贴为 $S(x) = sx$。则企业 1 的利润函数可表示为：

$$\pi_1(q_1,\ q_2,\ x) = (a - q_1 - q_2)q_1 - (c - x)q_1 - \frac{1}{2}kx^2 + sx \qquad (3.11)$$

企业 2 的利润函数可表示为：

$$\pi_2(q_1,\ q_2) = pq_2 \qquad (3.12)$$

后发国家的社会福利 SW 包括消费者剩余、国内企业 1 的利润以及净研发投入补贴，表示为：

$$SW(q_1,\ q_2,\ x,\ s) = \int_0^Q p(z)\mathrm{d}z - p(Q)q_2 - pq_1 + \pi_1(q_1,\ q_2,\ x) - sx$$

$$(3.13)$$

由于企业 1 为私有企业，企业 1 和企业 2 都以最大化利润为目标，在第三阶段为企业间进行产量竞争即古诺竞争阶段，对式（3.11）、式（3.12）分别求偏导数，即 $\frac{\partial \pi_1}{\partial q_1} = 0$，$\frac{\partial \pi_2}{\partial q_2} = 0$，可以求出企业 1 和企业 2 的均衡价格和均衡产出分别为：

$$p^A = \frac{a + c - x}{3},\ q_1^A = \frac{a - 2c + 2x}{3},\ q_2^A = \frac{a + c - x}{3} \qquad (3.14)$$

在第二阶段也就是创新投入阶段，企业选择创新投入水平，企业 1 和企业 2 各自最大化利润，将式（3.14）代入式（3.13），并对 x 偏导，可得：

$$\frac{\partial \pi_1}{\partial x} = \frac{2}{3}(a - c + x - q_2^A) - kx + s = 0$$

解得：

$$x^A = \begin{cases} c, & k < \dfrac{4a + 9s}{9c} \text{时} \\[3mm] \dfrac{4a - 8c + 9s}{9k - 8}, & k \geqslant \dfrac{4a + 9s}{9c} \text{时} \end{cases} \qquad (3.15)$$

在第一阶段，后发国家政府给予本国企业一定的研发投入补贴以使得社会福利最大。将式（3.15）代入式（3.13），并对式（3.13）求关于 s 的偏导数，令其等于 0，可得最优的研发投入补贴：

$$s^* = \frac{4a - 6ak + 3kc}{27(1-k)} \tag{3.16}$$

将最优研发投入补贴式（3.16）代入式（3.15）可得：

$$\hat{x}^A = x^A(s^*) = \begin{cases} c, & k < \dfrac{2a}{3c} 时 \\[2mm] \dfrac{2a - 3c}{3(k-1)}, & k \geqslant \dfrac{2a}{3c} 时 \end{cases} \tag{3.17}$$

将式（3.17）代入式（3.14），可得均衡产出为：

$$\hat{q}_1^A = q_1^A(\hat{x}^A) = \begin{cases} \dfrac{a}{3}, & k < \dfrac{2a}{3c} 时 \\[2mm] \dfrac{a + 3ak - 6kc}{9(k-1)}, & k \geqslant \dfrac{2a}{3c} 时 \end{cases} \tag{3.18}$$

$$\hat{q}_2^A = q_2^A(\hat{x}^A) = \begin{cases} \dfrac{a}{3}, & k < \dfrac{2a}{3c} 时 \\[2mm] \dfrac{3k(a+c) - 5a}{9(k-1)}, & k \geqslant \dfrac{2a}{3c} 时 \end{cases} \tag{3.19}$$

将式（3.16）至式（3.19）代入式（3.13），可得出社会福利为：

$$SW^A = \begin{cases} \dfrac{a^2}{3} - \dfrac{1}{2}kc^2, & k < \dfrac{2a}{3c} 时 \\[2mm] \dfrac{2a^2(3k-1) - 12akc + 9kc^2}{18(k-1)}, & k \geqslant \dfrac{2a}{3c} 时 \end{cases}$$

2. 研发产出补贴下后发国家企业技术创新投入策略分析

后发国家政府对本国创新企业实施研发产出补贴政策，每一单位的产出，政府给予研发产出补贴 e，企业 1 的补贴为 $S(e) = eq_1$。则企业 1 的利润函数可表示为：

$$\pi_1(q_1, q_2, e) = (a - q_1 - q_2 + e)q_1 - (c - x)q_1 - \frac{1}{2}kx^2 \tag{3.20}$$

企业 2 的利润函数可表示为：

$$\pi_2(q_1, q_2) = pq_2 \tag{3.21}$$

后发国家的社会福利 SW 包括消费者剩余、国内企业 1 的利润以及净研发投入补贴，表示为：

$$SW(q_1, q_2, x, e) = \int_0^Q p(z)\,\mathrm{d}z - p(Q)q_2 - pq_1 + \pi_1(q_1, q_2, e) - eq_1$$

$$(3.22)$$

由于企业 1 为私有企业，企业 1 和企业 2 都以利润最大化为目标，在第三阶段为企业间进行产量竞争，对式（3.12）和式（3.20）分别求偏导数，即 $\dfrac{\partial \pi_1}{\partial q_1} = 0$，$\dfrac{\partial \pi_2}{\partial q_2} = 0$，可以求出企业 1 和企业 2 的均衡价格和均衡产出分别为：

$$p^B = \frac{a + c - x - e}{3}, \quad q_1^B = \frac{a - 2c + 2x + 2e}{3}, \quad q_2^B = \frac{a + c - x - e}{3} \quad (3.23)$$

在第二阶段，为企业创新投入决策阶段，企业决定创新投入 x 以使得自身利润最大，将式（3.23）代入式（3.20），令 $\dfrac{\partial \pi_1}{\partial x} = 0$，可得：

$$x^B = \begin{cases} c, & k < \dfrac{4(a + 2e)}{9c} \text{时} \\[3mm] \dfrac{4(a - 2c + 2e)}{9k - 8}, & k \geqslant \dfrac{4(a + 2e)}{9c} \text{时} \end{cases} \quad (3.24)$$

在第一阶段，后发国家政府为鼓励本国企业技术创新，给予本国企业一定的研发产出补贴以使得社会福利最大。将式（3.24）代入式（3.22），并对式（3.22）求关于 e 的偏导数，令其等于零，可得最优研发产出补贴：

$$e^* = \begin{cases} a, & k < \dfrac{4(a + 2e)}{9c} \text{时} \\[3mm] \dfrac{27k(a - c) + 16c - 20a}{27k - 32}, & k \geqslant \dfrac{4(a + 2e)}{9c} \text{时} \end{cases} \quad (3.25)$$

将最优研发产出补贴式（3.25）代入式（3.24）可得：

$$\hat{x}^B = x^B(e^*) = \begin{cases} c, & k < \dfrac{4(9a - 4c)}{27c} \text{时} \\[3mm] \dfrac{12(3a - 4c)}{27k - 32}, & k \geqslant \dfrac{4(9a - 4c)}{27c} \text{时} \end{cases} \quad (3.26)$$

将式（3.26）代入式（3.23），可得均衡产出为：

$$\hat{q}_1^B = q_1^B(\hat{x}^B) = \begin{cases} a, & k < \dfrac{4(9a-4c)}{27c} \text{时} \\ \dfrac{9k(3a-4c)}{27k-32}, & k \geqslant \dfrac{4(9a-4c)}{27c} \text{时} \end{cases} \tag{3.27}$$

$$\hat{q}_2^B = q_2^B(\hat{x}^B) = \begin{cases} 0, & k < \dfrac{4(9a-4c)}{27c} \text{时} \\ \dfrac{2(9kc-8a)}{27k-32}, & k \geqslant \dfrac{4(9a-4c)}{27c} \text{时} \end{cases} \tag{3.28}$$

将上面结果式（3.25）至式（3.28）代入式（3.22），可得社会福利为：

$$SW^B = \begin{cases} \dfrac{a^2-kc^2}{2}, & k < \dfrac{4(9a-4c)}{27c} \text{时} \\ \dfrac{a^2(27k-8)+18kc(2c-3a)}{2(27k-32)}, & k \geqslant \dfrac{4(9a-4c)}{27c} \text{时} \end{cases} \tag{3.29}$$

由此可以得出后发国家政府给予本国企业研发投入补贴和研发产出补贴两种情形时，后发国家企业的均衡产出、企业创新投入、企业利润、社会福利以及政府补贴，如表 3-1 所示。

表 3-1   两种情形下企业的均衡产出、创新投入、
利润、社会福利以及政府补贴

项目	研发投入补贴时	研发产出补贴时
企业 1 产出	$\dfrac{a+3ak-6kc}{9(k-1)}$	$\dfrac{9k(3a-4c)}{27k-32}$
企业 1 创新投入	$\dfrac{2a-3c}{3(k-1)}$	$\dfrac{12(3a-4c)}{27k-32}$
社会福利	$\dfrac{2a^2(3k-1)-12akc+9kc^2}{18(k-1)}$	$\dfrac{a^2(27k-8)+18kc(2c-3a)}{2(27k-32)}$
政府补贴	$\dfrac{(6ak-4a-3kc)(2a-3c)}{81(k-1)^2}$	$\dfrac{9k(3a-4c)[27k(a-c)+16c-20a]}{(27k-32)^2}$

命题 3.5 当 $0 < c < \dfrac{2}{3}a$ 且 $k > \dfrac{4(9a-4c)}{27c}$ 时，$\hat{q}_1^A < \hat{q}_1^B$。研发投入补贴下企业的最优产出要低于研发产出补贴情形时企业的最优产出。

证明：

因 $k>\dfrac{4(9a-4c)}{27c}$ 时，$k>\dfrac{4(9a-4c)}{27c}>\dfrac{2a}{3c}$，所以有：

$$\hat{q}_1^A-\hat{q}_1^B=\frac{a+3ak-6kc}{9(k-1)}-\frac{9k(3a-4c)}{27k-32}=-\frac{2\left[81(a-c)k^2-3(29a-22c)k+16a\right]}{9(k-1)(27k-32)}$$

设 $f(k)=81(a-c)k^2-3(29a-22c)k+16a$，则，$f'(k)=162(a-c)k-3$ $(29a-22c)$，由 $k>\dfrac{4(9a-4c)}{27c}$ 知，$k>\dfrac{4(9a-4c)}{27c}>\dfrac{2a}{3c}>\dfrac{3(29a-22c)}{162(a-c)}$ 恒成

立，从而可得出 $k>\dfrac{2a}{3c}$ 时，$k>\dfrac{3(29a-22c)}{162(a-c)}$，故 $f'(k)>0$，从而 $k>\dfrac{2a}{3c}$ 时，

$f(k)$ 随 k 单调递增；又 $f\left(\dfrac{2a}{3c}\right)=\dfrac{2a(2a-3c)(9a-10c)}{c^2}>0,k>\dfrac{4(9a-4c)}{27c}>$

$\dfrac{2a}{3c}$，故 $f\left(\dfrac{4(9a-4c)}{27c}\right)>f\left(\dfrac{2a}{3c}\right)>0$，由此可得出，$k>\dfrac{4(9a-4c)}{27c}$ 时，$f(k)>0$，

又 $k>\dfrac{4(9a-4c)}{27c}$ 时，$k-1>0$，$27k-32>0$，故 $\hat{q}_1^A-\hat{q}_1^B<0$ 即 $\hat{q}_1^A<\hat{q}_1^B$。

证毕。

命题3.6 当 $0<c<\dfrac{2}{3}a$ 且 $k>\dfrac{4(9a-4c)}{27c}$ 时，$\hat{x}^A<\hat{x}^B$。研发投入补贴下企业的最优创新投入要低于研发产出补贴情形下的企业的最优创新投入。

证明：

因 $k>\dfrac{4(9a-4c)}{27c}$ 时，$k>\dfrac{4(9a-4c)}{27c}>\dfrac{2a}{3c}$，所以有：

$$\hat{x}^A-\hat{x}^B=\frac{2a-3c}{3(k-1)}-\frac{12(3a-4c)}{27k-32}=\frac{4(11a-12c)-9k(6a-7c)}{3(k-1)(27k-32)}$$

由 $0<c<\dfrac{2}{3}a$ 可知，$\dfrac{9a-4c}{3c}>\dfrac{11a-12c}{6a-7c}$，所以，$k>\dfrac{4(9a-4c)}{27c}>$

$\dfrac{4(11a-12c)}{9(6a-7c)}$，$4(11a-12c)-9k(6a-7c)<0$；又 $k>\dfrac{4(9a-4c)}{27c}$ 时，$k-1>0$，

$27k-32>0$，所以 $\hat{x}^A-\hat{x}^B<0$，$\hat{x}^A<\hat{x}^B$。

证毕。

命题3.7 当 $0<c<\dfrac{2}{3}a$ 且 $k>\dfrac{4(9a-4c)}{27c}$ 时，$SW^A<SW^B$。存在先发国

家企业竞争情形下，后发国家企业进行技术创新投入时，后发国家政府给予本国企业研发产出补贴情形时的社会福利要高于研发投入补贴情形时的社会福利。

证明：

因 $k > \dfrac{4(9a-4c)}{27c}$ 时，$k > \dfrac{4(9a-4c)}{27c} > \dfrac{2a}{3c}$，所以有：

$$SW^A - SW^B = \frac{2a^2(3k-1)-12akc+9kc^2}{18(k-1)} - \frac{a^2(27k-8)+18kc(2c-3a)}{2(27k-32)}$$

$$= -\frac{81(a-c)^2k^2-3(23a^2-34ac+12c^2)k+8a^2}{18(k-1)(27k-32)}$$

设 $g(k) = 81(a-c)^2k^2-3(23a^2-34ac+12c^2)k+8a^2$，则，$g'(k) = 162(a-c)^2k-3(23a^2-34ac+12c^2)$，由 $k > \dfrac{4(9a-4c)}{27c}$ 知，$k > \dfrac{4(9a-4c)}{27c} > \dfrac{2a}{3c} > \dfrac{3(23a^2-34ac+12c^2)}{162(a-c)^2}$ 恒成立，故 $g'(k) > 0$，所以，$k > \dfrac{4(9a-4c)}{27c} > \dfrac{2a}{3c}$ 时，$g(k)$ 随 k 的增大而增大。$g\left(\dfrac{2a}{3c}\right) = \dfrac{2a(2a-3c)(9a^2+4c^2-16ac)}{c^2} = \dfrac{2a(2a-3c)\left[(4-\sqrt{7})a-2c\right]\left[(4+\sqrt{7})a-2c\right]}{c^2} > 0$，所以，$g\left(\dfrac{4(9a-4c)}{27c}\right) > g\left(\dfrac{2a}{3c}\right) > 0$，$k > \dfrac{4(9a-4c)}{27c}$ 时，$g(k) > 0$，又 $k > \dfrac{4(9a-4c)}{27c}$ 时，$k-1 > 0$，$27k-32 > 0$，所以，$SW^A - SW^B < 0$，即 $SW^A < SW^B$。

证毕。

具有技术领先优势且生产同质产品的先发国家企业进入后发国家市场后，后发国家企业为了降低边际成本必须进行技术创新，以获得市场竞争优势。命题3.6和命题3.7说明，在此种情形下，后发国家政府给予本国企业研发产出补贴时的最优创新投入要高于给予研发投入补贴时的最优创新投入，研发产出补贴策略更能激励企业加大技术创新投入。并且，研发产出补贴政策下的最优社会福利也高于研发投入补贴策略下的社会福利。这样，在具有技术优势的先发国家企业竞争下，后发国家政府为了激励本国企业技术创新，要优先采用研发产出补贴策略。

3.2.4 算例分析和政策启示

1. 算例分析

假设后发国家市场上有两个生产同质产品相互竞争的企业，其中，企业 1 为后发国家私有企业，企业 2 为先发国家私有企业，企业 2 的生产效率比企业 1 高。在此，假设 $a = 120$、$c = 50$，后发国家政府给予本国企业提供研发投入补贴与研发产出补贴两种情形下的后发国家企业的均衡产出、企业创新投入以及国内社会福利如图 3-8、图 3-9 和图 3-10 所示。

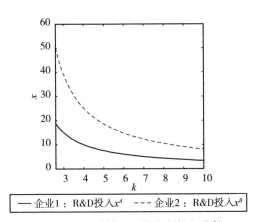

图 3-8 两种情形下的创新投入比较

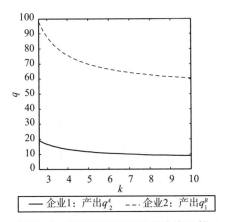

图 3-9 两种情形下的均衡产出比较

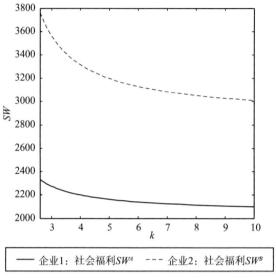

图 3 - 10　两种情形下的最优社会福利比较

由图 3 - 8 可以看出,研发产出补贴下的最优创新投入要高于政府提供研发投入补贴策略下的最优创新投入。图 3 - 9 表明,研发投入补贴下的均衡产出要比研发产出补贴策略下的均衡产出要低。

由图 3 - 10,可以直观看到,研发产出补贴策略下的最优社会福利要高于研发投入补贴策略下的最优社会福利。

2. 政策启示

从本节的理论研究和算例分析结果,可得出对企业和政府的政策启示为:具有技术优势的先发国家企业在后发国家市场与后发国家生产同质产品的企业进行竞争时,后发国家政府为了激励本国企业技术创新,要优先采用研发产出补贴策略。这说明,事后补贴比事前补贴有效,这可能是由于后发国家企业在面临先发国家企业先进技术的竞争下,对于企业本身来讲,后发国家企业必须进行技术创新,虽然创新存在风险,但在创新成功后后发国家企业由于获得研发产出补贴从而会获得较高的收获,这样在研发产出补贴策略下后发国家企业面临的市场风险减小,使得先发国家企业进入竞争市场的难度更大。政府对企业创新后的补贴奖励会进一步激发后发国家企业的创新激情，投入下一轮创新中去，这样会形成良性循环，在研发产出补贴激励下后发国家企业创新有更高的产出，最终达到较高的社会福利。

3.3　先发国家企业竞争下后发国家企业技术创新投入模式

3.3.1　问题提出

在国际竞争环境下，企业技术创新的一种方式是通过引进国外先进技术，促进企业技术创新；另一种是企业自主技术创新。当前许多后发国家企业都陷入了技术创新模式选择困境中，是继续在技术引进基础上的模仿创新，还是采取自主创新。以往经验表明，建立在技术引进之上的跟踪模仿可以快速缩小与先发国家的技术差距，但这只是暂时性地缩小差距，有可能会使后发国家企业陷入引进—落后—再引进—再落后的困境。因此，后发国家企业必须加强自主创新，大力提高自主创新能力和引进—消化—吸收—再创新能力。后发国家企业在技术创新过程中面临先发国家企业的技术优势，后发国家企业之间可以选择不同的竞争合作模式，例如合作、竞争等模式，以增强创新能力，提高市场占有率，使得各自利润最大化。因此，在先发国家企业进入后发国家市场时，后发国家企业的竞争与合作创新模式值得进一步研究。

对于企业技术创新投入竞争合作模式的研究，根据企业在研发阶段和市场阶段合作与否，划分为三种情况：企业独立选择 R&D 和生产水平，实现各自利润的最大化，即研发竞争；仅在 R&D 阶段进行合作，但在市场阶段是竞争关系，即研发卡特尔；在 R&D 和生产阶段均合作，即共同实验。在竞争与合作创新模式方面，有研究指出，当双寡头企业在 R&D 阶段不合作时，生产阶段的合谋有可能造成消费者和企业的同时受损或者同时受益，也有的直接考察了企业不同的创新竞争合作模式之间和企业之

间的技术互补程度的关系。对于双寡头企业在允许潜在竞争者可自由进入
研发竞赛和产品市场中时企业间的合作研发，有研究发现了允许企业可自
由进入时企业进行合作研发取得收益性的必要条件。托马鲁（2007）研究
了在国外企业和国内企业进行古诺竞争时，国内企业通过研发降低边际成
本，国外企业以及私有化对生产效率和社会福利的影响，表明国外企业降
低了本国的生产效率，但是提高了国内的社会福利，并没有考虑到企业研
发竞合模式。目前，已有企业技术创新投入竞争与合作创新模式的研究并
没有考虑先发国家企业的技术领先优势。

鉴于此，本节考虑先发国家企业的技术优势，假设市场竞争中有一个
先发国家企业、两个后发国家企业进行产量竞争（见图 3 - 11），构建模
型，对后发国家企业分别实施研发竞争、研发卡特尔、共同实验三种竞争
合作创新模式进行分析，讨论哪种竞争与合作创新模式对后发国家企业的
技术创新最有利。

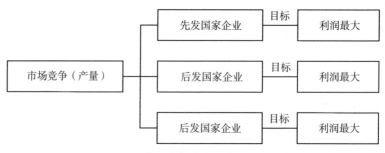

图 3 - 11 市场竞争中企业类型及其目标

3.3.2 模型构建

假设在后发国家市场上有 3 家企业，企业 1 为具有技术优势的先发国
家企业，企业 2 和企业 3 都为后发国家企业，后两家企业相对企业 1 来说
技术落后，具有技术差距。3 家企业生产同质产品，在后发国家市场销售，
市场需求函数为 $p(Q) = 1 - Q = 1 - q_1 - q_2 - q_3$。为了简化运算，假设后发
国家企业的边际成本 $c_2 = c_3 = c$，先发国家企业享有成本或技术优势，边际

成本 $c_1 = 0$，这里 c 也代表了后发国家企业与先发国家企业的成本差距或者技术差距，$0 < c < \dfrac{1}{2}$。由于先发国家企业的生产效率比后发国家企业高，企业 2 和企业 3 为了降低边际成本，进行技术创新，降低产品边际成本，以获得更大的收益，这里不考虑技术创新的风险。后发国家企业 2 和企业 3 的创新投入为 x_d，$d = 2$、3，也表示研发投资对边际成本下降的贡献，研发成功后后发国家企业的边际成本下降为 $c - x_d$，$x_d \in (0, c]$，$d = 2$、3。此时后发国家企业的研发成本设为 $\Gamma(x) = \dfrac{1}{2}kx_d^2$，$k > 0$，其中，$k$ 为企业技术创新的成本参数，k 越小说明企业的创新能力越强，为保证创新投入都为正值，设 $k > \dfrac{9}{8}$。先发国家企业利润为 $\pi_1 = pq_1$，后发国家企业利润为

$$\pi_d = pq_d - (c - x_d)q_d - \frac{1}{2}kx_d^2,\ d = 2、3。$$

后发国家社会福利是本国企业消费者剩余与本国企业利润之和，即：

$$W = \int_0^Q p(z)\,\mathrm{d}z - p(Q)q_f - p(Q)(q_2 + q_3) + \pi_2 + \pi_3 \qquad (3.30)$$

面对先发国家企业 1 的竞争，后发国家企业 2 和企业 3 可以选择竞争或者合作，具体分为三种情形：后发国家企业 2 和企业 3 在阶段一和阶段二都竞争，也称为研发竞争，用情形 N 表示；企业 2 和企业 3 在阶段一合作，在阶段二竞争，也称为研发卡特尔，用情形 J 表示；企业 2 和企业 3 在阶段一和阶段二都合作，也称为共同实验，用情形 C 表示。在此利用两阶段博弈模型（见图 3 - 12），第一阶段为研发阶段，企业选择创新投入降低边际成本；第二阶段为市场竞争阶段，企业选择产出在市场进行古诺竞争的博弈阶段即古诺竞争阶段，各自最大化自己的目标函数。

图 3 - 12　企业两阶段博弈流程

3.3.3 三种情形下后发国家企业技术创新投入模式分析

1. 情形 N：研发竞争

在第二阶段，先发国家企业 1 与后发国家企业 2 和企业 3 在市场上进行产量竞争：

$$\begin{cases} \max \pi_1 = pq_1 \\ \max \pi_d = pq_d - (c - x_d)q_d - \dfrac{1}{2}kx_d^2, \ d = 2、3 \end{cases}$$

可得：

$$q_1^N = \frac{1 + 2c - x_2 - x_3}{4}, \ q_2^N = \frac{1 - 2c + 3x_2 - x_3}{4}, \ q_3^N = \frac{1 - 2c - x_2 + 3x_3}{4}$$

$$(3.31)$$

第一阶段为后发国家企业研发阶段，将式（3.31）代入后发国家企业各自利润函数，可得最优创新投入为：

$$x_2^N = x_3^N = \frac{3(1 - 2c)}{2(4k - 3)}$$

此时将创新投入代入式（3.31），可得均衡产出和价格分别为：

$$q_1^N = \frac{2k(1 + 2c) - 3}{2(4k - 3)}, \ q_2^N = q_3^N = \frac{k(1 - 2c)}{4k - 3}, \ p^N = \frac{2k(1 + 2c) - 3}{2(4k - 3)}$$

进一步得出研发竞争模式下各个企业的利润分别为：

$$\pi_1^N = \frac{[2k(1 + 2c) - 3]^2}{4(4k - 3)^2}, \ \pi_2^N = \pi_3^N = \frac{k(8k - 9)(1 - 2c)^2}{8(4k - 3)^2}$$

将上面结果代入到式（3.30），可得企业在研发竞争模式下的社会福利为：

$$W^N = \frac{4k^2(20c^2 - 28c + 13) - 6k(12c^2 - 16c + 9) + 9}{8(4k - 3)^2}$$

2. 情形 J：研发卡特尔

企业 2 和企业 3 在阶段一即研发阶段合作，假设创新投入为 $x_2 = x_3 = x$，在阶段二竞争，有：

$$\begin{cases} \max \pi_1 = pq_1 \\ \max \pi_d = pq_d - (c-x)q_d - \dfrac{1}{2}kx_d^2, \ d = 2、3 \end{cases}$$

可得：

$$q_1^J = \frac{1 + 2(c-x)}{4}, \quad q_2^J = \frac{1 - 2(c-x)}{4}, \quad q_3^J = \frac{1 - 2(c-x)}{4} \qquad (3.32)$$

在第一阶段，企业 2 和企业 3 为研发合作阶段，将式（3.32）代入利润函数，可得最优创新投入为：

$$x = x_2^J = x_3^J = \frac{1 - 2c}{2(2k-1)}$$

将卡特尔竞争模式下的创新投入代入式（3.32），可得卡特尔竞争模式下的均衡产出和价格分别为：

$$q_1^J = \frac{k(1+2c)-1}{2(2k-1)}, \quad q_2^J = q_3^J = \frac{k(1-2c)}{2(2k-1)}, \quad p^J = \frac{k(1+2c)-1}{2(2k-1)}$$

进一步可以得出各企业利润分别为：

$$\pi_1^J = \frac{[k(1+2c)-1]^2}{4(2k-1)^2}, \quad \pi_2^J = \pi_3^J = \frac{k(1-2c)^2}{8(2k-1)}$$

将上面结果代入式（3.30），可得卡特尔竞争模式下的社会福利为：

$$W^J = \frac{k^2(20c^2 - 28c + 13) - 4k(2c^2 - 3c + 2) + 1}{8(2k-1)^2}$$

3. 情形 C：共同实验

后发国家企业 2 和企业 3 在两阶段都合作时，第一阶段投入和第二阶段产出均共享，在第二阶段最大化利润可得：

$$q_1^C = \frac{1 + (c-x)}{3}, \quad q_2^C = q_3^C = \frac{1 - 2(c-x)}{6} \qquad (3.33)$$

在第一阶段，企业 2 和企业 3 投入共享，故可得最优创新投入为：

$$x = x_2^C = x_3^C = \frac{2(1-2c)}{9k-4}$$

将共同实验模式下的创新投入代入式（3.33），可得出该情形下各个企业的均衡产出和均衡价格分别为：

$$q_1^c = \frac{3k(1+c)-2}{9k-4}, \quad q_2^c = q_3^c = \frac{3k(1-2c)}{2(9k-4)}, \quad p^c = \frac{3k(1+c)-2}{2(9k-4)}$$

进一步得出各个企业的利润分别为：

$$\pi_1^c = \frac{[3k(1+c)-2]^2}{(9k-4)^2}, \quad \pi_2^c = \pi_3^c = \frac{k(1-2c)^2}{2(9k-4)}$$

将该情形下的结果代入式（3.30），可得企业共同实验模式下的社会福利为：

$$W^c = \frac{27k^2(3c^2-4c+2)-4k(8c^2-11c+8)+4}{2(9k-4)^2}$$

将三种情形下后发国家企业的最优创新投入、均衡产量以及利润进行归纳，如表3-2所示。

表3-2 三种情形下后发国家企业的最优创新投入、均衡产量以及均衡利润

项目	情形 N	情形 J	情形 C
创新投入	$\frac{3(1-2c)}{2(4k-3)}$	$\frac{1-2c}{2(2k-1)}$	$\frac{2(1-2c)}{9k-4}$
均衡产量	$\frac{k(1-2c)}{4k-3}$	$\frac{k(1-2c)}{2(2k-1)}$	$\frac{3k(1-2c)}{2(9k-4)}$
均衡利润	$\frac{k(8k-9)(1-2c)^2}{8(4k-3)^2}$	$\frac{k(1-2c)^2}{8(2k-1)}$	$\frac{k(1-2c)^2}{2(9k-4)}$

3.3.4 不同竞争与合作创新模式比较

1. 情形 N 和情形 J 的比较

将研发竞争模式下的结果与研发卡特尔竞争模式下的结果进行比较分析：

由 $x_2^N - x_2^J = \frac{k(1-2c)}{(4k-3)(2k-1)} > 0$，$q_2^N - q_2^J = \frac{k(1-2c)}{2(2k-1)(4k-3)} > 0$，

$\pi_2^N - \pi_2^J = -\frac{k^2(1-2c)^2}{4(4k-3)^2(2k-1)} < 0$，可知，$x_2^N > x_2^J$，$q_2^N > q_2^J$，$\pi_2^N < \pi_2^J$。

同理可以得出：$x_3^N > x_3^J$，$q_3^N > q_3^J$，$\pi_3^N < \pi_3^J$。

由上述分析，可以得出命题 3.8。

命题 3.8　后发国家企业采用研发竞争模式下的最优创新投入和均衡产出都要高于研发卡特尔竞争模式下的创新投入和均衡产出，但研发竞争模式下的最大收益比研发卡特尔竞争模式下的最大收益要低。在先发国家企业具有技术优势的情形下，后发国家企业采用研发卡特尔竞争模式要好于研发竞争模式。

2. 情形 N 和情形 C 的比较

将研发竞争模式下的结果与共同实验模式下的结果进行比较分析：

由 $x_2^N - x_2^C = \dfrac{11k(1-2c)}{2(4k-3)(9k-4)} > 0$，$q_2^N - q_2^C = \dfrac{k(6k+1)(1-2c)}{2(9k-4)(4k-3)} > 0$，可知，$x_2^N > x_2^C$，$q_2^N > q_2^C$。

又由 $\pi_2^N - \pi_2^C = \dfrac{k^2(8k-17)(1-2c)^2}{8(4k-3)^2(9k-4)}$ 知，$k > \dfrac{17}{8}$ 时，$\pi_2^N > \pi_2^C$；$\dfrac{9}{8} < k < \dfrac{17}{8}$ 时，$\pi_2^N < \pi_2^C$。

由上述分析，可以得出命题 3.9。

命题 3.9　在先发国家企业具有技术优势的情形下，研发竞争模式下的创新投入和均衡产出都高于共同实验模式下的创新投入与均衡产出。当企业创新能力较弱 $\left(k > \dfrac{17}{8}\right)$ 时，研发竞争模式下的最大收益高于共同实验模式下的收益；当企业创新能力较强 $\left(\dfrac{9}{8} < k < \dfrac{17}{8}\right)$ 时，研发竞争模式下的最大收益要比共同实验模式下的收益低。

3. 情形 J 和情形 C 的比较

将研发卡特尔竞争模式下的结果与共同实验模式下的结果进行比较分析。

由 $x_2^J - x_2^C = \dfrac{k(1-2c)}{2(2k-1)(9k-4)} > 0$，$q_2^J - q_2^C = \dfrac{k(3k-1)(1-2c)}{2(2k-1)(9k-4)} > 0$，

$$\pi_2^J - \pi_2^C = \frac{k^2(1-2c)^2}{8(2k-1)(9k-4)} > 0, \text{ 可知, } x_2^J > x_2^C, \quad q_2^J > q_2^C, \quad \pi_2^J > \pi_2^C.$$

由上述分析, 可得命题 3.10。

命题 3.10 在先发国家企业具有技术优势的情形下, 后发国家企业研发卡特尔竞争模式下企业的创新投入、均衡产出和收益都高于共同实验模式下的创新投入、均衡产出和收益。

企业在研发阶段和市场竞争阶段都合作, 容易降低企业的创新积极性, 从而降低企业的效益。

又由 $q_1^N - q_1^J = \dfrac{k(2c-1)}{2(4k-3)(2k-1)} < 0$, $q_1^J - q_1^C = \dfrac{k(1-2c)(1-3k)}{2(2k-1)(9k-4)} < 0$,

$q_1^N - q_1^C = \dfrac{k(2c-1)(6k+1)}{2(4k-3)(9k-4)} < 0$, 可知, $q_1^N < q_1^J < q_1^C$, $\pi_1^N < \pi_1^J < \pi_1^C$。

通过比较后发国家企业三种技术创新模式下的均衡解可以看出, 在先发国家企业技术领先情形下, 后发国家企业在共同实验模式下的收益并不是最大的, 而先发国家企业在共同实验模式下的利润最大并且产出最大, 所以, 共同实验模式对后发国家企业来说最不利, 对先发国家企业来说是最有利的。后发国家企业在研发卡特尔模式下的收益是最大的, 在此策略下的创新投入比研发竞争模式下的创新投入要低, 所以, 对于后发国家企业来说, 研发卡特尔竞争模式是后发国家企业的最优选择策略。由此我们得到如下结论。

命题 3.11 在先发国家企业具有技术优势的情形下, 后发国家两企业技术创新的最优策略是研发卡特尔模式, 即研发阶段合作, 市场阶段竞争。共同实验模式对后发国家企业最为不利。

3.3.5 算例分析和政策启示

1. 算例分析

考虑市场上生产同质产品的 3 家企业, 企业 1 为具有领先技术的先发国家企业, 企业 2 和企业 3 都为后发国家企业, 企业 1 比企业 2 和企业 3 具有较高的生产率, 设后发国家企业与先发国家企业的成本差距或者技术

差距为 $c = 0.25$。通过数值模拟，可以得出后发国家企业在分别实施研发竞争、研发卡特尔、共同实验三种研发模式下的最优创新投入情况，如图 3 – 13 所示；最优产出如图 3 – 14 所示；最大利润如图 3 – 15 所示。

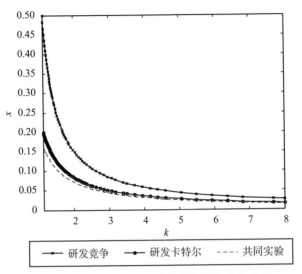

图 3 – 13　三种情形下的最优创新投入变化趋势

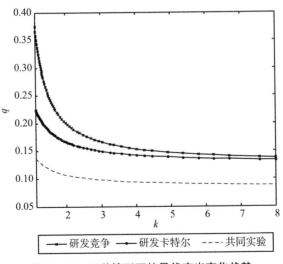

图 3 – 14　三种情形下的最优产出变化趋势

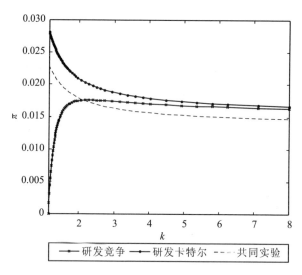

图 3 – 15　三种情形下的最大利润变化趋势

通过图 3 – 13 可直观地看出，研发竞争模式下的最优创新投入最多，研发卡特尔模式下的最优创新投入次之，共同实验模式下的最优创新投入最少；由图 3 – 14 可见，研发竞争模式下产出最大，研发卡特尔模式产出次之，共同实验模式最少；图 3 – 15 表明，研发竞争和共同实验模式均低于研发卡特尔模式下的收益。

2. 政策启示

从本节的理论研究和算例分析结果，可得出对企业和政府的政策启示为：后发国家企业在面对先发国家企业具有技术优势的竞争情形下，从后发国家企业的创新投入、产出以及收益角度来看，后发国家企业技术创新的最优策略是后发国家企业在研发阶段合作进行共同研发，以降低产品的边际成本，在市场竞争阶段进行竞争以获得各自最大收益。如果在研发阶段和市场竞争阶段都合作，这对后发国家企业最为不利。所以，在先发国家企业具有技术优势的竞争环境下，后发国家企业进行技术创新时应采取的策略是研发阶段合作，市场阶段竞争，也就是研发卡特尔模式，不要采取共同实验模式。

3.4 本章小结

本章研究了在后发国家市场上存在具有技术优势的先发国家企业竞争情形下，后发国家生产同质产品企业的技术创新投入策略。与以往研究不同的是，本章在研究混合多寡头技术创新投入策略时考虑了合资企业；在研究生产同质产品的后发国家企业研发补贴策略时考虑了先发国家企业的技术优势；在研究后发国家企业间的竞争合作模式选择问题时考虑了具有技术优势的先发国家企业的竞争。首先，考虑后发国家含有股份制公有企业、纯私有企业、合资企业的混合三寡头市场竞争，通过对后发国家企业私有化程度、合资企业中的国内控股比例的分析，得出了私有化程度、外资渗透对后发国家企业技术创新投入影响的关系。其次，考虑先发国家的技术优势，在后发国家政府给予本国企业研发投入补贴和研发产出补贴两种情形下，分析了政府的两种补贴策略对后发国家企业技术创新投入的影响。最后，假设市场竞争为含有一个先发国家企业和两个后发国家企业的三寡头，对后发国家两企业之间在研发竞争、研发卡特尔、共同实验三种竞争与合作模式下的创新投入进行了分析。主要结论有以下三个。

一是在含有股份制公有企业、私有企业以及合资企业的混合多寡头竞争情形下，后发国家减少股份制公有企业的私有化比例，股份制公有企业的创新投入会增加；提高股份制公有企业的私有化比例，纯私有企业和合资企业的创新投入将增加。后发国家增加合资企业的国内控股比例，可以促进后发国家股份制公有企业、纯私有企业以及合资企业加大创新投入，也会提高社会福利。后发国家股份制公有企业应保持一定的私有化比例，也就是实行国有企业股份制改革策略。

二是具有技术优势的先发国家企业在后发国家市场与后发国家生产同质产品的企业进行竞争时，后发国家为了激励本国企业技术创新，要优先采用研发产出补贴策略。

三是后发国家企业在面对先发国家企业具有技术优势的竞争情形下，

从后发国家企业的创新投入、产出以及收益角度来看，后发国家企业技术创新的最优策略是后发国家企业在研发阶段合作进行共同研发，以降低产品的边际成本，在市场竞争阶段进行竞争以获得各自最大收益。后发国家企业进行技术创新时应采取的策略是研发阶段合作，市场阶段竞争，也就是研发卡特尔模式。

第4章

后发国家差异化产品企业技术创新投入策略

　　改革开放以来，大量外资企业①进入我国，一方面，带来先进技术促进我国经济快速发展；另一方面，具有产品质量和成本优势的先发国家企业往往会与后发国家企业展开激烈竞争。在后发国家市场上，本国企业不仅面临生产同质产品的先发国家企业的竞争，还面临生产差异化产品的先发国家企业的竞争。基于此，本章研究技术领先的先发国家企业进入后发国家市场后，生产差异化产品的后发国家企业的技术创新投入问题。首先，考虑先发国家企业与后发国家企业的技术差距以及后发国家政府给予本国企业研发投入补贴，把后发国家企业分为公有企业和私有企业两种情形，在企业之间进行价格竞争即伯川德竞争时分析私有化、研发投入补贴对后发国家企业技术创新投入的影响。其次，考虑先发国家企业对后发国家企业的价格打压，在市场竞争阶段假设先发国家企业为价格主导者，后发国家企业为价格追随者，分别分析后发国家政府给予本国企业研发投入补贴和研发产出补贴两种情形下后发国家企业的技术创新投入问题。最后，通过算例来分析政府的最优补贴以及后发国家企业的技术创新投入。

---

　　① 本书中的外资企业指的都是先发国家企业。

4.1 问题提出

改革开放以来，我国的外资企业越来越多。外资企业进入会促进我国企业提高生产率。但是，外资企业的核心技术很难被后发国家企业得到，外资企业进入后发国家市场后在后发国家生产产品，由于外资企业与后发国家企业的人力成本接近，原材料也从后发国家购买，先发国家企业生产效率高，所以，外资企业享有成本优势。这样外资企业在市场竞争阶段可能会对后发国家企业进行价格打压，对后发国家企业造成一定的冲击。

中国汽车产业在生产规模、科技创新水平和自主创新能力等方面，落后于发达国家（刘力钢等，2010）。我国巨大的汽车市场消费能力吸引了国际上诸多先发国家企业进入我国市场。据中国汽车工业协会统计，2016年 1～7 月，我国品牌乘用车共销售 473.5 万辆，同比增长 12.8%，占乘用车销售总量的 42.9%，其中，中国品牌轿车销售 105.5 万辆，同比下降15.5%，占轿车销售总量的 19.0%，比上年同期下降 2.6 个百分点，日、德、美、韩和法系车占据着中国轿车市场 70% 多的份额。① 尽管不断呼吁加快自主品牌轿车发展步伐，但其市场表现一直不尽人意。另外，在 2015年第十二届中国（长春）国际汽车博览会上车展的"价格战"比往届更为激烈。这说明，作为后发国家，必须提高自主创新能力，打造自主品牌轿车，为消费者创造更多的剩余价值，提升国内市场占有率，赶超先发国家水平，进而走向国际市场。同时，后发国家政府为了激励本国企业创新，可以实施鼓励政策如给予补贴，以使得后发国家企业在本国拥有更多的市场，从而社会福利达到最大。例如，我国政府和地方曾出台了"不限行、不限购、高额补贴"等政策支持新能源汽车的发展。因此，在先发国家企业竞争下，考虑到企业之间的价格竞争或者打压、政府补贴等因素研究后

---

① 郭小戈. 上半年汽车销售 1283 万辆同比增长 8.1%　比去年同期高 6.7 个百分点 [N].
南方日报，2016 - 07 - 12（A15）.

发国家企业的技术创新投入优化问题非常重要。

　　近年来，多数学者是在混合寡头竞争框架下研究国外企业竞争下国内企业的技术创新投入优化问题。在国外企业和国内企业进行古诺竞争时，国内企业通过研发降低边际成本，国外企业以及私有化程度对生产效率和社会福利的影响方面，有研究表明，国外企业降低了本国的生产效率，但是提高了国内的社会福利。在对含有国外企业的混合寡头进行斯坦伯格博弈分析方面，研究表明，如果竞争对手为国内企业，国有企业应该作为追随者；如果竞争对手为国外企业，国有企业应该作为领导者，这样可使得社会福利最大。也有研究考虑了政府的研发补贴，其中，托马鲁（Tomaru，2006）同时考虑了研发补贴与私有化，得出了混合多寡头下的最优研发产出补贴，均衡产出与利润。由于在混合寡头模型中，考虑到后发国家企业研发时政府的激励措施的研究很少，而且多数研究是针对同质产品，而在现实生活中产品并不是完全相同的，是有区别的，价格竞争也是市场竞争中常见的竞争方式。

　　鉴于此，本章主要考虑技术领先的先发国家企业进入后发国家市场，且企业间为价格竞争时，分析政府研发补贴对后发国家企业技术创新投入的影响，拟解决以下两个问题。

　　一是在具有产品成本优势的先发国家企业进入后发国家市场并与后发国家企业进行价格竞争情况下（见图 4-1），后发国家政府的研发补贴以及企业的私有化程度对后发国家企业创新投入的影响。

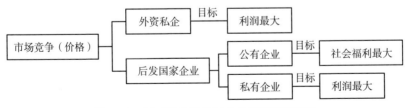

图 4-1　同时价格竞争时企业类型及其目标

　　二是国外企业技术和产品成本领先优势下，在市场竞争阶段先发国家企业先宣布产品价格决策，后发国家企业观察到先发国家企业产品的价格再做出决策，也就是先发国家企业作为价格主导者、后发国家企业作为价格追随者时（见图 4 - 2），后发国家政府围绕社会福利最大化的国内企业研发投入补贴和研发产出补贴最优策略，以及后发国家企业的最优创新投入。同时分析哪种补贴方式更能激励后发国家企业技术创新。

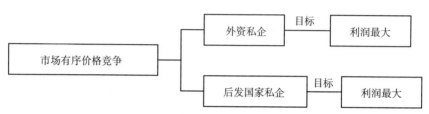

图 4 - 2　有序价格竞争中企业类型及其目标

4.2 伯川德竞争下后发国家企业技术创新投入

4.2.1　模型构建

考虑在后发国家市场上有两个相互竞争、生产差异化产品的企业 i、j（i、j = 1、2），其中，企业 1 为后发国家的公有企业或者私有企业，企业 2 为先发国家私有的独资企业，企业 2 的生产效率比后发国家企业高（如果生产效率低于后发国家企业，可能在后发国家没有市场），企业 1 和企业 2 的边际成本分别记为 c_1、c_2，且 $c_1 > c_2$ 均为常数。企业在后发国家市场的反需求函数为：

$$p_i = a - q_i - \gamma q_j, \quad i、j = 1、2, \quad i \neq j, \tag{4.1}$$

由式（4.1）可知需求函数为：

$$q_i = \frac{(a - p_i) - \gamma(a - p_j)}{1 - \gamma^2} \tag{4.2}$$

其中，q_i、q_j 分别表示企业 i、j 的产量，p_i、p_j 分别表示企业 i、j 产品的价格，γ 表示产品的替代程度或者产品差异率，$0 < \gamma < 1$，也就是说 γ 越大，两企业生产的产品越接近。a 为市场最大需求量，$a > c_1 > c_2$。

为了简化运算，假设后发国家企业的边际成本 $c_1 = c$，外资企业享有成本或技术优势[①]，边际成本 $c_2 = 0$，这里 c 也代表了后发国家企业与外资企业的成本差距或者技术差距，$a > c > 0$。由于外资企业的生产效率比后发国家企业高，企业 1 为了降低边际成本，进行技术创新，以降低产品的边际成本，获得更大的收益。同时，后发国家政府为了鼓励本国企业创新，给予本国企业一定的研发投入补贴，这里假设研发不存在风险。企业 1 研发之后产出为 x，也表示研发投资对边际成本下降的贡献，研发成功后企业 1 的边际成本下降为 $c - x$，$x \in (0, c]$。此时，企业 1 的创新投入成本设为 $\Gamma(x) = \frac{1}{2}kx^2$，$k > 0$，其中，$k$ 为企业技术创新的成本参数，k 越小说明企业的创新能力越强，故 x 可以用来衡量企业 1 的创新投入。

　　另外，为了保证后发国家企业的研发产出为正值，研发具有实际意义，也就是 $x > 0$，设 $0 < c < [1 - \gamma/(3 - 2b^2)]a$。为了社会福利和收益最大，后发国家政府鼓励本国企业进行研发，对本国企业实施研发补贴，每一单位的研发投入，政府给予研发投入补贴 s，企业 1 的补贴为 $S(x) = sx$，则企业 1 的利润函数可表示为：

$$\pi_1(q_1, q_2, x) = p_1 q_1 - (c - x)q_1 - \frac{1}{2}kx^2 + sx \qquad (4.3)$$

　　企业 2 的利润函数可表示为：

$$\pi_2(q_1, q_2) = p_2 q_2 \qquad (4.4)$$

　　设后发国家消费者的效用函数为：

$$U(q_1, q_2) = a(q_1 + q_2) - (q_1^2 + 2\gamma q_1 q_2 + q_2^2)/2 \qquad (4.5)$$

　　后发国家的社会福利 SW 包括消费者剩余、后发国家企业 1 的利润以及净研发投入补贴，表示为：

$$SW(q_1, q_2, x, s) = U(q_1, q_2) - p_1 q_1 - p_2 q_2 + \pi_1(q_1, q_2, x) - sx$$

$$\qquad (4.6)$$

---

　　① 本书中的外资企业均为先发国家企业，外资企业进入后发国家市场在后发国家生产产品，由于外资企业与后发国家企业的人力成本相同，原材料也从后发国家购买，先发国家企业效率高，所以，外资企业享有成本优势。

由于各个企业的生产效率不同，价格竞争是常用的竞争手段，所以，研究伯川德竞争下的决策是非常有必要的。在此利用三阶段博弈优化模型（见图4-3），第一阶段政府选择最优研发投入补贴使得社会福利最大；第二阶段企业优化创新投入降低边际成本；第三阶段企业运用价格进行市场竞争即伯川德竞争，各自最大化自己的目标函数。在此利用逆序归纳法求均衡解。

图4-3　含有研发投入补贴的企业博弈流程

4.2.2　伯川德竞争下后发国家企业创新投入分析

分别考虑后发国家企业为公有企业和私有企业两种情形，分析后发国家企业面临外资企业的成本优势进行价格竞争的市场均衡结果、后发国家企业创新投入以及政府补贴，企业1为公有企业时，该情况用上标 A 表示；企业1为私有企业时，该情况用上标 B 表示。

1. 企业1为公有企业

若企业1为公有企业，以最大化社会福利为目标，企业2以最大化利润为目标，在第三阶段，企业间进行价格竞争，可以求出企业1和企业2的均衡价格和均衡产出分别为：

$$p_1^A = c - x$$

$$p_2^A = \frac{1}{2}\left[a(1-\gamma) + \gamma(c-x)\right]$$

$$q_1^A = \frac{(2-\gamma^2)(a-c+x) - a\gamma}{2(1-\gamma^2)}$$

$$q_2^A = \frac{a(1-\gamma) + \gamma(c-x)}{2(1-\gamma^2)}$$

(4.7)

将式（4.7）代入式（4.6），可得：

$$\hat{x}^A = \begin{cases} c, & k < \dfrac{(4+3\gamma)a}{4(1+\gamma)c}时 \\ \dfrac{1}{H}\big[(4-3\gamma^2)(a-c)-a\gamma\big], & k \geqslant \dfrac{(4+3\gamma)a}{4(1+\gamma)c}时 \end{cases} \qquad (4.8)$$

式（4.8）中，$H = 4k(1-\gamma^2)+3\gamma^2-4$，由于 $c < \left(1-\dfrac{\gamma}{3-2\gamma^2}\right)a < \dfrac{4-\gamma-3\gamma^2}{4-3\gamma^2}a$，可知 $H>0$，$\hat{x}^A \geqslant 0$。将式（4.8）代入式（4.7），可得最优条件下的均衡产出为：

$$\hat{q}_1^A = q_1^A(\hat{x}^A) = \begin{cases} \dfrac{(2+\gamma)a}{2(1+\gamma)}, & k < \dfrac{(4+3\gamma)a}{4(1+\gamma)c}时 \\ \dfrac{1}{H}\big[2k(2-\gamma^2)(a-c)-a\gamma(2k-1)\big], & k \geqslant \dfrac{(4+3\gamma)a}{4(1+\gamma)c}时 \end{cases}$$

$$(4.9)$$

$$\hat{q}_2^A = q_2^A(\hat{x}^A) = \begin{cases} \dfrac{a}{2(1+\gamma)}, & k < \dfrac{(4+3\gamma)a}{4(1+\gamma)c}时 \\ \dfrac{2}{H}\big[k(a+\gamma c)-a(1+k\gamma)\big], & k \geqslant \dfrac{(4+3\gamma)a}{4(1+\gamma)c}时 \end{cases} \qquad (4.10)$$

将上面结果代入式（4.6），可得出社会福利为：

$$SW^A = \begin{cases} \dfrac{1}{2}\Big[\dfrac{3\gamma+5}{4(1+\gamma)}a^2-kc^2\Big], & k < \dfrac{(4+3\gamma)a}{4(1+\gamma)c}时 \\ \dfrac{4(1-\gamma^2)k^2m(\gamma)+kn(\gamma)+a^2(4-3\gamma^2)}{2H^2}, & k \geqslant \dfrac{(4+3\gamma)a}{4(1+\gamma)c}时 \end{cases}$$

$$(4.11)$$

其中，$m(\gamma)=(4-3\gamma^2)(a-c)^2-2a\gamma(a-c)+a^2$，$n(\gamma)=-(4-3\gamma^2)^2(a-c)^2+2a\gamma(4-3\gamma^2)(a-c)-a^2(8-7\gamma^2)$。

由式（4.7）可知，$\dfrac{\partial q_1^A}{\partial x}=\dfrac{(2-\gamma^2)}{2(1-\gamma^2)}>0$，$\dfrac{\partial q_2^A}{\partial x}=\dfrac{-\gamma}{2(1-\gamma^2)}<0$，也就是说随着后发国家公有企业创新投入的增加，并且存在政府补贴时，两企业伯川德竞争情形下的均衡产量呈不同方向变化，后发国家公有企业的产量增加，外资企业的均衡产量将减少。这是由于在后发国家政府鼓励其本国公有企业进行创新并给予补贴时，后发国家企业产品边际成本降低，提升

了本国企业的竞争力，对外资企业有一定程度的压制性，外资企业在后发国家的市场份额减少，在后发国家的产量随之降低，这样有利于后发国家企业占领本国更多的市场。

2. 企业 1 为私有企业

当企业 1 为私有企业时，企业 1 和企业 2 都以最大化利润为目标，在第一阶段，企业间进行价格竞争即伯川德竞争，可以求出企业 1 和企业 2 的均衡价格和均衡产出分别为：

$$p_1^B = \frac{a(2+\gamma)(1-\gamma)+2(c-x)}{4-\gamma^2}$$

$$p_2^B = \frac{a(2+\gamma)(1-\gamma)+\gamma(c-x)}{4-\gamma^2}$$

$$q_1^B = \frac{(2-\gamma^2)(a-c+x)-a\gamma}{(4-\gamma^2)(1-\gamma^2)}$$

(4.12)

$$q_2^B = \frac{a(2+\gamma)(1-\gamma)+\gamma(c-x)}{(4-\gamma^2)(1-\gamma^2)}$$

将式（4.12）代入式（4.3），可得：

$$x^B = \begin{cases} c, & k < \dfrac{2a(2-\gamma^2)}{(4-\gamma^2)(2-\gamma)(1+\gamma)c}+\dfrac{s}{c}\text{时} \\[3mm] \dfrac{2(2-\gamma^2)[(2-\gamma^2)(a-c)-a\gamma]+(4-\gamma^2)^2(1-\gamma^2)s}{k(4-\gamma^2)^2(1-\gamma^2)-2(2-\gamma^2)^2}, & k \geqslant \dfrac{2a(2-\gamma^2)}{(4-\gamma^2)(2-\gamma)(1+\gamma)c}+\dfrac{s}{c}\text{时} \end{cases}$$

(4.13)

将式（4.13）代入式（4.6），可求得最优的研发投入补贴：

$$s^* = \frac{k(4-\gamma^2)(4-3\gamma^2)(a-c)-ka\gamma^3(4-\gamma^2)-2a\gamma(2-\gamma^2)}{(4-\gamma^2)L}$$

(4.14)

其中，$L=(4-\gamma^2)[k(4-\gamma^2)(1-\gamma^2)-(3-2\gamma^2)]$，将最优研发投入补贴式（4.14）代入式（4.13）可得：

$$\hat{x}^B = x^B(s^*) = \begin{cases} c, & k < \dfrac{(2\gamma+3)a}{(4-\gamma^2)(1+\gamma)c}\text{时} \\[3mm] \dfrac{2(3-\gamma^2)(2-\gamma^2)(a-c)-a\gamma(4+\gamma-\gamma^2)+\gamma^2 c}{L}, & k \geqslant \dfrac{(2\gamma+3)a}{(4-\gamma^2)(1+\gamma)c}\text{时} \end{cases}$$

(4.15)

将式（4.15）代入式（4.12），可得均衡产出为：

$$\hat{q}_1^B = q_1^B(\hat{x}^B) = \begin{cases} \dfrac{a}{(2-\gamma)(1+\gamma)}, & k < \dfrac{(2\gamma+3)a}{(4-\gamma^2)(1+\gamma)c} \text{时} \\[3mm] \dfrac{k(4-\gamma^2)\left[(2-\gamma^2)(a-c)-a\gamma\right]+a\gamma}{L}, & k \geqslant \dfrac{(2\gamma+3)a}{(4-\gamma^2)(1+\gamma)c} \text{时} \end{cases}$$

（4.16）

$$\hat{q}_2^B = q_2^B(\hat{x}^B) = \begin{cases} \dfrac{a}{(2-\gamma)(1+\gamma)}, & k < \dfrac{(2\gamma+3)a}{(4-\gamma^2)(1+\gamma)c} \text{时} \\[3mm] \dfrac{k(4-\gamma^2)\left[a(2-\gamma-\gamma^2)+\gamma c\right]-2a(3-\gamma^2)}{L}, & k \geqslant \dfrac{(2\gamma+3)a}{(4-\gamma^2)(1+\gamma)c} \text{时} \end{cases}$$

（4.17）

将上面结果式（4.14）至式（4.17）代入式（4.6），可得出社会福利为：

$$SW^B = \begin{cases} \dfrac{a^2}{(2-\gamma)(1+\gamma)} - \dfrac{1}{2}kc^2, & k < \dfrac{(2\gamma+3)a}{(4-\gamma^2)(1+\gamma)c} \text{时} \\[3mm] \dfrac{(4-\gamma^2)\left[k^2 u(\gamma)+kv(\gamma)+3(3-2\gamma^2)a^2\right]}{2L^2}, & k \geqslant \dfrac{(2\gamma+3)a}{(4-\gamma^2)(1+\gamma)c} \text{时} \end{cases}$$

（4.18）

其中，$u(\gamma) = (4-\gamma^2)^2(1-\gamma^2)\left[a^2 - 2a\gamma(a-c)+(3-2\gamma^2)(a-c)^2\right]$，$v(\gamma) = (4-\gamma^2)\left[2a\gamma(3-2\gamma^2)(a-c)-(3-2\gamma^2)^2(a-c)^2 - a^2(6-5\gamma^2)\right]$。

命题 4.1 后发国家私有企业与外资企业之间的产品差异较大时，最优研发投入补贴随着后发国家企业的创新能力的提高而增大；企业之间的产品差异较小即企业之间产品比较接近时，最优研发投入补贴随着后发国家企业创新能力的降低而增大。

证明：

对式（4.14）求导数，可得：

$$\frac{\partial s^*}{\partial k} = \frac{(4-3\gamma^2)\left[(2\gamma^2-3)(a-c)+a\gamma\right]}{(4-\gamma^2)\left[k(4-\gamma^2)(1-\gamma^2)-(3-2\gamma^2)\right]^2}$$

下面考虑 $f(\gamma) = (2\gamma^2-3)(a-c)+a\gamma$ 的符号，令 $\gamma_1 = \dfrac{\sqrt{a^2+24(a-c)^2}-a}{4(a-c)}$，

知 $0 < \gamma_1 < 1$ 且 $0 < \gamma < \gamma_1$ 时，$f(\gamma) < 0$；$\gamma_1 \leqslant \gamma < 1$ 时，$f(\gamma) \geqslant 0$。所以，

$0 < \gamma < \gamma_1$ 时，$\dfrac{\partial s^*}{\partial k} < 0$；$\gamma_1 \leqslant \gamma < 1$ 时，$\dfrac{\partial s^*}{\partial k} \geqslant 0$。

证毕。

命题 4.2 当 $c < \left(1 - \dfrac{\gamma}{3 - 2\gamma^2}\right) a$ 并且 $k \geqslant \dfrac{(4 + 3\gamma)a}{4(1 + \gamma)c}$ 时，有 $\hat{x}^B < \hat{x}^A$。在存在外资企业的混合寡头伯川德竞争情形下，后发国家公有企业的创新投入比私有企业高，或者后发国家企业的私有化将会降低后发国家企业的创新投入。

证明：

由于 $\dfrac{(4 + 3\gamma)a}{4(1 + \gamma)c} > \dfrac{(2\gamma + 3)a}{(4 - \gamma^2)(1 + \gamma)c}$，故，$k \geqslant \dfrac{(4 + 3\gamma)a}{4(1 + \gamma)c}$ 时，

$$\hat{x}^B - \hat{x}^A = \frac{(1 - \gamma^2)(4 - \gamma^2)\left[k(2 - \gamma^2)(3\gamma^2 - 2)(a - c) - a\gamma^3 k + a\gamma\right]}{HL}$$

由 $c < \left(1 - \dfrac{\gamma}{3 - 2\gamma^2}\right)a$ 知，$H > 0$，$L > 0$。考虑 $kh(\gamma) + a\gamma$ 的符号，其中，$h(\gamma) = (2 - \gamma^2)(3\gamma^2 - 2)(a - c) - a\gamma^3$，对于 $h(\gamma)$，当 $3\gamma^2 - 2 \leqslant 0$ 时，显然 $h(\gamma) < 0$；当 $3\gamma^2 - 2 > 0$ 时，如果 $h(\gamma) > 0$，可以推出，$\dfrac{c}{a} <$

$\dfrac{-(1 - \gamma)(4 - 4\gamma^2 + 4\gamma - 3\gamma^3)}{(2 - \gamma^2)(3\gamma^2 - 2)} < 0$，与实际不符，所以，当 $3\gamma^2 - 2 > 0$

时，$h(\gamma) < 0$。故 $h(\gamma)$ 始终小于 0，$kh(\gamma) + a\gamma \leqslant \dfrac{(4 + 3\gamma)a}{4(1 + \gamma)c}h(\gamma) + a\gamma$。

又由于 $\dfrac{a}{c} > \dfrac{3 - 2\gamma^2}{3 - 2\gamma^2 - \gamma} \geqslant \dfrac{(4 + 3\gamma)(4 - 8\gamma^2 + 3\gamma^4) + 4\gamma(1 + \gamma)}{(4 + 3\gamma)(4 - 8\gamma^2 + \gamma^3 + 3\gamma^4)} > 0$，故

$\dfrac{(4 - 8\gamma^2 + 3\gamma^4)(a - c) + a\gamma^3}{4(1 + \gamma)c} > \dfrac{\gamma}{4 + 3\gamma}$。由于 $h(\gamma) < 0$，所以，$a\gamma +$

$\dfrac{(4 + 3\gamma)a}{4(1 + \gamma)c} \times h(\gamma) = a\gamma + \dfrac{(4 + 3\gamma)a}{4(1 + \gamma)c}\left[(2 - \gamma^2)(3\gamma^2 - 2)(a - c) - a\gamma^3\right] = a\gamma -$

$\dfrac{(4 + 3\gamma)a}{4(1 + \gamma)c} \times \left[(4 - 8\gamma^2 + 3\gamma^4)(a - c) + a\gamma^3\right] < a\gamma - \dfrac{(4 + 3\gamma)a}{4(1 + \gamma)c}\dfrac{\gamma}{(4 + 3\gamma)}4(1 + \gamma)c =$

0，即 $a\gamma + \dfrac{(4 + 3\gamma)a}{4(1 + \gamma)c}h(\gamma) < 0$，所以，$kh(\gamma) + a\gamma < 0$，故，$\hat{x}^B - \hat{x}^A < 0$，$\hat{x}^B < \hat{x}^A$。

证毕。

命题 4.2 说明，在存在外资企业并且处于价格竞争的市场中，为了提

高后发国家企业的竞争力，后发国家公有企业的创新投入要比私有企业高，也就是说此时公有企业私有化会降低创新投入。实际上，由于先发国家企业产品的生产成本相对偏低，为了提高后发国家企业产品的销量，以使得后发国家消费者支持国货而使社会福利达到最大，后发国家企业会通过技术创新降低边际成本和提高产品质量，这样会引起政府高度重视，所以，与私有企业创新投入相比，公有企业就会投入更多的资金去创新。

当无研发投入补贴，也就是 $s=0$ 时，若企业 1 为公有企业，由于公有企业始终以最大化社会福利为目标，所以，无研发投入补贴时的创新投入和有研发投入补贴时相同，即结果同情形 A。若企业 1 为私有企业，此时衡量后发国家企业创新投入的 $\bar{x}^B$ 为：

$$\bar{x}^B = \begin{cases} c, & k < \dfrac{2a(2-\gamma^2)}{(4-\gamma^2)(2-\gamma)(1+\gamma)c} \text{时} \\[3mm] \dfrac{2(2-\gamma^2)\left[(2-\gamma^2)(a-c)-a\gamma\right]}{k(4-\gamma^2)^2(1-\gamma^2)-2(2-\gamma^2)^2}, & k \geqslant \dfrac{2a(2-\gamma^2)}{(4-\gamma^2)(2-\gamma)(1+\gamma)c} \text{时} \end{cases}$$

$$(4.19)$$

命题 4.3 存在外资企业竞争的混合寡头伯川德竞争情形下，后发国家私有企业在其政府研发投入补贴激励下的创新投入要比没有研发投入补贴时的创新投入要高。

证明：

由于 $\dfrac{2a(2-\gamma^2)}{(4-\gamma^2)(2-\gamma)(1+\gamma)c} < \dfrac{(2\gamma+3)a}{(4-\gamma^2)(1+\gamma)c}$，故，$k \geqslant \dfrac{(2\gamma+3)a}{(4-\gamma^2)(1+\gamma)c}$ 时，

$$\hat{x}^B - \bar{x}^B = \dfrac{(1-\gamma^2)(4-\gamma^2)\left[k(4-\gamma^2)g(\gamma)-2a\gamma(2-\gamma^2)\right]}{\left[k(4-\gamma^2)^2(1-\gamma^2)-2(2-\gamma^2)^2\right]L}$$

其中，$g(\gamma)=(4-3\gamma^2)(a-c)-a\gamma^3$，由 $c < \left(1-\dfrac{\gamma}{3-2\gamma^2}\right)a$ 知，$\dfrac{a}{c} >$

$\dfrac{4-3\gamma^2}{4-3\gamma^2-\gamma^3}$，即，$g(\gamma)>0$。又由于 $\dfrac{a}{c} > \dfrac{3-2\gamma^2}{3-2\gamma^2-\gamma} > \dfrac{2(2-\gamma^2)^2}{(4-\gamma^2)(1-\gamma)(2\gamma+3)}$ 且

$k \geqslant \dfrac{(2\gamma+3)a}{(4-\gamma^2)(1+\gamma)c}$，故，$k(4-\gamma^2)^2(1-\gamma^2)-2(2-\gamma^2)^2>0$，$L>0$。由 $\dfrac{a}{c} >$

$\dfrac{3-2\gamma^2}{3-2\gamma^2-\gamma} = \dfrac{2\gamma(2-\gamma^2)(1+\gamma)+(3+2\gamma)(4-3\gamma^2)}{(3+2\gamma)\left[(4-3\gamma^2)-\gamma^3\right]}$ 可以得出，$k(4-\gamma^2) \times$

$$g(\gamma) - 2a\gamma(2-\gamma^2) > \frac{(2\gamma+3)a}{(1+\gamma)c}g(\gamma) - 2a\gamma(2-\gamma^2) = \frac{(2\gamma+3)a}{(1+\gamma)c}\big[(4-3\gamma^2)\times$$

$$(a-c) - a\gamma^3\big] - 2a\gamma(2-\gamma^2) = \frac{a\big[(2\gamma+3)(4-3\gamma^2)(a-c)-(2\gamma+3)a\gamma^3\big]}{(1+\gamma)c} -$$

$$2a\gamma(2-\gamma^2) > \frac{2a\gamma(2-\gamma^2)(1+\gamma)c}{(1+\gamma)c} - 2a\gamma(2-\gamma^2) = 2a\gamma(2-\gamma^2) - 2a\gamma(2-\gamma^2) = 0,\ 即\ k(4-\gamma^2)g(\gamma) - 2a\gamma(2-\gamma^2) > \frac{(2\gamma+3)a}{(1+\gamma)c}g(\gamma) - 2a\gamma(2-\gamma^2) >$$

0，所以，$\hat{x}^B - \bar{x}^B > 0$ 即 $\hat{x}^B > \bar{x}^B$。

证毕。

命题 4.3 说明，在存在先发国家企业竞争的混合寡头伯川德竞争情形下，后发国家政府的研发补贴政策能够激励本国私有企业增加创新投入。由于外资企业的产品边际成本相对偏低，为了提高后发国家企业产品在国内上的市场占有量，后发国家企业必须降低产品的边际成本和提高生产质量以获得竞争优势，这样后发国家企业必须进行技术创新获得新技术，但是后发国家企业的创新投入积极性在一定程度上会受到研发风险的影响，如果研发失败，会损失创新投入。如果后发国家政府采取政策给予本国企业一定的支持，后发国家企业的研发积极性会得到提高，创新投入就会增加，这时后发国家企业的生产效率也会提高，所以，在先发国家企业竞争下政府的研发激励政策是很有必要的。

4.2.3 算例分析和政策启示

1. 算例分析

考虑存在外资企业竞争的混合寡头市场，设外资企业与后发国家企业的边际成本差别为 $c=5$，后发国家企业为了提高边际成本扩大市场份额进行产品技术创新，为了保证足够的市场规模和创新投入为正值设 $a=200$。通过数值模拟，可以得出后发国家企业分别为公有企业和私有企业时的创新投入情况，具体如图 4-4 所示。后发国家私有企业在政府给予研发投入补贴和不给予研发投入补贴时的创新投入如图 4-5 所示。由图 4-4 所示可以看出，后发国家公有企业的创新投入高于私有企业的创新投入，在企业的创新能力较强时，企业的创新投入也较大。由图 4-5 可以直观看出，后发国家政府给予本国私有企业研发投入补贴时的创新投入高于无研发投入补贴时的创新投入。由于后发国家公有企业的目标为社会福利最大化，所以，无论有无研发投入补贴，都不会影响公有企业的创新投入。

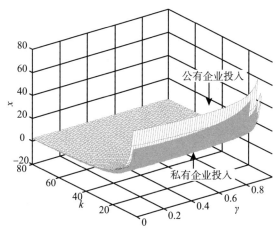

图 4-4　公有企业与私有企业创新投入

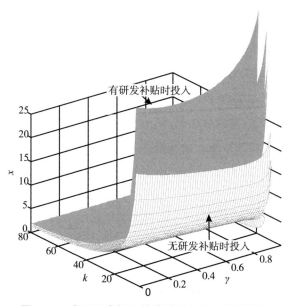

图 4-5　有无研发投入补贴时私有企业创新投入

2. 政策启示

从本节的理论研究和算例分析结果，可得出对企业和政府的政策启示为：当具有领先技术的外资企业在后发国家市场和后发国家企业进行价格竞争时，后发国家公有企业的创新投入比私有企业高。后发国家私有企业在其政府研发投入补贴激励下的创新投入要比没有研发投入补贴时的创新投入要高，研发补贴政策能够激励后发国家私有企业增加创新投入。因此，后发国家要适当减少股份制公有企业中私有化比例，采取研发投入补贴政策给予本国企业一定的支持，激励本国创新企业，提高本国企业的创新积极性。

(4.3) 有序价格竞争下后发国家产品差异化企业技术创新投入

4.3.1 模型构建

考虑后发国家市场上两个相互竞争、生产差异化产品的企业 i、j（i、j = 1、2），其中，企业 1 为后发国家私有企业，企业 2 为先发国家私有的独资企业，企业 2 的生产效率比后发国家企业高（如果生产效率低于后发国家企业，可能在后发国家没有市场），企业 1 和企业 2 的边际成本分别记为 c_1、c_2，且 $c_1 > c_2$ 均为常数。企业在该后发国家的反需求函数为：$p_i = a - q_i - \gamma q_j$，$i, j = 1, 2$，$i \neq j$，由式（4.1）可知需求函数为：

$$q_i = \frac{(a - p_i) - \gamma(a - p_j)}{1 - \gamma^2} \tag{4.20}$$

其中，q_i、q_j 分别表示企业 i、j 的产量，p_i、p_j 分别表示企业 i、j 产品的价格，γ 表示产品的替代程度或者产品差异率，$0 < \gamma < 1$，也就是说 γ 越大，两企业生产的产品越接近。$a > c_1 > c_2$，为了简化运算，假设后发国家企业的边际成本 $c_1 = c$，外资企业享有成本或技术优势，边际成本 $c_2 = 0$，这里

c 也代表了后发国家企业与外资企业的成本差距或者技术差距，$0 < c < a$。由于外资企业的生产效率比后发国家企业高，企业 1 为了降低边际成本，进行技术创新，以降低产品的边际成本，获得更大的收益。同时，后发国家政府为了鼓励本国企业创新，给予本国企业一定的研发投入补贴或者研发产出补贴，这里假设研发一定成功没有风险。企业 1 研发之后产出为 x，也表示研发投资对边际成本下降的贡献，研发成功后企业 1 的边际成本下降为 $c - x$，$x \in (0, c]$。此时企业 1 的创新投入成本设为 $\Gamma(x) = \dfrac{1}{2}kx^2$，$k > 0$，其中，$k$ 为企业技术创新的成本参数，k 越小说明企业的创新能力越强，故 x 可以用来衡量企业 1 的创新投入。

设消费者的效用函数为：

$$U(q_1, q_2) = a(q_1 + q_2) - (q_1^2 + 2\gamma q_1 q_2 + q_2^2)/2 \tag{4.21}$$

由于企业之间生产效率不同，外资企业的生产效率较高，在后发国家占据优势，处于领导者位置，市场竞争时往往在价格上打压后发国家企业，进行价格竞争。因此，研究外资企业作为价格主导者、后发国家企业作为价格追随者时的后发国家企业技术创新投入策略是非常有必要的。在此利用三阶段博弈优化模型（见图 4-6），第一阶段政府选择最优研发投入补贴或者研发产出补贴使得社会福利最大；第二阶段企业选择创新投入降低边际成本；第三阶段是外资企业作为价格主导者、后发国家企业作为追随者的价格竞争阶段，各自最大化自己的目标函数。在此利用逆序归纳法求均衡解。

图 4-6　有序价格竞争下企业博弈流程

分别考虑政府给予企业研发投入补贴和研发产出补贴两种情形，分析后发国家企业在面临外资企业的成本优势竞争下的市场均衡结果、后发国家企业创新投入以及后发国家政府给予本国企业研发投入补贴、研发产出补贴。政府给予企业1研发投入补贴时，该情况用上标 A 表示；政府给予企业1研发产出补贴时，该情况用上标 B 表示。

4.3.2 研发投入补贴下后发国家企业技术创新投入分析

为了社会福利最大化，后发国家对创新企业实施研发投入补贴政策，每一单位的研发投入，政府给予研发投入补贴 s，企业1的补贴为 $S(x)=sx$。则企业1的利润函数可表示为：

$$\pi_1(q_1,\ q_2,\ x,\ s)=p_1q_1-(c-x)q_1-\frac{1}{2}kx^2+sx \qquad (4.22)$$

企业2的利润函数可表示为：

$$\pi_2(q_1,\ q_2)=p_2q_2 \qquad (4.23)$$

后发国家的社会福利 SW 包括消费者剩余、本国企业1的利润以及净研发投入补贴，表示为：

$$SW(q_1,\ q_2,\ x,\ s)=U(q_1,\ q_2)-p_1q_1-p_2q_2+\pi_1(q_1,\ q_2,\ x,\ s)-sx$$
$$(4.24)$$

由于企业1为私有企业，企业1和企业2都以最大化利润为目标，在第三阶段为企业间进行"领导—追随"的价格竞争阶段，由于企业1为追随者，对式（4.22）求偏导数，即 $\frac{\partial \pi_1}{\partial p_1}=0$，可以求出企业1关于企业2的反应函数为：

$$p_1=\frac{1}{2}(a-a\gamma+\gamma p_2+c-x) \qquad (4.25)$$

将式（4.25）代入式（4.23），并求关于 p_2 的偏导数，令 $\frac{\partial \pi_2}{\partial p_2}=0$，可得：

$$p_2=\frac{a}{2}-\frac{\gamma(a-c+x)}{2(2-\gamma^2)} \qquad (4.26)$$

将式（4.26）代入式（4.25），得：

$$p_1=\frac{(4-\gamma^2)(a+c-x)-a\gamma(2+2\gamma-\gamma^2)}{4(2-\gamma^2)} \qquad (4.27)$$

将式（4.26）、式（4.27）代入式（4.2），得：

$$q_1 = \frac{(4-3\gamma^2)(a-c+x)-a\gamma(2-\gamma^2)}{4(1-\gamma^2)(2-\gamma^2)}$$

$$q_2 = \frac{a(2-\gamma^2)-\gamma(a-c+x)}{4(1-\gamma^2)}$$

(4.28)

在第二阶段，也就是技术创新投入阶段，企业选择创新投入水平，企业1和企业2各自最大化利润，将式（4.26）至式（4.28）代入式（4.22），并对 x 偏导，可得：

$$\frac{\partial \pi_1}{\partial x} = \frac{(4-3\gamma^2)\big[(4-3\gamma^2)(a-c+x)-a\gamma(2-\gamma^2)\big]}{8(2-\gamma^2)^2(1-\gamma^2)} - 2kx + s = 0$$

解得：

$$x = \frac{(4-3\gamma^2)\big[(4-3\gamma^2)(a-c)-a\gamma(2-\gamma^2)\big]+8s(2-\gamma^2)^2(1-\gamma^2)}{8k(2-\gamma^2)^2(1-\gamma^2)-(4-3\gamma^2)^2}$$

(4.29)

将式（4.29）代入式（4.28），可得：

$$q_1 = \frac{2(2-\gamma^2)\big[k(4-3\gamma^2)(a-c)-a\gamma k(2-\gamma^2)+s(4-3\gamma^2)\big]}{8k(2-\gamma^2)^2(1-\gamma^2)-(4-3\gamma^2)^2}$$

(4.30)

$$q_2 = \frac{(2-\gamma^2)\big[2ak(2-\gamma^2)^2-2\gamma k(2-\gamma^2)(a-c)-a(4-3\gamma^2)-2\gamma s(2-\gamma^2)\big]}{8k(2-\gamma^2)^2(1-\gamma^2)-(4-3\gamma^2)^2}$$

在第一阶段，后发国家政府为鼓励本国企业进行创新，给予本国企业一定的研发投入补贴以使得社会福利最大化。将式（4.29）代入式（4.24），并对式（4.24）求关于 s 的偏导数，令其等于零，即：

$$\frac{\partial SW}{\partial s} = q_1 \frac{\partial x}{\partial s} + (a-c+x-q_1)\frac{\partial q_1}{\partial s} + q_2 \frac{\partial q_2}{\partial s} - kx \frac{\partial x}{\partial s} = 0$$

可得最优的研发投入补贴：

$$s^* = \frac{k(16-20\gamma^2+5\gamma^4)(a-c)-a\gamma\big[k\gamma^2(2-\gamma^2)+4-3\gamma^2\big]}{16k(2-\gamma^2)^2(1-\gamma^2)-(48-68\gamma^2+23\gamma^4)}$$

(4.31)

此时，将式（4.31）代入式（4.29）、式（4.30）可得：

$$x^s = \frac{(48 - 68\gamma^2 + 23\gamma^4)(a - c) - a\gamma(2 - \gamma^2)(8 - 5\gamma^2)}{16k(2 - \gamma^2)^2(1 - \gamma^2) - (48 - 68\gamma^2 + 23\gamma^4)} \quad (4.32)$$

$$q_1^s = \frac{4k(2 - \gamma^2)[(4 - 3\gamma^2)(a - c) - a\gamma(2 - \gamma^2)] + 2a\gamma(2 - \gamma^2)}{16k(2 - \gamma^2)^2(1 - \gamma^2) - (48 - 68\gamma^2 + 23\gamma^4)}$$

$$(4.33)$$

$$q_2^s = \frac{4k(2 - \gamma^2)^2[a(2 - \gamma^2) - \gamma(a - c)] - a(2 - \gamma^2)(12 - 7\gamma^2)}{16k(2 - \gamma^2)^2(1 - \gamma^2) - (48 - 68\gamma^2 + 23\gamma^4)}$$

$$(4.34)$$

命题 4.4 后发国家企业作为追随者的价格竞争中，研发投入补贴方式下的最优单位研发投入补贴、均衡创新投入与产出分别为：

$$s^* = \frac{k(16 - 20\gamma^2 + 5\gamma^4)(a - c) - a\gamma[k\gamma^2(2 - \gamma^2) + 4 - 3\gamma^2]}{M}$$

$$x^s = \frac{(48 - 68\gamma^2 + 23\gamma^4)(a - c) - a\gamma(2 - \gamma^2)(8 - 5\gamma^2)}{M}$$

$$q_1^s = \frac{4k(2 - \gamma^2)[(4 - 3\gamma^2)(a - c) - a\gamma(2 - \gamma^2)] + 2a\gamma(2 - \gamma^2)}{M}$$

$$q_2^s = \frac{4k(2 - \gamma^2)^2[a(2 - \gamma^2) - \gamma(a - c)] - a(2 - \gamma^2)(12 - 7\gamma^2)}{M}$$

其中，$M = 16k(2 - \gamma^2)^2(1 - \gamma^2) - (48 - 68\gamma^2 + 23\gamma^4)$。

由式（4.29）可知，无研发投入补贴时的最优创新投入为：

$$x^0 = \frac{(4 - 3\gamma^2)[(4 - 3\gamma^2)(a - c) - a\gamma(2 - \gamma^2)]}{8k(2 - \gamma^2)^2(1 - \gamma^2) - (4 - 3\gamma^2)^2}$$

命题 4.5 当 $c < \frac{1}{2}\left(1 - \frac{\gamma^2}{4 - 3\gamma^2}\right)a$，$k > \frac{(4 - 3\gamma^2)^2 a}{2(2 - \gamma^2)^2 c}$ 时，有 $x^s > x^0$。技术领先的外资企业作为价格主导者，后发国家企业作为价格跟随者时，研发投入补贴下的后发国家企业最优创新投入要高于无研发投入补贴时的后发国家企业创新投入。

证明：

由 $c < \frac{1}{2}\left(1 - \frac{\gamma^2}{4 - 3\gamma^2}\right)a$，$k > \frac{(4 - 3\gamma^2)^2 a}{2(2 - \gamma^2)^2 c} > \frac{(3 - 2\gamma^2)a}{2(2 - \gamma^2)^2 c}$ 知，$8k(2 - \gamma^2)^2 (1 - \gamma^2) - (4 - 3\gamma^2)^2 > 0$，$M > 0$，$x^s > 0$，$x^0 > 0$。又由：

$$x^s - x^0 = \frac{(48 - 68\gamma^2 + 23\gamma^4)(a-c) - a\gamma(2-\gamma^2)(8-5\gamma^2)}{16k(2-\gamma^2)^2(1-\gamma^2) - (48-68\gamma^2+23\gamma^4)} -$$

$$\frac{(4-3\gamma^2)\left[(4-3\gamma^2)(a-c) - a\gamma(2-\gamma^2)\right]}{8k(2-\gamma^2)^2(1-\gamma^2) - (4-3\gamma^2)^2}$$

$$= \frac{8(2-\gamma^2)^2(1-\gamma^2)\left[k(a-c)(16-20\gamma^2+5\gamma^4) - ka\gamma^3(2-\gamma^2) - a\gamma(4-3\gamma^2)\right]}{M\left[8k(2-\gamma^2)^2(1-\gamma^2) - (4-3\gamma^2)^2\right]}$$

$$k(a-c)(16-20\gamma^2+5\gamma^4) - ka\gamma^3(2-\gamma^2) - a\gamma(4-3\gamma^2)$$

$$= k\left\{\left[(16-20\gamma^2+5\gamma^4) - \gamma^3(2-\gamma^2)\right]a - (16-20\gamma^2+5\gamma^4)c\right\} - a\gamma(4-3\gamma^2) >$$

$$\frac{(3-2\gamma^2)a}{2(2-\gamma^2)^2 c}\left\{\left[(16-20\gamma^2+5\gamma^4) - \gamma^3(2-\gamma^2)\right]\frac{4-3\gamma^2}{2(1-\gamma^2)}c - (16-20\gamma^2+5\gamma^4)\right.$$

$$\left. c\right\} - a\gamma(4-3\gamma^2)$$

$$= \frac{a}{4(1-\gamma^2)(2-\gamma^2)}\left[(3-2\gamma^2)(16-20\gamma^2+5\gamma^4) - \gamma(4-3\gamma^2)(8-9\gamma^2+2\gamma^4)\right] >$$

$$\frac{a}{4(1-\gamma^2)(2-\gamma^2)}\left[(3-2\gamma^2)(16-20\gamma^2+5\gamma^4) - (4-3\gamma^2)(8-9\gamma^2+2\gamma^4)\right]$$

$$= \frac{a}{4(1-\gamma^2)(2-\gamma^2)} \times 4(1-\gamma^2)(2-\gamma^2)^2$$

$$= (2-\gamma^2)a > 0$$

所以，$x^s > x^0$。

证毕。

命题 4.5 说明，在"领导—跟随"有序价格竞争情形下，政府给予企业研发投入补贴对后发国家企业技术创新具有明显的激励效应。实际上，在市场竞争中，由于先发国家企业拥有技术优势，所提供的产品往往具有成本和质量上的优势，为了提高市场占有率，先发国家企业若采取价格打压政策，进行"领导—追随"有序价格竞争，若政府提供研发投入补贴，在一定程度上能提高后发国家企业的技术创新积极性，使后发国家企业增加创新投入，降低产品边际成本，提高市场占有率。

4.3.3　研发产出补贴下后发国家企业技术创新投入分析

后发国家为鼓励本国企业技术创新，对创新企业实施研发产出补贴政策，每一单位的产出，政府给予研发产出补贴 e，则企业 1 的研发产出补贴为 $S(e)=eq_1$，企业 1 的利润函数可表示为：

$$\pi_1(q_1,\ q_2,\ x,\ e)=p_1q_1-(c-x)q_1-\frac{1}{2}kx^2+eq_1 \qquad (4.35)$$

企业 2 的利润函数可表示为：

$$\pi_2(q_1,\ q_2)=p_2q_2 \qquad (4.36)$$

后发国家的社会福利 SW 包括消费者剩余、国内企业 1 的利润以及净研发产出补贴，表示为：

$$SW(q_1,\ q_2,\ x,\ e)=U(q_1,\ q_2)-p_1q_1-p_2q_2+\pi_1(q_1,\ q_2,\ x,\ e)-eq_1$$
$$(4.37)$$

由于企业 1 为私有企业，企业 1 和企业 2 都以最大化利润为目标，在第三阶段为企业间进行"领导—追随"的价格竞争，由于企业 1 为追随者，对式（4.35）求关于 p_1 的偏导数，令 $\frac{\partial \pi_1}{\partial p_1}=0$，可以求出企业 1 关于企业 2 的反应函数为：

$$p_1=\frac{1}{2}(a-a\gamma+\gamma p_2+c-x-e) \qquad (4.38)$$

将式（4.38）代入式（4.23），并求关于 p_2 的偏导数，令 $\frac{\partial \pi_2}{\partial p_2}=0$，可得：

$$p_2=\frac{a}{2}-\frac{\gamma(a-c+x+e)}{2(2-\gamma^2)} \qquad (4.39)$$

将式（4.39）代入式（4.38），可得：

$$p_1=\frac{a(4-\gamma)(2-\gamma^2)-(4-\gamma^2)(a-c+x+e)}{4(2-\gamma^2)} \qquad (4.40)$$

进一步计算，可以得出：

$$q_1=\frac{(4-3\gamma^2)(a-c+x+e)-a\gamma(2-\gamma^2)}{4(1-\gamma^2)(2-\gamma^2)},\ q_2=\frac{a(2-\gamma^2)-\gamma(a-c+x+e)}{4(1-\gamma^2)}$$
$$(4.41)$$

在第二阶段，也就是技术创新投入阶段，企业 1 选择创新投入水平，企业 1 和企业 2 各自最大化利润，将式（4.39）至式（4.41）代入式（4.35），

并对 x 偏导，令其等于 0，可得：

$$\frac{\partial \pi_1}{\partial x} = \left(1 + \frac{\partial p_1}{\partial x}\right)q_1 + (p_1 - c + x + e)\frac{\partial q_1}{\partial x} - kx = 0$$

解得：

$$x = \frac{(4 - 3\gamma^2)\left[(4 - 3\gamma^2)(a - c + e) - a\gamma(2 - \gamma^2)\right]}{8k(2 - \gamma^2)^2(1 - \gamma^2) - (4 - 3\gamma^2)^2} \qquad (4.42)$$

将式（4.42）代入式（4.41），得：

$$q_1 = \frac{2k(2 - \gamma^2)\left[(4 - 3\gamma^2)(a - c + e) - a\gamma(2 - \gamma^2)\right]}{8k(2 - \gamma^2)^2(1 - \gamma^2) - (4 - 3\gamma^2)^2}$$

$$q_2 = \frac{2k(2 - \gamma^2)^2\left[a(2 - \gamma^2) - \gamma(a - c + e)\right] - a(4 - 3\gamma^2)(2 - \gamma^2)}{8k(2 - \gamma^2)^2(1 - \gamma^2) - (4 - 3\gamma^2)^2} \qquad (4.43)$$

在第一阶段，后发国家政府为鼓励本国企业进行创新，给予本国企业一定的研发产出补贴以使社会福利最大。将式（4.42）代入式（4.37），并对式（4.37）求关于 e 的偏导数，令其等于零，即：

$$\frac{\partial SW}{\partial e} = (q_1 - kx)\frac{\partial x}{\partial e} + (a - c + x - q_1)\frac{\partial q_1}{\partial e} + q_2\frac{\partial q_2}{\partial e} = 0$$

解得：

$$e^* = \frac{\left[4k(2 - \gamma^2)^2(1 - \gamma^2)(16 - 28\gamma^2 + 11\gamma^4) + \gamma^2(4 - 3\gamma^2)^3\right](a - c)}{4k(2 - \gamma^2)^2\left[(4 - 3\gamma^2)^2 - \gamma^2(2 - \gamma^2)^2\right] - (4 - \gamma^2)(4 - 3\gamma^2)^3} +$$

$$\frac{4ka\gamma^3(1 - \gamma^2)(2 - \gamma^2)^3 - a\gamma(2 - \gamma^2)(4 - 3\gamma^2)(8 - 8\gamma^2 + \gamma^4)}{4k(2 - \gamma^2)^2\left[(4 - 3\gamma^2)^2 - \gamma^2(2 - \gamma^2)^2\right] - (4 - \gamma^2)(4 - 3\gamma^2)^3} \qquad (4.44)$$

此时，将式（4.44）代入式（4.42）、式（4.43），可得：

$$x^e = \frac{2(2 - \gamma^2)(4 - 3\gamma^2)\left[(4 - 3\gamma^2)^2(a - c) - a\gamma(2 - \gamma^2)^2\right]}{4k(2 - \gamma^2)^2\left[(4 - 3\gamma^2)^2 - \gamma^2(2 - \gamma^2)^2\right] - (4 - \gamma^2)(4 - 3\gamma^2)^3}$$

$$(4.45)$$

$$q_1^e = \frac{4k(2 - \gamma^2)^2\left[(4 - 3\gamma^2)^2(a - c) - a\gamma(2 - \gamma^2)^2\right]}{4k(2 - \gamma^2)^2\left[(4 - 3\gamma^2)^2 - \gamma^2(2 - \gamma^2)^2\right] - (4 - \gamma^2)(4 - 3\gamma^2)^3}$$

$$(4.46)$$

$$q_2^e = \frac{(2 - \gamma^2)(4 - 3\gamma^2)\left[4k(2 - \gamma^2)^2(a - a\gamma + \gamma c) - a(4 - \gamma^2)(4 - 3\gamma^2)\right]}{4k(2 - \gamma^2)^2\left[(4 - 3\gamma^2)^2 - \gamma^2(2 - \gamma^2)^2\right] - (4 - \gamma^2)(4 - 3\gamma^2)^3}$$

$$(4.47)$$

命题 4.6 在后发国家企业作为追随者的价格竞争中，研发产出补贴下的最优单位研发产出补贴、均衡研发投入与产出分别为：

$$e^* = \frac{[4k(2-\gamma^2)^2(1-\gamma^2)(16-28\gamma^2+11\gamma^4)+\gamma^2(4-3\gamma^2)^3](a-c)}{N}+$$

$$\frac{4ka\gamma^3(1-\gamma^2)(2-\gamma^2)^3-a\gamma(2-\gamma^2)(4-3\gamma^2)(8-8\gamma^2+\gamma^4)}{N}$$

$$x^e = \frac{2(2-\gamma^2)(4-3\gamma^2)[(4-3\gamma^2)^2(a-c)-a\gamma(2-\gamma^2)^2]}{N}$$

$$q_1^e = \frac{4k(2-\gamma^2)^2[(4-3\gamma^2)^2(a-c)-a\gamma(2-\gamma^2)^2]}{N}$$

其中，$N = 4k(2-\gamma^2)^2[(4-3\gamma^2)^2-\gamma^2(2-\gamma^2)^2]-(4-\gamma^2)(4-3\gamma^2)^3$。

由于 $\frac{\partial s^*}{\partial \gamma}>0$、$\frac{\partial e^*}{\partial \gamma}<0$，所以，最优单位补贴的大小与产品差异率有关，最优单位研发投入补贴 s^* 随着产品差异率 γ 的增大而增大；最优单位研发产出补贴 e^* 随着产品差异率 γ 的增大而减小。

命题 4.7 当 $c<\frac{1}{2}\left(1-\frac{\gamma^2}{4-3\gamma^2}\right)a$、$k>\frac{(4-3\gamma^2)^2 a}{2(2-\gamma^2)^2 c}$时，有：

（1）$0<\gamma<\gamma^*$ 时，$x^e>x^s$；

（2）$\gamma^*<\gamma<1$ 时，$x^e<x^s$。

即，企业之间产品差异较大时（$0<\gamma<\gamma^*$），研发产出补贴下的最优创新投入要高于研发投入补贴情形下的最优创新投入；企业之间产品差异较小时（$\gamma^*<\gamma<1$），研发产出补贴下的最优创新投入要比研发投入补贴情形下的最优创新投入要低（其中 $\gamma^*\approx0.69$）。

证明：

由 $c<\frac{1}{2}\left(1-\frac{\gamma^2}{4-3\gamma^2}\right)a$，知 $c<\left[1-\frac{(2-\gamma^2)^2}{(4-3\gamma^2)^2}\right]a$，可得 $a>$ $\frac{(4-3\gamma^2)^2}{4(1-\gamma^2)(3-2\gamma^2)}c$，又 $k>\frac{(4-3\gamma^2)^2 a}{2(2-\gamma^2)^2 c}$，知 $M>0$，$N>0$，$x^s>0$，$x^e>0$。由式（4.32）、式（4.45）可得：

$$x^s - x^e = \frac{1}{M}\left[(48 - 68\gamma^2 + 23\gamma^4)(a-c) - a\gamma(2-\gamma^2)(8-5\gamma^2)\right] -$$

$$\frac{2}{N}(2-\gamma^2)(4-3\gamma^2)\left[(4-3\gamma^2)^2(a-c) - a\gamma(2-\gamma^2)^2\right]$$

$$= \frac{1}{MN}\left\{\left[(48 - 68\gamma^2 + 23\gamma^4)(a-c) - a\gamma(2-\gamma^2)(8-5\gamma^2)\right]N -\right.$$

$$\left. 2(2-\gamma^2)(4-3\gamma^2)\left[(4-3\gamma^2)^2(a-c) - a\gamma(2-\gamma^2)^2\right]M\right\}$$

其中，$\left[(48 - 68\gamma^2 + 23\gamma^4)(a-c) - a\gamma(2-\gamma^2)(8-5\gamma^2)\right]N - 2(2-\gamma^2)(4-3\gamma^2)$ $\left[(4-3\gamma^2)^2(a-c) - a\gamma(2-\gamma^2)^2\right]M = 4k(2-\gamma^2)^2\{a[h(\gamma) + \gamma(2-\gamma^2)l(\gamma)] - ch(\gamma)\} + a\gamma(4-3\gamma^2)(2-\gamma^2)m(\gamma) - \gamma^2(4-3\gamma^2)^3(48 - 68\gamma^2 + 23\gamma^4)(a-c)$。

其中，$h(\gamma) = (48 - 68\gamma^2 + 23\gamma^4)((4-3\gamma^2)^2 - \gamma^2(2-\gamma^2)^2) - 8(2-\gamma^2)$ $(1-\gamma^2)(4-3\gamma^2)^3$，$l(\gamma) = 8(2-\gamma^2)^2(1-\gamma^2)(4-3\gamma^2) - (8-5\gamma^2)((4-3\gamma^2)^2 - \gamma^2(2-\gamma^2)^2)$，$m(\gamma) = (4-3\gamma^2)^2(8-5\gamma^2)(4-\gamma^2) - 2(2-\gamma^2)^2$ $(48 - 68\gamma^2 + 23\gamma^4)$。

不妨设 $h(\gamma) + \gamma(2-\gamma^2)l(\gamma) = 0$ 的根为 γ^*，其中，$0 < \gamma^* < 1$，可求得 $\gamma^* \approx 0.69$。

（1）当 $0 < \gamma < \gamma^*$ 时，$h(\gamma) + \gamma(2-\gamma^2)l(\gamma) < 0$；当 $0 < \gamma < 1$ 时，$m(\gamma) > 0$，$48 - 68\gamma^2 + 23\gamma^4 > 0$。又由于 $a - c > \dfrac{(2-\gamma^2)^2}{(4-3\gamma^2)^2}a$，$k > \dfrac{(4-3\gamma^2)^2 a}{2(2-\gamma^2)^2 c} > \dfrac{(4-3\gamma^2)^3}{4(1-\gamma^2)(2-\gamma^2)^2}$，所以，当 $0 < \gamma < \gamma^*$ 时，有 $\left[(48 - 68\gamma^2 + 23\gamma^4)(a-c) - a\gamma(2-\gamma^2)(8-5\gamma^2)\right]N - 2(2-\gamma^2)(4-3\gamma^2)\left[(4-3\gamma^2)^2(a-c) - a\gamma(2-\gamma^2)^2\right]M < \dfrac{a(4-3\gamma^2)(2-\gamma^2)}{1-\gamma^2}n(\gamma)$，其中，$n(\gamma) = (2-\gamma^2)h(\gamma) + \gamma(1-\gamma^2)m(\gamma) + \gamma(4-3\gamma^2)^2 l(\gamma) - \gamma^2(1-\gamma^2)(2-\gamma^2)(48 - 68\gamma^2 + 23\gamma^4)$，由于 $0 < \gamma < 0.86$ 时，$n(\gamma) < 0$，$\gamma^* \approx 0.69 < 0.86$，所以，当 $0 < \gamma < \gamma^*$ 时，$x^s - x^e < 0$，即 $x^s < x^e$。

（2）当 $\gamma^* < \gamma < 1$ 时，$h(\gamma) + \gamma(2-\gamma^2)l(\gamma) > 0$，所以，$\left[(48 - 68\gamma^2 + 23\gamma^4)(a-c) - a\gamma(2-\gamma^2)(8-5\gamma^2)\right]N - 2(2-\gamma^2)(4-3\gamma^2)\left[(4-3\gamma^2)^2(a-c) - a\gamma(2-\gamma^2)^2\right]M > \dfrac{(4-3\gamma^2)^3}{(1-\gamma^2)}\{a[h(\gamma) + \gamma(2-\gamma^2)l(\gamma)] - ch$

$(\gamma)\} + a\gamma(4-3\gamma^2)(2-\gamma^2)m(\gamma) - \gamma^2(4-3\gamma^2)^3(48-68\gamma^2+23\gamma^4)(a-c) > \dfrac{(4-3\gamma^2)^2(2-\gamma^2)c}{2(1-\gamma^2)^2}p(\gamma)$，其中，$p(\gamma) = \gamma(4-3\gamma^2)^2 l(\gamma) + \gamma(1-\gamma^2)$ $m(\gamma) + (4-3\gamma^2)(2-\gamma^2)h(\gamma) - \gamma^2(1-\gamma^2)(48-68\gamma^2+23\gamma^4)$ 由于 $0.68 < \gamma <$ 1 时，$p(\gamma) > 0$，$\gamma^* \approx 0.69 > 0.68$，故 $\gamma^* < \gamma < 1$ 时，$x^s - x^e > 0$ 即 $x^s > x^e$。证毕。

命题 4.7 表明，在"领导—追随"价格竞争下，当产品差异较大时，研发产出补贴下的最优创新投入要高于研发投入补贴下的最优创新投入，此时，研发产出补贴政策更能激励后发国家企业进行创新，来增加创新投入；当产品差异较小时，研发产出补贴下的最优创新投入要比研发投入补贴下的最优创新投入低，此时，研发投入补贴政策更能激励后发国家企业进行创新。

也就是说，先发国家企业具有技术优势，在作为领导者的市场价格竞争中，后发国家企业与先发国家企业的产品差异越大时，后发国家政府采取研发产出补贴方式要好于研发投入补贴方式。产品差异较小时，采取研发投入补贴方式要优于研发产出补贴方式。

4.3.4 算例分析和政策启示

1. 算例分析

假设后发国家市场上有两个相互竞争、生产差异化产品的企业 1 和企业 2，其中，企业 1 为后发国家私有企业，企业 2 为先发国家私有的独资企业，企业 1 在企业 2 的价格优势下，进行技术创新以降低产品边际成本，提高市场竞争力。在此不妨设 $a - c = 100$，$a = 105$，$k = 12$，分析在外资企业作为价格主导者时，后发国家政府分别给予本国企业研发投入补贴和研发产出补贴两种补贴方式时的最优创新投入。图 4-7 描绘了在有研发投入补贴和无研发投入补贴两种情形下后发国家企业的最优创新投入。通过图 4-7 可以发现，研发投入补贴情形下的最优创新投入高于无研发投入补贴下的最优创新投入，这说明在外资企业作为价格主导者的有序价格竞争下，研发投入补贴政策对后发国家企业的激励效应明显。

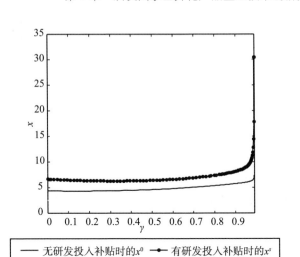

图 4 – 7　有研发投入补贴和无研发投入补贴时后发国家企业最优创新投入比较

图 4 – 8 描述了研发投入补贴与研发产出补贴两种情形下后发国家企业的最优创新投入，通过图 4 – 8 可以看出，当产品差异较大时，研发产出补贴下的企业技术创新投入要高于研发投入补贴下的创新投入，说明研发产出补贴政策具有更好的激励效应；当产品差异较小时，研发产出补贴下的创新投入要比研发投入补贴下的创新投入要低，这说明此时研发投入补贴政策具有更明显的激励效应。

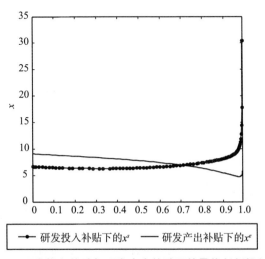

图 4 – 8　研发投入补贴与研发产出补贴下的最优创新投入比较

2. 政策启示

从本节的理论研究和算例分析结果，可得出对企业和政府的政策启示为：当先发国家企业在后发国家市场对后发国家企业进行价格打压，或者先发国家企业作为价格的主导者，后发国家企业作为价格跟随者时，后发国家政府采取研发投入补贴和研发产出补贴政策都会对本国企业创新具有一定的激励效应。如果企业之间产品差异较大，后发国家政府对本国企业的补贴要采取研发产出补贴方式；如果企业之间产品差异较小，后发国家政府对本国企业的补贴要采取研发投入补贴方式。

4.4 本章小结

本章研究了具有领先技术的先发国家企业在后发国家市场和生产差异化产品的后发国家企业进行价格竞争时，后发国家企业的技术创新投入策略。与以往研究不同的是，本章研究伯川德竞争下后发国家企业技术创新投入策略时，考虑了先发国家企业的技术优势以及企业之间的产品差异，后发国家企业的类型以及研发投入补贴，并且市场竞争是以价格竞争的方式；研究有序价格竞争下后发国家企业技术创新投入时，针对的是生产差异化的两企业，市场竞争是先发国家企业作为价格主导者、后发国家企业作为价格追随者的方式，并考虑了先发国家企业的技术优势、政府研发投入补贴与研发产出补贴两种补贴政策。首先，具有领先技术的先发国家企业在后发国家市场和生产差异化产品的后发国家企业进行价格竞争时，考虑企业间技术差距、研发投入补贴、并假设市场竞争为同时价格竞争、把后发国家企业分为公有企业和私有企业两种情形，分析了后发国家企业的技术创新投入策略；其次，假设在市场竞争阶段先发国家企业先制定产品价格作为价格主导者，后发国家企业作为价格追随者，研究了后发国家政府给予本国企业研发投入补贴和研发产出补贴两种方式下的企业技术创新投入策略。主要结论有以下三个。

一是在存在先发国家企业的混合寡头伯川德竞争情形下，后发国家企业的私有化将会降低国内企业的创新投入。后发国家私有企业在政府研发投入补贴激励下的创新投入要比没有研发投入补贴时的创新投入要高，研发投入补贴对后发国家私有企业技术创新投入具有一定的激励作用。

二是在存在先发国家企业的有序价格竞争情形下，研发投入补贴下的最优创新投入要比无研发投入补贴下的最优创新投入要高，研发投入补贴政策对后发国家企业进行技术创新具有明显的激励效应。

三是在存在先发国家企业的有序价格竞争情形下，当产品差异较大时，研发产出补贴下的最优创新投入要高于研发投入补贴下的最优创新投入，研发产出补贴政策更能激励后发国家企业增加创新投入；当产品差异较小时，研发产出补贴下的最优创新投入要比研发投入补贴下的最优创新投入低，研发投入补贴政策更能激励后发国家企业进行创新。

第 5 章

溢出效应下生产差异化产品的后发 国家企业技术创新投入策略

技术创新过程中溢出效应往往会导致企业的"搭便车"现象，使得创新企业无法独占自己研发出技术成果的收益，这通常会降低企业技术创新的积极性，导致企业在研发上的投入低于社会福利最大化要求的研发投入。为此，本章研究溢出效应下生产差异化产品的后发国家企业技术创新投入问题。首先，以先发国家和后发国家生产差异化产品的两个相互竞争企业为研究对象，假设先发国家企业先进行技术创新投入，后发国家企业跟随进行创新投入，市场竞争阶段选择产量竞争，研究先发国家企业和后发国家企业在技术创新投入过程中技术溢出以及产品差异性对两个企业创新投入的影响；其次，考虑后发国家政府对本国企业进行研发投入补贴，分析在技术溢出与研发投入补贴下，技术溢出、研发投入补贴以及产品差异性对互相竞争的后发国家企业技术创新投入的影响。

⑤.1 问题提出

在全球化市场竞争中，后发国家企业不仅面临本国企业之间的竞争，还面临与先发国家企业的竞争。因此，对于生产差异化产品的后发国家企业来说，必须进行技术创新，生产与众不同的产品，以获得竞争优势，否则可能会被淘汰。产品的差异化使同类产品具有异质特性，成功实行差异化战略的企业能够树立良好的品牌形象，赢得更大的市场份额或对其产品索取更高的价格，提升企业的绩效。例如，在众多鞋企品牌中，提起篮球鞋就会想到耐克，提起足球鞋就会想到阿迪达斯。在手机方面，自然会想到苹果公司和华为公司，其中，华为智能手机 2015 年出货量达到 1.38 亿台，成为首家发货量破亿的国产手机厂商（王晓映，2016）。华为将之归功于手机品牌影响力的提升，已经成为全球第三大手机品牌，仅次于三星公司和苹果公司。技术创新和产品差异化是华为不断增强自身竞争力的关键。

企业技术创新会产生技术溢出效应。技术溢出在促进其他企业研发水平提高的同时，对研发企业自身没有任何回报。例如，手机制造业的溢出率水平比较高，使得市场上"山寨"手机频频出现。企业间的溢出效应不仅影响企业的研发决策，还会影响到社会福利，后发国家政府为了激励本国企业进行新产品开发，会采取措施如研发补贴等政策鼓励企业创新，从而使社会福利达到最大。因此，溢出效应下生产差异化产品的后发国家企业技术创新投入问题值得探讨。

已有研究针对同质产品企业，建立两阶段非合作博弈模型，讨论了当企业在不同时机创新时，技术溢出对其技术创新投入的影响，但没有考虑到产品的差异性。也有学者在同质双寡头古诺竞争下比较了研发投入补贴和研发产出补贴的效果。针对生产差异化产品的竞争企业研究方面，有学者研究了生产差异化产品的两个企业面临市场上同一种技术，在古诺竞争与伯川德竞争下，产品差异率对采纳时间的影响，但没有考虑技术创新过程中技术溢出因素。欣卢彭（Hinloopen，1997）通过假设政府以最大化社会福利为目标选择最优的研发补贴，补贴不仅可以刺激企业从事更多的R&D 投资，还可以提高整个社会的福利水平，表明对 R&D 成果进行补贴可以在某种程度上改善 R&D 活动在市场机制内的失灵。考虑技术溢出与研发补贴，吉尔·莫尔托等（Gil－Moltó et al.，2011）针对有研发补助和无研发补助两种情形，分别对生产同一种产品的混合双寡头和纯私企双寡头的技术创新投入策略进行了研究，但是文中研究的是生产同一种产品的两个竞争企业，没有考虑企业产品之间存在差异的情况。目前为止，已有研究极少有同时考虑产品差异化、技术溢出以及研发补贴等多种因素对后发国家企业技术创新投入的影响。

鉴于此，本章主要研究溢出效应下生产差异化产品的后发国家企业技术创新投入策略，主要关注以下两个问题。

一是生产差异化产品的先发国家企业与后发国家企业进行技术创新，当创新投入过程中先发国家企业作为领导者、后发国家企业作为追随者，并且市场竞争为产量竞争时（见图5-1），每个企业的最优创新投入如何？分析技术溢出以及产品差异化程度分别对先发国家企业和后发国家企业的技术创新投入有什么影响？

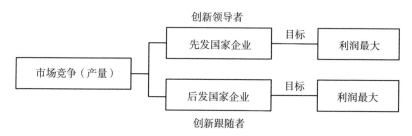

图5-1　市场竞争中企业类型及其目标

二是后发国家政府给本国企业提供研发投入补贴，当研发投入补贴为多少时，社会福利最大？考虑技术溢出以及研发投入补贴时，技术溢出、研发投入补贴以及产品差异对后发国家企业技术创新投入有何影响？

5.2 溢出效应下生产差异化产品的后发国家企业技术创新投入

5.2.1 模型构建

考虑后发国家市场上两个相互竞争、生产差异化产品的企业 i、j（i、$j =$

1、2)，企业 1 为先发国家私有企业，企业 2 为后发国家私有企业，企业 i、j 在后发国家市场上进行竞争，其各自的需求函数以及它的反需求函数为：

$$q_i = \frac{(a-p_i) - \gamma(a-p_j)}{1-\gamma^2}, \quad p_i = a - q_i - \gamma q_j, \quad i、j = 1、2, \quad i \neq j, \quad (5.1)$$

其中，q_i、q_j 分别表示企业 i、j 的产量；p_i、p_j 分别表示企业 i、j 产品的价格；γ 表示产品的替代程度或者产品差异率，$0 < \gamma < 1$，也就是说 γ 越大，两企业生产的产品越接近。如果产品产量 $q_j \leqslant 0$，那么企业 i 的需求函数为 $q_i = a - p_i$，a 为市场最大需求量。两企业在市场上采用相同技术生产产品，成本相同 $c_i = c$，其中，$0 < c < a$。企业采纳技术后，企业 i 创新投入为 x_i，$i = 1、2$。由于企业 1 为先发国家企业，是技术创新的领导者；企业 2 为后发国家企业，为技术创新的追随者。假设技术创新过程中两企业之间的技术溢出为 θ，$0 \leqslant \theta \leqslant 1$，$\theta = 0$ 时表示先发国家企业 1 的技术创新成果信息不会被后发国家企业 2 免费获得，$\theta = 1$ 时表示企业 1 在创新过程中的信息会被企业 2 完全免费获取，并且在技术创新阶段，企业 1 不能获取额外的技术溢出效应。企业实施技术创新之后，企业 1 的单位成本将减少 $\lambda_1 \sqrt{x_1}$，$A_1 = \{x_1 : 0 \leqslant x_1 \leqslant (c/\lambda_1)^2\}$ 表示企业 1 的创新投入可行集。所以，企业 1 的单位成本为 $c_1 = c - \lambda_1 \sqrt{x_1}$，$x_1 \in A_1$。企业 2 作为后发国家企业可以获取企业 1 的技术溢出，学习或者模拟企业 1 的技术创新而进行创新，企业 2 的单位成本将减少 $\lambda_2 (\sqrt{x_2} + \theta \sqrt{x_1})$，$A_2 = \{x_2 : 0 \leqslant x_2 \leqslant [(c/\lambda_2) - \theta \sqrt{x_1}]^2\}$ 表示企业 2 的创新投入可行集，所以，企业 2 在创新后的单位成本将降低为 $c_2 = c - \lambda_2 (\sqrt{x_2} + \theta \sqrt{x_1})$，$x_2 \in A_2$。其中，$f_i(x) = \lambda_i \sqrt{x_i}$，$i = 1、2$，为企业 i 的技术创新投入生产函数，λ_i 表示企业 i 的技术创新效率，$i = 1、2$。λ_i 越大，单位成本降低越多，技术创新效率越高。由于企业 1 为先发国家企业，这里我们假设 $\lambda_1 > \lambda_2 > 0$。

　　企业之间的博弈包含两个阶段（见图 5-2）：第一阶段，企业 i、j 有序独立地进行技术创新投入以便降低它们各自的初始单位成本；第二阶段，企业在市场上进行产量竞争即古诺竞争，使得各自利润最大化。

第一阶段

技术创新投入

第二阶段

市场竞争（古诺竞争）

图 5 - 2　企业博弈流程

1. 古诺竞争

考虑两企业进行技术创新投入和产量竞争的两阶段博弈。第一阶段为非合作、降低成本的技术创新投入博弈，企业 1 先进行技术创新，确定技术创新投入，企业 2 观察到企业 1 的投入后也进行创新投入；第二阶段，两企业进行古诺产量竞争，以使得各自利润最大化，其中均衡产量与第一阶段创新投入水平有关。这里利用逆序归纳法来求一致古诺纳什均衡解与斯坦伯格均衡解。

在第二阶段，企业在市场上进行产量 q_i 竞争以最大化各自利润：

$$\max_{q_1} \pi_1 = \left[a - q_1 - \gamma q_2 - (c - \lambda_1 \sqrt{x_1}) \right] q_1 - x_1$$

$$\max_{q_2} \pi_2 = \left[a - q_2 - \gamma q_1 - (c - \lambda_2 \sqrt{x_2} - \lambda_2 \theta \sqrt{x_1}) \right] q_2 - x_2$$

企业 1、企业 2 的均衡产量和利润为：

$$q_1^c(x_1, x_2) = \frac{(a-c)(2-\gamma) - \lambda_2 \gamma \sqrt{x_2} - (\gamma \theta \lambda_2 - 2\lambda_1) \sqrt{x_1}}{4 - \gamma^2}$$

$$(5.2)$$

$$q_2^c(x_1, x_2) = \frac{(a-c)(2-\gamma) + 2\lambda_2 \sqrt{x_2} + (2\theta \lambda_2 - \lambda_1 \gamma) \sqrt{x_1}}{4 - \gamma^2}$$

$$(5.3)$$

$$\pi_1^c(x_1, x_2) = (q_1^c)^2 - x_1 = \left[\frac{(a-c)(2-\gamma) - \lambda_2 \gamma \sqrt{x_2} - (\gamma \theta \lambda_2 - 2\lambda_1) \sqrt{x_1}}{4 - \gamma^2} \right]^2 - x_1$$

$$(5.4)$$

$$\pi_2^c(x_1, x_2) = (q_2^c)^2 - x_2 = \left[\frac{(a-c)(2-\gamma) + 2\lambda_2 \sqrt{x_2} + (2\theta \lambda_2 - \lambda_1 \gamma) \sqrt{x_1}}{4 - \gamma^2} \right]^2 - x_2$$

$$(5.5)$$

2. 斯坦伯格竞争博弈

第一阶段企业之间进行创新投入 x_i 的博弈，属于斯坦伯格博弈。

首先，令 $\dfrac{\partial \pi_2^c(x_1, x_2)}{\partial x_2} = 0$，可计算出企业 2 对于企业 1 技术创新投入的反应函数为：

$$x_2(x_1) = \left\{ \frac{2\lambda_2 \left[(a-c)(2-\gamma) + (2\lambda_2\theta - \gamma\lambda_1)\sqrt{x_1} \right]}{(4-\gamma^2)^2 - 4\lambda_2^2} \right\}^2 \tag{5.6}$$

将式（5.6）与式（5.4）、式（5.5）联合，可得到企业 1 和企业 2 的斯坦伯格博弈均衡时的技术创新投入为：

$$x_1 = \left\{ \frac{(a-c)(2-\gamma)\left[(4-\gamma^2)^2 - (4+2\gamma)\lambda_2^2 \right]w}{(4-\gamma^2)^2\left[(4-\gamma^2)^2 - 4\lambda_2^2 \right]^2 - w^2} \right\}^2$$

$$x_2 = \left[\frac{2\lambda_2(a-c)(2-\gamma)}{(4-\gamma^2)^2 - 4\lambda_2^2} \right]^2 \times \left\{ 1 + \frac{\left[(4-\gamma^2)^2 - (4+2\gamma)\lambda_2^2 \right](2\theta\lambda_2 - \gamma\lambda_1)w}{(4-\gamma^2)^2\left[(4-\gamma^2)^2 - 4\lambda_2^2 \right]^2 - w^2} \right\}^2$$

$$\tag{5.7}$$

其中，$w = 2(4-\gamma^2)^2\lambda_1 - (4-\gamma^2)^2\theta\gamma\lambda_2 - (8-2\gamma^2)\lambda_1\lambda_2^2$。

5.2.2　技术溢出与产品差异性对企业技术创新投入的影响分析

1. 技术溢出对先发国家企业技术创新投入的影响分析

下面分析技术溢出与产品差异性变化时，先发国家企业技术创新投入的变化情况。

令 $u_i = \sqrt{x_i} \geq 0$，$(4-\gamma^2)^2 = m$，由 $0 < \gamma \leq 1$ 知，$9 \leq (4-\gamma^2)^2 < 16$，$9 \leq m < 16$，

$$u_1 = \frac{(a-c)(2-\gamma)\left[m - (4+2\gamma)\lambda_2^2 \right]\left[2m\lambda_1 - m\theta\gamma\lambda_2 - (8-2\gamma^2)\lambda_1\lambda_2^2 \right]}{m(m-4\lambda_2^2)^2 - \left[2m\lambda_1 - m\theta\gamma\lambda_2 - (8-2\gamma^2)\lambda_1\lambda_2^2 \right]^2}$$

$$\tag{5.8}$$

$$\frac{\partial u_1}{\partial \theta} = -\frac{(a-c)(2-\gamma)m\gamma\lambda_2\left[m(m-4\lambda_2^2)^2 + w^2\right]\left[m-(4+2\gamma)\lambda_2^2\right]}{\left[m(m-4\lambda_2^2)^2 - w^2\right]^2}$$

$$(5.9)$$

由式（5.9）可知，当 $m-(4+2\gamma)\lambda_2^2 = 0$ 时，$\lambda_2^* = \dfrac{4-\gamma^2}{\sqrt{4+2\gamma}}$，所以：

（1）当 $\lambda_2 \leqslant \dfrac{4-\gamma^2}{\sqrt{4+2\gamma}}$ 时，$m-(4+2\gamma)\lambda_2^2 \geqslant 0$，$\dfrac{\partial u_1}{\partial \theta} \leqslant 0$；

（2）当 $\lambda_2 > \dfrac{4-\gamma^2}{\sqrt{4+2\gamma}}$ 时，$m-(4+2\gamma)\lambda_2^2 < 0$，$\dfrac{\partial u_1}{\partial \theta} > 0$。

又由于 $0 < \gamma < 1$ 知，$\left[\dfrac{4-\gamma^2}{\sqrt{4+2\gamma}}\right]' = \dfrac{-(3\gamma^2 + 8\gamma + 4)}{(4+2\gamma)\sqrt{4+2\gamma}} < 0$，$\sqrt{1.5} < \dfrac{4-\gamma^2}{\sqrt{4+2\gamma}} < 2$，$\dfrac{4-\gamma^2}{\sqrt{4+2\gamma}}$ 是关于 γ 的递减函数，又 $\dfrac{\partial u_1}{\partial \theta}$ 的值与变量 γ 的变化有关，由此得到以下引理。

引理 5.1 技术溢出对企业技术创新投入的影响存在临界值 λ_2^*，此临界值 λ_2^* 与产品差异率 γ 有关。

具体来说，产品差异率 γ 越小，技术溢出影响技术创新投入的临界值越大，那么企业自主创新空间越大，合作创新空间更小，这时技术外溢对先发国家企业是有利的，企业之间的合作，可以共享资源，提高创新效率，并获得双赢。相反，产品差异率 γ 越大，技术溢出影响技术创新投入的临界值越小，企业自主创新的空间更小，合作创新的空间较大，所以技术外溢不利于先发国家企业技术创新。由此，我们得出以下命题。

命题 5.1 竞争企业之间技术溢出和产品差异率 γ 对先发国家企业的技术创新投入的影响，与后发国家企业的技术创新效率 λ_2 和产品差异率 γ 密切相关。当后发国家企业的技术创新效率和产品差异率位于图 5-3 的区域 I $\left(\lambda_2 \leqslant \dfrac{4-\gamma^2}{\sqrt{4+2\gamma}}\right)$ 时，先发国家企业的技术创新投入与技术溢出负相关，此时技术溢出的增加会抑制先发国家企业进行技术创新，产品差异越大，同样也会抑制先发国家企业进行技术创新；当后发国家企业的技术创新效率和产品差异率位于图 $5-3$ 的区域 $\mathrm{II}\left(\lambda_2 > \dfrac{4-\gamma^2}{\sqrt{4+2\gamma}}\right)$ 时，先发国家企业的技术创新投入与技术溢出正相关，此时技术溢出的增加会促进先发国家企业进行技术创新投入，产品差异越小，也会促进先发国家企业进行技术创新。

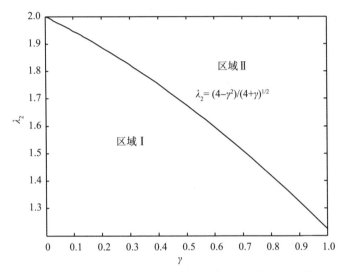

图 5 – 3　后发国家企业的技术创新效率 $\pmb{\lambda_2}$ 和产品差异率 $\pmb{\gamma}$ 分布区域

也就是说，如果后发国家企业的技术创新效率较低，随着技术溢出的增加，后发国家企业将会从先发国家企业获得更多的免费信息从而产生"搭便车"现象，这时不利于先发国家企业，从而抑制先发国家企业进行创新。同样，如果产品差异越大并且技术溢出越多，后发国家企业将获得更多的免费信息，较大的产品差异导致很难形成双寡头垄断，创新动力减小，因而抑制先发国家企业创新。相反，如果后发国家企业的技术创新效率较高，由于溢出的存在，后发国家企业很容易进行产品技术创新，提升竞争力需要促使先发国家企业进行技术创新。同时，产品差异越小，越容易形成双寡头垄断竞争，随着技术溢出增加，"搭便车"现象更加严重，也将激励先发国家企业进行技术创新。

2. 技术溢出对后发国家企业技术创新投入影响分析

由前面假设可知：

$$u_2 = \frac{2\lambda_2(a-c)(2-\gamma)}{m-4\lambda_2^2} \times \left\{ 1 + \frac{[m-(4+2\gamma)\lambda_2^2](2\theta\lambda_2 - \gamma\lambda_1)w}{m(m-4\lambda_2^2)^2 - w^2} \right\}$$

$$(5.10)$$

$$\frac{\partial u_2}{\partial \theta} = \frac{2\lambda_2(a-c)(2-\gamma)}{m-4\lambda_2^2}[m-(4+2\gamma)\lambda_2^2]$$

$$\times \frac{A(\lambda_1, \lambda_2, \gamma)\theta^2 + B(\lambda_1, \lambda_2, \gamma)\theta + C(\lambda_1, \lambda_2, \gamma)}{[m(m-4\lambda_2^2)^2 - w^2]^2} \quad (5.11)$$

其中，$A(\lambda_1, \lambda_2, \gamma) = m^2\lambda_1\lambda_2^3\gamma^2(4-\gamma^2)(4\lambda_2^2 - m)$，$B(\lambda_1, \lambda_2, \gamma) = 4m^2\lambda_2^2\gamma(4\lambda_2^2 - m)[\lambda_1^2\lambda_2^2 - \lambda_1^2(4-\gamma^2) + (m-4\lambda_2^2)]$，$C(\lambda_1, \lambda_2, \gamma) = m\lambda_1\lambda_2(m-4\lambda_2^2)[4m^2 - 32m\lambda_2^2 + 16\lambda_2^4\sqrt{m} + m^2r^2 - 4m\lambda_1^2\sqrt{m} + 8m\lambda_1^2\lambda_2^2 - 4\lambda_1^2\lambda_2^4\sqrt{m}]$。

为了分析技术溢出 θ 与产品差异率 γ 对后发企业技术创新投入的影响，在此，令，

$$H(\lambda_1, \lambda_2, \gamma) = \frac{2\lambda_2(a-c)(2-\gamma)}{m-4\lambda_2^2}[m-(4+2\gamma)\lambda_2^2] \quad (5.12)$$

通过计算，判断式（5.12）的正负号，可以得出：

（1）当 $\lambda_2 \leqslant \frac{4-\gamma^2}{\sqrt{4+2\gamma}}$ 时，$m-(4+2\gamma)\lambda_2^2 \geqslant 0$，$m-4\lambda_2^2 \geqslant 0$，此时，$H(\lambda_1, \lambda_2, \gamma) \geqslant 0$；

（2）当 $\frac{4-\gamma^2}{\sqrt{4+2\gamma}} < \lambda_2 \leqslant \frac{4-\gamma^2}{2}$ 时，$m-(4+2\gamma)\lambda_2^2 \leqslant 0$，$m-4\lambda_2^2 \geqslant 0$，此时，$H(\lambda_1, \lambda_2, \gamma) \leqslant 0$；

（3）当 $\lambda_2 > \frac{4-\gamma^2}{2}$ 时，$m-(4+2\gamma)\lambda_2^2 < 0$，$m-4\lambda_2^2 < 0$，此时，$H(\lambda_1, \lambda_2, \gamma) > 0$。

进一步，假设二次多项式 $L(\theta) = A(\lambda_1, \lambda_2, \gamma)\theta^2 + B(\lambda_1, \lambda_2, \gamma)\theta + C(\lambda_1, \lambda_2, \gamma)$ 所对应的曲线为 L，那么二次多项式 $L(\theta)$ 的判别式为 $\Delta = $

$B^2 - 4AC = 4m^4 \gamma^2 \lambda_2^4 (m - 4\lambda_2^2)^4 (4 - \lambda_1^2)$。

当 $\lambda_2 < \dfrac{4 - \gamma^2}{2}$ 时，$A(\lambda_1,\ \lambda_2,\ \gamma) < 0$，曲线 $L(\theta)$ 开口向下；当 $\lambda_1 \geqslant 2$ 时，$\Delta \leqslant 0$，$L(\theta) \leqslant 0$，由分析可得：

（1）$\lambda_2 \leqslant \dfrac{4 - \gamma^2}{\sqrt{4 + 2\gamma}}$ 且 $\lambda_1 \geqslant 2$ 时，$\dfrac{\partial u_2}{\partial \theta} \leqslant 0$；

（2）$\dfrac{4 - \gamma^2}{\sqrt{4 + 2\gamma}} < \lambda_2 \leqslant \dfrac{4 - \gamma^2}{2}$ 且 $\lambda_1 \geqslant 2$ 时，$\dfrac{\partial u_2}{\partial \theta} \geqslant 0$；

（3）$0 < \lambda_1 < 2$ 时，$\Delta > 0$，此时 $L(\theta)$ 有两个实根，$\theta_{1,2} = \dfrac{2[\lambda_1^2(4 - \gamma^2) - \lambda_1^2\lambda_2^2 - (m - 4\lambda_2^2)] \pm \sqrt{4 - \lambda_1^2}(m - 4\lambda_2^2)}{(4 - \gamma^2)\gamma\lambda_1\lambda_2}$，$\theta_1 < \theta_2$。

由于 $\theta \in [0,\ 1]$，所以，

（1）若 $\theta_2 > 1$，则 $\theta \in [\theta_1,\ \theta_2]$，故 $L(\theta) > 0$（此时，λ_1、λ_2 范围取值为曲线 $\theta_2 - 1 = 0$ 的上方与直线 $\lambda_1 = \lambda_2$ 上方围成的区域）。

（2）若 $0 < \theta_2 < 1$，则在 θ_2 的左侧的 θ，$L(\theta) > 0$，在 θ_2 的右侧的 θ，$L(\theta) < 0$（此时，λ_1、λ_2 范围取值为曲线 $\theta_2 - 1 = 0$ 的下方，曲线 $\theta_2 = 0$ 的上方与直线 $\lambda_1 = \lambda_2$ 上方围成的区域）。

通过以上分析，我们得出以下引理。

引理5.2　当 $0 < \lambda_1 < 2$ 且 $\lambda_2 \leqslant \dfrac{4 - \gamma^2}{\sqrt{4 + 2\gamma}}$ 时，λ_1、λ_2 取值范围在曲线

$$\frac{2[\lambda_1^2(4 - \gamma^2) - \lambda_1^2\lambda_2^2 - (m - 4\lambda_2^2)] + \sqrt{4 - \lambda_1^2}(m - 4\lambda_2^2)}{(4 - \gamma^2)\gamma\lambda_1\lambda_2} - 1 = 0$$ 的上方与直

线 $\lambda_1 = \lambda_2$ 上方围成的区域时（见图 5-4 中区域3），$\dfrac{\partial u_2}{\partial \theta} \geqslant 0$，后发国家企业的技术创新投入 x_2 随技术溢出 θ 增加而增加，呈正相关关系；λ_1、λ_2 取值范围为曲线 $\theta_2 - 1 = 0$ 的下方，曲线 $\theta_2 = 0$ 的上方与直线 $\lambda_1 = \lambda_2$ 上方围成的区域时（见图 5-4 中区域4），后发国家企业的技术创新投入 x_2 随技术溢出 θ 增加而先增加，后减少。

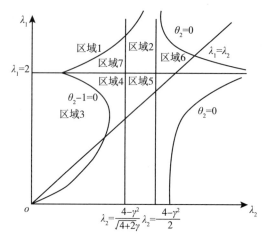

图 5 - 4　技术溢出关于 λ_1、λ_2 对创新投入研究区域的划分

引理 5.3　当 $0 < \lambda_1 < 2$ 且 $\lambda_2 > \dfrac{4 - \gamma^2}{\sqrt{4 + 2\gamma}}$ 时，λ_1、λ_2 取值范围在曲线

$\dfrac{2[\lambda_1^2(4 - \gamma^2) - \lambda_1^2\lambda_2^2 - (m - 4\lambda_2^2)] + \sqrt{4 - \lambda_1^2}(m - 4\lambda_2^2)}{(4 - \gamma^2)\gamma\lambda_1\lambda_2} - 1 = 0$ 的上方与直

线 $\lambda_1 = \lambda_2$ 上方围成的区域时，$\dfrac{\partial u_2}{\partial \theta} \leq 0$，后发国家企业的技术创新投入 x_2 随

技术溢出 θ 增加而减少，呈负相关关系；λ_1、λ_2 取值范围为曲线 $\theta_2 - 1 = 0$

的下方，曲线 $\theta_2 = 0$ 的上方与直线 $\lambda_1 = \lambda_2$ 上方围成的区域时，后发国家企

业的技术创新投入 x_2 随技术溢出 θ 增加而先减少，后增加。

又因为，当 $\lambda_2 \geq \dfrac{4 - \gamma^2}{2}$ 时，$A(\lambda_1, \lambda_2, \gamma) \geq 0$，曲线 $L(\theta)$ 开口向上，

$\lambda_1 \geq 2$ 时，$\Delta \leq 0$，$L(\theta) \leq 0$，即可得到 $\lambda_1 \geq 2$ 且 $\lambda_2 \geq \dfrac{4 - \gamma^2}{2}$ 时，$\dfrac{\partial u_2}{\partial \theta} \geq 0$，后

发国家企业的技术创新投入 x_2 随技术溢出 θ 增加而增加。由上分析，得到

以下结论。

命题 5.2　竞争企业之间技术溢出和产品差异率对后发国家企业的技

术创新投入都有影响，与两竞争企业的技术创新效率、产品差异率都有

关。当两者的技术创新效率位于 $\lambda_1 \geq 2$ 且 $\lambda_2 \geq \dfrac{4 - \gamma^2}{\sqrt{4 + 2\gamma}}$ 和 $0 < \lambda_1 < 2$ 且 $\lambda_2 \leq$

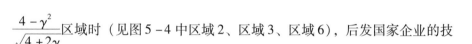

$\dfrac{4-\gamma^2}{\sqrt{4+2\gamma}}$ 区域时（见图 5-4 中区域 2、区域 3、区域 6），后发国家企业的技术创新投入与技术溢出正相关；当两者的技术创新效率位于 $\lambda_2 \leqslant \dfrac{4-\gamma^2}{\sqrt{4+2\gamma}}$ 且

$\lambda_1 \geqslant 2$ 和 $\dfrac{4-\gamma^2}{\sqrt{4+2\gamma}} < \lambda_2$ 且 $0 < \lambda_1 < 2$ 区域时（见图 5-4 中区域 1 和区域 7），后发国家企业的技术创新投入与技术溢出负相关，即技术溢出会降低后发国家企业的技术创新投入。

命题 5.2 陈述了关于后发国家企业技术创新投入的一部分结论，由此可以总结归纳出技术溢出与产品差异对先发国家企业和后发国家企业的技术创新投入影响关系（见表 5-1）。

表 5-1　　　　　　技术溢出与产品差异对竞争企业创新投入影响

λ_1、λ_2 所满足的条件	先发国家企业创新投入	后发国家企业创新投入
图 5-4 区域 1 和区域 7	减少	减少
图 5-4 区域 2 和区域 6	增加	增加
图 5-4 区域 3	减少	增加
图 5-4 区域 4	减少	先增加后减少
图 5-4 区域 5	增加	先减少后增加

5.2.3　算例分析和政策启示

1. 算例分析

假设在后发国家市场上有两个生产差异化产品的企业，$a-c=2$，企业 1 为先发国家企业，企业 2 为后发国家企业，也就是技术创新跟随企业，两企业原来采用同一技术生产产品，为了降低单位成本，企业进行技术研发。下面分析技术溢出与产品差异如何影响企业的技术创新投入。

图 5-5 说明，当 $\lambda_1=4$、$\lambda_2=1.5$、$\gamma=0.8$ 时，企业技术创新投入随技术溢出的变化趋势，从图 5-5 可以看出，两个企业的技术创新投入都随着技术溢出的增加而增大，$\lambda_1=4$、$\lambda_2=1.5$、$\gamma=0.8$ 位于图 5-4 中的区域 2。

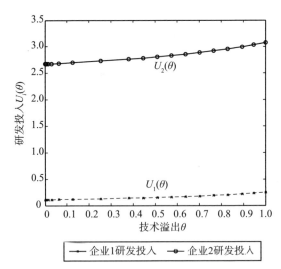

图 5 – 5 当 $\lambda_1 = 4$、$\lambda_2 = 1.5$、$\gamma = 0.8$ 时技术溢出对企业创新投入影响

图 5 – 6 描述了当 $\lambda_1 = 1.5$、$\lambda_2 = 0.6$、$\gamma = 0.8$ 时企业技术创新投入随技术溢出变化的趋势，由图 5 – 6 可以知道，随着技术溢出的增大，先发国家企业 1 的技术创新投入下降，后发国家企业 2 的技术创新投入增加。$\lambda_1 = 1.5$、$\lambda_2 = 0.6$，$\gamma = 0.8$ 位于图 5 – 4 的区域 3。

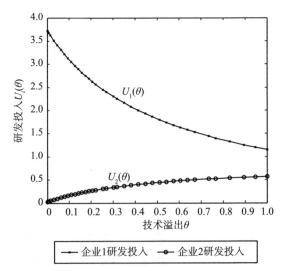

图 5 – 6 当 $\lambda_1 = 1.5$、$\lambda_2 = 0.6$、$\gamma = 0.8$ 时技术溢出对企业创新投入影响

图 5-7 表示当 $\lambda_1 = 1.5$、$\lambda_2 = 1.2$、$\gamma = 0.6$ 时，企业技术创新投入随技术溢出的变化趋势，变化趋势与我们所得出结论一致。同样其他结论可以进行验证，类似的不再一一列举。

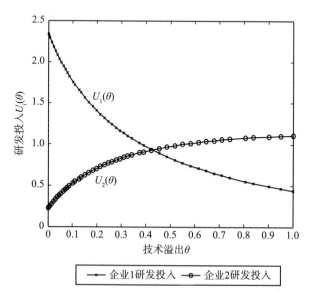

图 5-7　当 $\lambda_1 = 1.5$、$\lambda_2 = 1.2$、$\gamma = 0.6$ 时技术溢出对企业创新投入影响

2. 政策启示

从本节的理论研究和算例分析结果，可得出对企业和政府的政策启示为：当后发国家企业的技术创新效率较低时，随着技术溢出的增大，先发国家企业的技术创新投入会减少；随着产品差异增大，先发国家企业的技术创新投入也会减少。当后发国家企业的技术创新效率较高时，随着技术溢出的增大，先发国家企业会增加技术创新投入；产品差异越小，也会促进先发国家企业增加技术创新投入。当先发国家企业与后发国家企业的技术创新效率同时都较高或者同时均较低时，随着技术溢出的增大，后发国家企业应增加技术创新投入。当先发国家企业技术创新效率较高且后发国家企业技术创新效率较低时，随着技术溢出的增大，后发国家企业应适度降低技术创新投入。

⑤·③ 研发投入补贴与技术溢出下的后发国家企业技术创新投入

5.3.1 模型构建

考虑后发国家市场上两个相互竞争、生产差异化产品的该国私有企业 i、$j(i、j=1、2)$ 采纳同一技术生产产品，企业 i、j 已采纳该原有技术进行生产转化为最终产品，由于后发国家企业 i、j 是相互竞争企业，为了提高各自的利润，决定投入技术创新，以降低产品的边际成本，获得更大的收益。假设不考虑企业技术创新的风险，也就是企业进行技术研发一定成功。企业 i、j 面临的国内市场需求函数以及它的反需求函数为：

$$q_i = \frac{(a-p_i)-\gamma(a-p_j)}{1-\gamma^2}, \quad p_i = a - q_i - \gamma q_j, \quad i, j = 1, 2, \quad i \neq j \quad (5.13)$$

其中，q_i、q_j 分别表示企业 i、j 的产量，p_i、p_j 分别表示企业 i、j 产品的价格，γ 表示产品的替代程度或者产品差异率，$0 < \gamma < 1$，也就是说 γ 越大，两企业生产的产品越接近。企业的初始单位成本为 $c_0 = c$，企业为了降低产品的边际成本，对产品进行技术创新，X_i 表示企业 i 由于技术研发而带来的产品边际成本的降低量，企业 i 的创新投入为 x_i，也表示创新投入对边际成本下降的贡献，企业 j 的创新投入为 x_j，技术溢出系数为 β，$0 < \beta < 1$，所以，企业 i 由于溢出使其成本的减少量为 $X_i = x_i + \beta x_j$，$c_i = c - x_i - \beta x_j$，企业研发成本设为 $\Gamma(x_i) = \lambda x_i^2$，以反映创新投入的报酬递减性，$\Gamma(x_i, t) = \lambda x_i^2(t)$ 表示企业 i 在时刻 t 之前投入的累计研发成本，当在时刻 T_i 研发成功之后，$\Gamma(x_i, T_i) = \lambda x_i^2(T_i) = \lambda x_i^2$，另外为了保证所有变量的非负性，假设 $\lambda = 1$，即研发成本为 x_i^2。r 为利率（$0 < r < 1$），$a - c$ 表示所创新技术产品的市场规模，$a - c > 0$。

设消费者的效用函数为：

$$U(q_1, q_2) = a(q_1 + q_2) - (q_1^2 + 2\gamma q_1 q_2 + q_2^2)/2 \quad (5.14)$$

为了社会福利最大化，政府鼓励企业进行技术创新，对创新企业实施研发补贴政策，每一单位的研发投入，政府给予研发投入补贴 s，则企业 i 的研发投入补贴为 $S(x_i) = sx_i$。所以企业 i、j（i、$j = 1$、2）的最大利润可表示为：

$$\max \pi_i(q_i,\ q_j,\ x_i) = (a - q_i - \gamma q_j - c + x_i + \beta x_j) q_i - x_i^2 + sx_i \qquad (5.15)$$

本部分后发国家企业 i、j 之间的竞争博弈分为三个阶段（见图 5 - 8）：第一阶段，政府选择给予研发投入补贴以使得社会福利最大；第二阶段，后发国家企业选择对技术进行创新投入；第三阶段，两企业对产量进行的博弈阶段即古诺竞争阶段。

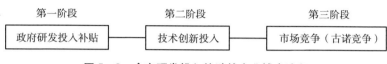

图 5 - 8　含有研发投入补贴的企业博弈流程

5.3.2　古诺竞争情形下研发投入补贴、技术溢出与创新投入关系分析

现在考虑两后发国家企业进行技术创新投入和产量竞争的三阶段博弈，下面利用逆序归纳法求得各种情形下的解。

首先在第三阶段，根据企业的反需求函数和式（5.15），可得企业 i、j 各自均衡产量和利润分别为：

$$q_i^c = \frac{(2 - \gamma)(a - c) + 2(x_i + \beta x_j) - \gamma(x_j + \beta x_i)}{4 - \gamma^2} \qquad i,\ j = 1,\ 2 \qquad (5.16)$$

$$\pi_i^c = \left[\frac{(2 - \gamma)(a - c) + 2(x_i + \beta x_j) - \gamma(x_j + \beta x_i)}{4 - \gamma^2} \right]^2 - x_i^2 + sx_i \qquad (5.17)$$

在第二阶段，两企业之间进行创新投入竞争，根据各自企业的研发水平和溢出，可得出各企业创新投入的反应函数为：

$$x_i(x_j) = \frac{2\left[(2 - \gamma)(a - c)(2 - \beta\gamma) + (2\beta - \gamma)(2 - \beta\gamma)x_j\right] + (4 - \gamma^2)^2 s}{2\left[(4 - \gamma^2)^2 - (2 - \beta\gamma)^2\right]},$$

$$i \neq j, \ i, j \in \{1, 2\} \tag{5.18}$$

将 $i=1$，$j=2$ 以及 $i=2$，$j=1$ 代入式（5.18），然后将得到的两等式联立，可得出均衡情况下创新投入关于研发投入补贴的函数为：

$$x_i(s) = \frac{1}{2H}\left[2(2-\gamma)(a-c)(2-\beta\gamma) + (4-\gamma^2)^2 s\right], \ i \in \{1, 2\}$$

$$\tag{5.19}$$

其中，$H = (4-\gamma^2)^2 - (2-\beta\gamma)(2-\gamma)(1+\beta)$。

将式（5.19）代入式（5.16），可以得到均衡情形下，均衡产出关于研发投入补贴的函数表达式为：

$$q_i(s) = \frac{(4-\gamma^2)^2\left[2(a-c) + (1+\beta)s\right]}{2(2+\gamma)H}, \ i \in \{1, 2\} \tag{5.20}$$

由于企业在市场竞争中自发的创新投入水平与社会最优的创新投入水平相比往往偏低。因此，为了社会福利最大化，政府鼓励企业进行技术创新，并且给予企业研发投入补贴。社会福利 SW 包括消费者剩余、生产者剩余以及净研发投入补贴，表示为：

$$SW = U(q_1, q_2) - p_1q_1 - p_2q_2 + \pi_1(q_1, q_2, x_1) + \pi_2(q_1, q_2, x_2) - sx_1 - sx_2$$

$$\tag{5.21}$$

将式（5.15）至式（5.20）代入式（5.21），可得社会福利 SW 为：

$$SW = \frac{(4-\gamma^2)^2}{4(2+\gamma)^2 H^2}\{(4-\gamma^2)^2\left[(1+\beta)^2(3+\gamma) - 2(2+\gamma)^2\right]s^2 +$$

$$4(a-c)(4-\gamma^2)(2+\gamma)\left[(1+\beta)(2-\gamma)(3+\gamma) - 2(2-\beta\gamma)\right]s +$$

$$4(a-c)^2\left[(4-\gamma^2)^2(3+\gamma) - 2(2-\beta\gamma)^2\right]\} \tag{5.22}$$

在第一阶段政府选择给予企业研发投入补贴以使得社会福利达到最大，此时可求得最优研发投入补贴为：

$$s^* = \frac{2(a-c)\left[(1+\beta)(2-\gamma)(3+\gamma) - 2(2-\beta\gamma)\right]}{(2-\gamma)\left[2(2+\gamma)^2 - (1+\beta)^2(3+\gamma)\right]} \tag{5.23}$$

将式（5.19）视为 γ 的函数，求偏导得：

$$\frac{\partial x_i}{\partial \gamma} = -\frac{\left[2(a-c) + (1+\beta)s\right](4-\gamma^2)(1+\beta)(2-\gamma)^2}{H^2} \tag{5.24}$$

由 $a-c>0$，$0<\gamma<1$，$0<\beta<1$ 可知，对于所有的 β、s，有 $\frac{\partial x_i}{\partial \gamma} \leq 0$。

所以，创新投入 $x_i(s)$ 随着 γ 的增大而减少，随着 γ 的减少而增大。

所以，对于后发国家中两个生产差异化产品的企业，在存在技术溢出和研发投入补贴时，企业创新投入随着创新产品差异率的增大而降低，创新投入随着产品差异率的减少而增加。也就是说，γ 越小也就是企业产品差异越大，企业独立创新的空间就越大，它们之间进行合作创新的空间就越小，此时，技术溢出对企业的创新有利，可以达到双赢的效果，又由于研发投入补贴的存在，企业会增加创新投入。反之，γ 越大，企业之间的创新产品越接近，企业独立创新的空间就越小，它们之间进行合作创新的空间就越大，此时，技术溢出对企业的创新不利，企业会减少创新投入。

命题 5.3　存在技术溢出和政府研发投入补贴时，两个生产差异化产品企业的创新投入随着研发投入补贴的增加，两个企业创新投入均会增大。

证明：

将式（5.19）视为 s 的函数，求偏导得：

$$\frac{\partial x_i}{\partial s} = \frac{(4-\gamma^2)^2}{2H}$$

令 $H = (4-\gamma^2)^2 - (2-\beta\gamma)(2-\gamma)(1+\beta) = u(\beta)$，经过整理可变形为 $u(\beta) = (2-\gamma)\left[\beta^2\gamma + (\gamma-2)\beta + (4-\gamma^2)(2+\gamma) - 2\right] = (2-\gamma)v(\beta)$，其中，$v(\beta) = \beta^2\gamma + (\gamma-2)\beta + (4-\gamma^2)(2+\gamma) - 2$，对于 $v(\beta)$，当 $(2-\sqrt{3})/2 < \gamma < 1$ 时，有 $v(\beta)$ 恒大于 0；当 $0 < \gamma < (2-\sqrt{3})/2$ 时，实根 $\beta = \dfrac{2-\gamma-(2+\lambda)\sqrt{(2\gamma-1)^2-4\gamma}}{2\gamma} > 1$，所以，当 $(2-\sqrt{3})/2 < \gamma < 1$ 时，$\dfrac{\partial x_i}{\partial s} > 0$；当 $0 < \gamma < \dfrac{2-\sqrt{3}}{2}$ 时，$0 < \beta < 1 < \dfrac{2-\gamma-(2+\lambda)\sqrt{(2\gamma-1)^2-4\gamma}}{2\gamma}$，$\dfrac{\partial x_i}{\partial s} > 0$。故对所有的 β、γ，有 $\dfrac{\partial x_i}{\partial s} > 0$。

证毕。

命题 5.3 表明，随着研发投入补贴的增加，研发投入补贴可以抵消因技术溢出而减少的企业研发边际成本，企业的创新投入也会增加；反之，政府研发投入补贴如果降低，企业在研发时又存在技术溢出，企业对产品创新的投入会减少。

命题 5.4 两个生产差异化产品的后发国家企业进行技术创新时，如果两企业之间的产品差异较小（$0.4314 < \gamma < 1$），且政府给予企业的研发投入补贴不多（$s < \dfrac{2(a-c)l(\gamma)}{(4-\gamma^2)^2}$，其中 $l(\gamma) = \gamma(2+\gamma)(4-\gamma^2) - 4$）时，技术溢出与两竞争企业的创新投入成反方向关系。即技术溢出越大，创新投入越少；技术溢出越小，创新投入越多。如果企业之间的产品差异较大（$0 < \gamma < 0.4314$），且政府给予企业的研发投入补贴较多（$s > \dfrac{2(a-c)\left[\gamma(2+\gamma)^2 + \gamma - 2\right]}{(2+\gamma)^2(2-3\gamma)}$）时，技术溢出与企业创新投入呈正方向变化，即技术溢出越大，创新投入越大，此时，技术溢出对企业创新投入有利。

证明：

将式（5.19）求偏导得：

$$\frac{\partial x_i}{\partial \beta} = -\frac{(2-\gamma)^2 m(\beta)}{2\left[(4-\gamma^2)^2 - (2-\beta\gamma)(2-\gamma)(1+\beta)\right]^2} \tag{5.25}$$

其中，$m(\beta) = 2(a-c)\left[(2-\beta\gamma)^2 - \gamma(2+\gamma)(4-\gamma^2)\right] - s(2+\gamma)(4-\gamma^2)(2\beta\gamma + \gamma - 2)$，$m'(\beta) = 4\gamma(a-c)(\beta\gamma - 2) - 2\gamma s(2+\gamma)(4-\gamma^2) = 2\gamma n(\beta)$，其中，$n(\beta) = 2(a-c)(\beta\gamma - 2) - s(2+\gamma)(4-\gamma^2)$，$n'(\beta) = 2(a-c)\gamma > 0$。故 $n(\beta)$ 递增，$n(\beta) < n(1) = -\left[2(a-c)(2-\gamma) + 2(2+\gamma)(4-\gamma^2)\right] < 0$，$m'(\beta) < 0$，所以，$m(\beta)$ 为递减函数，$m(1) < m(\beta) < m(0)$。

$$m(0) = 2(a-c)\left[4 - \gamma(2+\gamma)(4-\gamma^2)\right] + s(4-\gamma^2)^2 \tag{5.26}$$

$$m(1) = (2-\gamma)h(\gamma) \tag{5.27}$$

其中，$h(\gamma) = 2(a-c)\left[(2-\gamma) - \gamma(2+\gamma)^2\right] + s(2+\gamma)^2(2-3\gamma)$，又 $l(\gamma) = \gamma(2+\gamma)(4-\gamma^2) - 4$，可知 $l'(\gamma) = 2(-2\gamma^3 - 3\gamma^2 + 4\gamma + 4)$，$l''(\gamma) = -4(3\gamma^2 + 3\gamma - 2)$，对于 $0 < \gamma < (\sqrt{33}-3)/6$，$l'(\gamma)$ 递增，$(\sqrt{33}-3)/6 < \gamma < 1$，$l'(\gamma)$ 递减，故 $0 < \gamma < 1$ 时，$l'(\gamma) > 3 > 0$，$0 < \gamma < 1$ 时，$l(\gamma)$ 递增。又 $l(0.43136) > 0$，知，$0.4314 < \gamma < 1$ 时，$l(\gamma) > 0$；所以有，当 $0.4314 < \gamma < 1$ 且 $0 \leq s < \dfrac{2(a-c)\left[\gamma(2+\gamma)(4-\gamma^2) - 4\right]}{(4-\gamma^2)^2}$ 时，

$m(\beta) < m(0) < 0$，$\dfrac{\partial x_i}{\partial \beta} < 0$。又 $0 < \gamma < 0.4314$ 时 $(2 - 3\gamma) > 0$，故 $s >$

$\dfrac{2(a-c)\left[\gamma(2+\gamma)^2 + \gamma - 2\right]}{(2+\gamma)^2(2-3\gamma)}$ 时，$h(\gamma) > 0$，$m(1) > 0$，$0 < m(1) < m(\beta)$，

$\dfrac{\partial x_i}{\partial \beta} > 0$，所以，当 $0 < \gamma < 0.4314$ 且 $s > \dfrac{2(a-c)\left[\gamma(2+\gamma)^2 + \gamma - 2\right]}{(2+\gamma)^2(2-3\gamma)}$ 时，

$\dfrac{\partial x_i}{\partial \beta} > 0$。

证毕。

命题 5.5　当后发国家企业之间的产品差异较小或者技术溢出不大时
$(0 < \beta < 2\sqrt{6}/3 - 1$ 或者 $\sqrt{3} - 1 \leqslant \gamma < 1$，见图 5-9 中区域 Ⅰ)，研发投入补贴
存在最优解 s^*；当企业之间产品差异较大并且技术溢出较大 $(2\sqrt{6}/3 - 1 <$
$\beta < 1$ 且 $0 < \gamma < \sqrt{3} - 1)$，满足 $0 < \beta < (2+\gamma)\sqrt{2/(3+\gamma)} - 1$ 时（见图 5-9
中区域 Ⅱ），研发投入补贴有最优解 s^*，满足 $(2+\gamma)\sqrt{2/(3+\gamma)} - 1 <$
$\beta < 1$ 时（见图 5-9 中区域 Ⅲ），研发投入补贴无最优解。其中，$s^* =$
$\dfrac{2(a-c)\left[(1+\beta)(2-\gamma)(3+\gamma) - 2(2-\beta\gamma)\right]}{(2-\gamma)\left[2(2+\gamma)^2 - (1+\beta)^2(3+\gamma)\right]}$。

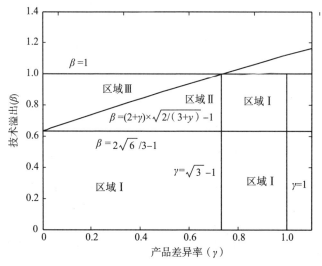

图 5-9　最优研发投入补贴的存在性区域分析

证明：

由式（5.22）可得：

$$\frac{\partial SW}{\partial s} = \frac{(4-\gamma^2)^3(2+\gamma)}{2(2+\gamma)^2 H^2}\{2(a-c)[(1+\beta)(2-\gamma)(3+\gamma)-2(2-\beta\gamma)]+$$

$$(2-\gamma)[(1+\beta)^2(3+\gamma)-2(2+\gamma)^2]\} \tag{5.28}$$

所以，$(2+\gamma)\sqrt{2/(3+\gamma)}-1<\beta<1$ 时，没有最优解。$0<\beta<(2+\gamma)$ $\sqrt{2/(3+\gamma)}-1$ 时，$s^* = \dfrac{2(a-c)[(1+\beta)(2-\gamma)(3+\gamma)-2(2-\beta\gamma)]}{(2-\gamma)[2(2+\gamma)^2-(1+\beta)^2(3+\gamma)]}$。

对于 $(2+\gamma)\sqrt{2/(3+\gamma)}-1$ 可知，$\sqrt{3}-1\leqslant\gamma<1$ 时，$(2+\gamma)\sqrt{2/(3+\gamma)}-1\geqslant1$；$0<\gamma<\sqrt{3}-1$ 时，$2\sqrt{6}/3-1<(2+\gamma)\sqrt{2/(3+\gamma)}-1<1$。故 $0<\beta<2\sqrt{6}/3-1$ 或者 $\sqrt{3}-1\leqslant\gamma<1$（见图5-9中区域I）时，最优研发投入补贴为 s^*。$2\sqrt{6}/3-1<\beta<1$ 且 $0<\gamma<\sqrt{3}-1$ 时，$0<\beta<(2+\gamma)\sqrt{2/(3+\gamma)}-1$ 时（见图5-9中区域II），最优研发投入补贴为 s^*；$(2+\gamma)\sqrt{2/(3+\gamma)}-1<\beta<1$ 时（见图5-9中区域III），无最优研发投入补贴。

证毕。

当后发国家企业之间产品的差异较小（也就是产品差异率 γ 较大）时，企业之间的竞争程度增大，为了占据市场竞争优势，企业会自主进行研发。同时，由于企业在市场竞争环境中自发的创新投入水平与社会最优的创新投入水平相比偏低，因此，为了社会福利最大化，政府会给予一定研发投入补贴予以激励，此时，研发投入补贴有最优解，并且最优研发投入补贴随着产品差异的减小而减少 $\left(\dfrac{\partial s^*}{\partial\gamma}<0\right)$。

由上述可知，古诺竞争情形下，生产差异化产品的两个企业进行研发时的创新投入、生产数量的均衡解、最优研发投入补贴可总结为表5-2所示。

表5-2　创新投入、利润、生产数量的均衡解以及最优研发投入补贴

创新投入、利润	生产数量、最优研发投入补贴
$x_i(s) = \dfrac{2(2-\gamma)(a-c)(2-\beta\gamma)+(4-\gamma^2)^2 s}{2[(4-\gamma^2)^2-(2-\beta\gamma)(2-\gamma)(1+\beta)]}$	$q_i(s) = \dfrac{(4-\gamma^2)^2[2(a-c)+(1+\beta)s]}{2(2+\gamma)[(4-\gamma^2)^2-(2-\beta\gamma)(2-\gamma)(1+\beta)]}$
$\pi_i^c = \left[\dfrac{(2-\gamma)(a-c)+2(x_i+\beta x_j)-\gamma(x_j+\beta x_i)}{4-\gamma^2}\right]^2 - x_i^2 + sx_i$	$s^* = \dfrac{2(a-c)[(1+\beta)(2-\gamma)(3+\gamma)-2(2-\beta\gamma)]}{(2-\gamma)[2(2+\gamma)^2-(1+\beta)^2(3+\gamma)]}$

5.3.3　产品差异性、技术溢出与研发时间关系分析

考虑后发国家企业进行技术研发的时间以及研发成功的时间，本节将对生产有差异化产品的两竞争企业技术创新投入进行分析。假设企业 i、j（i、$j = 1$、2）开始对技术进行研发投入的时刻记为时间 $t = 0$，由于后发国家企业 i、$j = 1$、2，研发时间不同，下面分别用 1、2 也代表企业 i、j。企业 1、2 分别在时刻 T_1、T_2 技术研发成功并成功投入生产产品，那么可得企业 1、2 的贴现利润总和分别为：

$$\max_{T_1} \prod_1 (T_1, T_2) = \int_0^{T_1} \pi_0 e^{-rt} \mathrm{d}t + \int_{T_1}^{T_2} \pi_l e^{-rt} \mathrm{d}t + \int_{T_2}^{+\infty} \pi_b e^{-rt} \mathrm{d}t - (x_1^2 - sx_1) e^{-rT_1}$$

$$(5.29)$$

$$\max_{T_2} \prod_2 (T_1, T_2) = \int_0^{T_1} \pi_0 e^{-rt} \mathrm{d}t + \int_{T_1}^{T_2} \pi_f e^{-rt} \mathrm{d}t + \int_{T_2}^{+\infty} \pi_b e^{-rt} \mathrm{d}t - (x_2^2 - sx_2) e^{-rT_2}$$

$$(5.30)$$

其中，π_0 表示两企业产品生产成本都为 c 时古诺均衡下的最大利润，$\pi_0 = \left[\dfrac{(2-\gamma)(a-c)}{4-\gamma^2} \right]^2$；$\pi_l$ 表示企业 1 成本下降为 $c_1 = c - x_1 - \beta x_2$，企业 2 成本为 c 时的古诺均衡下企业 1 的最大利润，$\pi_l = \left[\dfrac{(2-\gamma)(a-c) + 2(x_1 + \beta x_2)}{4-\gamma^2} \right]^2 - x_1^2 + sx_1$；$\pi_b$ 表示企业 1 成本下降为 $c_1 = c - x_1 - \beta x_2$，企业 2 成本下降为 $c_2 = c - x_2 - \beta x_1$ 时古诺均衡下的最大利润，$\pi_b = \pi_i^c$；π_f 表示企业 2 成本为 c，企业 1 成本下降为 $c_1 = c - x_1 - \beta x_2$ 时古诺均衡下企业 2 的最大利润，$\pi_f = \left[\dfrac{(2-\gamma)(a-c) - \gamma(x_1 + \beta x_2)}{4-\gamma^2} \right]^2 - x_2^2$。

对式（5.29）、式（5.30）求导可得：

$$\pi_l - \pi_0 = r(x_1^2 - sx_1), \quad \pi_b - \pi_f = r(x_2^2 - sx_2) \tag{5.31}$$

由于企业在创新投入之后的收益是增加的，否则企业不会进行创新，故 $\pi_l - \pi_0 > 0$，$\pi_b - \pi_f > 0$。由此可知，$s < x_i$，也就是说政府对企业每一单位研发产出的补贴 s 必须小于企业进行研发对产品边际成本下降所作的

贡献。

命题5.6 在古诺竞争情形下，后发国家企业利益最大化时政府对企业的每一单位的研发投入补贴 s 要小于企业进行研发对产品边际成本下降所作的贡献 x_i，且 $\pi_l - \pi_0 > \pi_b - \pi_f$。

也就是说，企业对产品研发所作的贡献要高于政府对企业的研发投入补贴值，否则社会福利将为非正值，政府也不会对企业进行补贴。$s < x_i$ 时，$s < x_1 + x_2$，故有 $\pi_l - \pi_0 > \pi_b - \pi_f$，这说明首先研发成功的领先企业所获得的利润增加值要比后研发成功企业所获得的利润增加值要大。也就是说，两个互相竞争的企业研发成功的时间很重要，先研发成功的企业具有产品上的优势性，利润增加更多。

两个企业利润的增加值分别记为 I_1，I_2，则 $I_1 = \pi_l - \pi_0$，$I_2 = \pi_b - \pi_f$，$I_1 > I_2$。由于两企业研发成功的时间分别为 T_1，T_2，而先研发成功的企业所获得利润的增加值要比后研发成功企业所获得的利润增加值要大，所以，企业研发成功的时间和利润的增加值呈反方向变化。由于企业研发成功的时间和利润的增加值呈反方向变化，所以，为了研究企业研发的时间 T_1、T_2 与产品差异之间的关系，可先对企业利润的增加值 I_1、I_2 进行计算分析，经过计算可得：

$$I_1 = \pi_l - \pi_0 = \frac{4(x_1 + \beta x_2)[x_1 + \beta x_2 + (2-\gamma)(a-c)]}{(4-\gamma^2)^2} - x_1^2 + sx_1$$

(5.32)

$$I_2 = \pi_b - \pi_f = \frac{4(x_2 + \beta x_1)[x_2 + \beta x_1 + (2-\gamma)(a-c) - \gamma(x_1 + \beta x_2)]}{(4-\gamma^2)^2} + sx_2$$

(5.33)

由 $\gamma < \gamma_1(\beta)$ 时，$\frac{\partial I_1}{\partial \gamma} < 0$；$\gamma > \gamma_1(\beta)$ 时，$\frac{\partial I_1}{\partial \gamma} > 0$；$\gamma < 1 < \gamma_2(\beta)$ 时，$\frac{\partial I_2}{\partial \gamma} > 0$。

其中，$\gamma_1(\beta) = \dfrac{2[(x_1 + \beta x_2) + 2(a-c) - \sqrt{(x_1 + \beta x_2 + a - c) + 2(x_1 + \beta x_2)(a-c)}]}{3}$，

$\gamma_2(\beta) = \dfrac{2[(x_2 + \beta x_1) + 2(a-c) + \sqrt{((x_2 + \beta x_1) + 2(a-c))^2 + 3((a-c) + (x_1 + \beta x_2))^2}]}{3[(a-c) + (x_1 + \beta x_2)]}$。

故可得命题5.7。

命题 5.7　γ 较小时，企业研发时间 T_1 随 γ 的增大而增大，T_2 随 γ 的增大而减小；γ 较大时，企业研发时间 T_1 随 γ 的增大而减小，T_2 也随 γ 的增大而减小。

也就是说，若企业间产品差异较大时，企业间的研发竞争就会减弱，不易激发企业 1 的研发动力，使企业对研发成功的时间不是很在意，企业的研发时间就要相对推迟一些，而导致 T_1 增大；企业 2 研发成功时间晚一些，此时产品差异虽然较大，但随 γ 增大差异化在减弱，为了在竞争中减弱劣势驱使企业 2 尽快研发，将尽可能早些研发成功，从而 T_2 变小。反之，若企业间产品差异较小，也就是产品差异率 γ 较大时，企业间产品替代性非常强，竞争意识增强，会刺激企业研发的主动性，想尽快研发成功，越快越好，使 T_1 减小；而企业 2 研发时间推迟一些，与企业 1 为竞争企业，不论产品差异大还是小，但随 γ 增大差异化在减弱，为了在竞争中减弱劣势，驱使企业 2 尽快研发，将尽可能早些研发完成，T_2 变小。

另外由 $\dfrac{\partial I_1}{\partial \beta} = \dfrac{4x_2 \left[2x_1 + 2\beta x_2 + (2-\gamma)(a-c) \right]}{(4-\gamma^2)^2}$，$\dfrac{\partial I_2}{\partial \beta} = $ $\dfrac{4 \left[2x_1 x_2 + 2\beta x_1^2 + (2-\gamma)(a-c)x_1 - \gamma(x_1^2 + x_2^2) - 2\beta\gamma x_1 x_2 \right]}{(4-\gamma^2)^2}$ 知，$\dfrac{\partial I_1}{\partial \beta} > 0$；$\beta > \beta(\gamma)$ 时，$\dfrac{\partial I_2}{\partial \beta} > 0$；$\beta < \beta(\gamma)$ 时，$\dfrac{\partial I_2}{\partial \beta} < 0$。其中，$\beta(\gamma) = \dfrac{\gamma(x_1^2 + x_2^2) - 2x_1 x_2 - (2-\gamma)(a-c)x_1}{2x_1(x_1 - \gamma x_2)}$。

由此可知，企业研发时间 T_1 随技术溢出 β 的增大而减小；技术溢出 β 较大时，研发时间 T_2 随技术溢出 β 的增大而减小；技术溢出 β 较小时，研发时间 T_2 随技术溢出 β 的增大而增大。企业研发时间 T_1、T_2 都随研发投入补贴的增加而减小，呈负相关关系。

也就是说技术溢出越大，企业最优研发成功的时间就会越早。如果研发时间 T_1 越大，技术溢出的就会越多，对企业本身就会不利，所以，企业会想尽一切方法使得研发成功的时间尽可能早一些，避免技术溢出增大而带来的利益损失。对于企业 2 来说，如果溢出率较大，随着溢出的增加，与竞争企业相比，时间上不占优势，研发的压力增大，研发成功的时间会相对要提前，才能减少损失。对企业 2 来说，如果溢出率很小，又由于本身研发时间上处于劣势，已经可以从竞争对手中获得由于对手溢出而得的利益，这样不管溢出如何增大，溢出率都很小，企业 2 的研发成功时间相对来说要推迟。另外，由于在创新成功之后，企业才给予研发投入补贴，随着研发投入补贴的增多，竞争企业间为了尽早拿到更多的研发投入补贴，只有让企业本身研发成功的时间 T_i 减小，从而研发成功时间提前，才可以获得比竞争对手更多的竞争优势，取得更多的利润和研发投入补贴。

考虑研发时间的社会福利 $SW(T_1, T_2)$ 与式（5.22）是不同的，下面分析考虑企业研发时间时社会福利最大化的最优条件。假设每一个阶段的总社会福利为 V_i，即为消费者剩余、生产者剩余和净政府补贴之和。那么，

$$\max_{T_1,T_2} SW(T_1, T_2) = \int_0^{T_1} V_0 e^{-rt} \mathrm{d}t + \int_{T_1}^{T_2} V_1 e^{-rt} \mathrm{d}t + \int_{T_2}^{+\infty} V_2 e^{-rt} \mathrm{d}t - (x_1^2 - sx_1) e^{-rT_1} - (x_2^2 - sx_2) e^{-rT_2} - sx_1 e^{-rT_1} - sx_2 e^{-rT_2} \quad (5.34)$$

其中，

$$V_0 = a(q_1 + q_2) - (q_1^2 + 2\gamma q_1 q_2 + q_2^2)/2 - p_1 q_1 - p_2 q_2 + 2\pi_0$$
$$= (3 + \gamma) \left[\frac{(2 - \gamma)(a - c)}{4 - \gamma^2} \right]^2$$

$$V_1 = \frac{(6 + 2\gamma)A^2 + (12 - \gamma^2)B^2 + 2(6 - \gamma - \gamma^2)AB}{2(4 - \gamma^2)^2}$$

$$V_2 = \frac{(6 + 2\gamma)A^2 + (12 - \gamma^2)(B^2 + C^2) + 2(6 - \gamma - \gamma^2)A(B + C) + 2\gamma(\gamma^2 - 8)BC}{2(4 - \gamma^2)^2}$$

$$A = (2 - \gamma)(a - c), \quad B = x_1 + \beta x_2, \quad C = x_2 + \beta x_1$$

对式（5.34）两边求导得：$V_1 - V_0 = rx_1^2$，$V_2 - V_1 = rx_2^2$，整理得 $\dfrac{V_1 - V_0}{V_2 - V_1} = \dfrac{x_1^2}{x_2^2}$。

所以，考虑研发时间，企业每个研发阶段的福利 V_i 满足 $\dfrac{V_1 - V_0}{V_2 - V_1} = \dfrac{x_1^2}{x_2^2}$ 时，社会福利取得最大值。

5.3.4 政策启示

从本节的研究结果，可得出对企业和政府的政策启示为：在存在技术

溢出的情形下，后发国家政府给予本国企业一定的研发投入补贴，能激励本国企业技术创新的积极性，随着研发投入补贴的增加，后发国家企业会增大技术创新投入。

如果两企业之间的产品差异较小，且政府给予企业的研发投入补贴不多时，技术溢出越大，两竞争企业的创新投入越少；技术溢出越小，创新投入越多。如果企业之间的产品差异较大，且政府给予企业的研发投入补贴较多时，技术溢出越大，两竞争企业的创新投入越大，此时，技术溢出对企业创新投入有利。

当企业之间的产品差异较小或者技术溢出不大时，或者当企业之间产品差异较大并且技术溢出较大时，此时，存在最优研发投入补贴，也就是说，若给予企业的研发投入补贴过高，社会福利将会减小；如果给予企业的研发投入补贴过低，社会福利也会减小。后发国家政府可以制订一个研发投入补贴方案提供给技术创新企业，以鼓励本国企业创新。

5.4 本章小结

本章考虑企业之间存在产品差异性、技术溢出等因素，研究了后发国家企业的技术创新投入策略问题。与以往研究不同的是，在研究溢出效应下生产异质产品的后发国家企业技术创新投入策略时，假设先发国家企业作为创新领导者率先进行创新投入，后发国家企业跟随进行创新投入，且考虑了先发国家企业与后发国家企业之间的产品差异性、技术溢出；研究研发投入补贴与技术溢出下的后发国家企业技术创新投入策略时，同时考虑了企业之间的产品差异性、技术溢出以及研发投入补贴等因素，比以往研究考虑得更全面。首先，假设先发国家企业作为领导者率先进行技术创新投入，后发国家企业跟随进行创新投入，分析技术溢出与产品差异性对企业技术创新投入的影响；其次，考虑政府激励因素以及技术溢出，分析了产品差异性、技术溢出、研发投入补贴对后发国家企业技术创新投入的影响。主要得出以下四个结论。

一是当后发国家企业的技术创新效率较低时，技术溢出的增加会抑制先发国家企业的技术创新投入；产品差异越大，同样也会抑制先发国家企业的技术创新投入；当后发国家企业的技术创新效率较高时，技术溢出的增加会促进先发国家企业进行技术创新投入；产品差异越小，也会促进先发国家企业进行技术创新投入。

二是当先发国家企业与后发国家企业的技术创新效率同时都较高或者同时较低时，后发国家企业的技术创新投入与技术溢出正相关；当先发国家企业技术创新效率较高且后发国家企业技术创新效率较低时，技术溢出的增加会降低后发国家企业的技术创新投入。

三是同时存在技术溢出和政府研发投入补贴时，两个生产差异化产品的后发国家企业的技术创新投入随着研发投入补贴的增加，企业会增大技术创新投入。如果两企业之间的产品差异不大，并且政府给予企业的研发投入补贴不多时，随着技术溢出的增加，后发国家企业的技术创新投入将减少；如果企业的产品差异较大，并且政府给予企业的研发投入补贴较多时，随着技术溢出的增加，后发国家企业技术创新投入将增大。

四是当后发国家企业之间的产品差异较小或者技术溢出不大时，或者当企业之间产品差异较大并且技术溢出较大时，存在最优研发投入补贴。

第6章

溢出效应下生产差异化产品的
后发国家企业技术采纳策略

后发国家企业的一种技术创新模式是从先发国家企业购买新技术实施引进—消化—吸收—再创新。后发国家企业从先发国家企业购买新技术时，同样也会存在技术溢出，并且在采纳新技术的过程中还会面临不确定性。因此，后发国家企业的技术采纳策略是需要研究的问题之一。本章针对后发国家企业购买新技术实施创新的过程，考虑技术溢出以及创新回报的不确定性，以后发国家企业采纳时间为分界点，分别得出在古诺竞争和伯川德竞争两种市场竞争下各个阶段的期望均衡利润，对技术创新回报不确定性、企业的最优采纳时间、期望社会福利最大时的企业最优社会采纳时间进行分析。

6.1 问题提出

引进—消化—吸收—再创新是后发国家企业重要的技术创新模式之一。改革开放以来，我国通过引进和吸收国外先进技术迅速提升了生产能力，提高了劳动生产效率，实现了经济的快速增长。然而，先发国家的技术也并非免费的，后发国家在引进新技术或者新设备时都需要向先发国家企业支付高额费用。后发国家企业在引进新技术后，要积极采纳新技术，缩小与先发国家企业的技术差距。因此,新技术采纳对于自主创新能力薄弱的后发国家企业尤其重要。

企业在采纳新技术时,采纳时间较早有可能承担较大的风险和回报不确定性,采纳较晚有可能错过最优的采纳时机而得不到较高的回报。例如,上海三菱电梯通过购买引进德国 SAP 公司的 ERP 新技术并成功消化吸收,使公司生产电梯效率得到很大的提高,产品成本下降,产量增加,大大缩短了生产时间,对其公司发展具有重要的推动作用(金慧良,2008)。而在当时国内企业采纳 ERP 的成功率不足 10%[①],大多数企业在采纳该新技术时往往由于方法不对或有些细节问题没有处理好,最终导致整个实施过程失败。这说明企业在采纳新技术时的创新回报具有不确定性,采纳时间掌握不好有可能承担较大风险。所以,企业如何把握好采纳新技术的时机,对企业技术创新决策非常重要。另外,采纳新技术企业与未采纳新技术企业之间可能会因为员工流动等原因而产生技术溢出。因此,考虑技术创新回报不确定性和技术溢出等因素,生产差异化产品企业的技术采纳问题值得研究。

考虑技术溢出和技术创新回报不确定性的企业技术采纳策略已有部分学者开展了研究,有些学者考虑到新技术回报的不确定性以及企业之间的双向溢出,构建新技术采纳两阶段博弈模型,分析了创新回报不确定性以及双向溢出对企业技术创新采纳策略选择的影响,重点对创新企业的均衡数量进行了分析。米卢(Milliou,2011)对生产差异化产品的两个企业在古诺竞争和伯川德竞争两种情形下的采纳新技术时间进行了分析比较,对最优社会福利时的采纳时间也进行了分析,但是文中并没有考虑到新技术不确定性的影响。目前,对企业采纳新技术的研究多数都没有涉及新技术采纳时间,只有米卢的研究涉及了新技术采纳时间问题,但是文中并没有考虑技术溢出以及新技术创新回报的不确定性带来的影响。

本章同时考虑技术溢出与创新回报不确定性,对生产差异化产品的后发国家企业的新技术采纳时间进行分析,主要关注以下两个问题。

---

① 代宏坤. 信息技术采纳时间的决策模型及应用研究 [D]. 成都:四川大学,2005.

（1）古诺竞争与伯川德竞争下，随着后发国家企业采纳时间不同，企业的期望均衡利润如何？从后发国家企业角度看，创新回报不确定性以及产品差异性对企业采纳新技术时间有何影响？

（2）从社会福利最大化角度分析创新回报不确定性以及产品差异性对后发国家企业采纳新技术时间的影响？

(6.2) 模型构建

后发国家市场上两个相互竞争、生产差异化产品的企业 i、j（i、$j = 1$、2）使用同一技术生产产品，企业 i、j 已采纳该原有技术进行生产转化为最终产品，由于企业 i、j 是相互竞争企业，现面临市场上一项外生的先发国家企业的新技术，采纳该新技术后后发国家企业的边际成本下降为 $c - \varepsilon$，其中 $c_0 = c$ 为企业初始边际成本，$\varepsilon(<c)$ 为创新回报，由于新技术的采纳伴随着不确定性，假设不确定性反映在边际成本的下降 ε 上，所有企业都对 ε 有一致的估计，期望为 μ，方差为 δ^2。后发国家企业 i 面临的需求函数以及它的反需求函数为：

$$q_i = \frac{(a - p_i) - \gamma(a - p_j)}{1 - \gamma^2}, \quad p_i = a - q_i - \gamma q_j, \quad i、j = 1、2, \quad i \neq j \quad (6.1)$$

其中，q_i、q_j 分别表示企业 i、j 的产量，p_i、p_j 分别表示企业 i、j 产品的价格，γ 表示产品差异率，$0 < \gamma < 1$，也就是说 γ 越大，两企业生产的产品越接近。后发国家从先发国家企业购买新技术需要支付一定的成本，也就是后发国家企业采纳新技术的成本，假设企业在时刻 t 支付的采纳新技术的贴现初始成本为 $k(t)$，也称为创新成本，那么在时刻 t 支付的采纳新技术的当前成本为 $k(t)\,e^{rt}$，其中，r 为贴现率。假设采纳新技术的当前成本随着时间递减，$(k(t)\,e^{rt})' > 0$，$(k(t)\,e^{rt})'' > 0$，进一步假设 $\lim\limits_{t \to 0} k(t) = -\lim\limits_{t \to 0} k'(t) = \infty$，$\lim\limits_{t \to \infty} k'(t)e^{rt} = 0$。由于企业采纳新技术后，采纳企业和未采纳企业之间的信息交流，采纳企业的信息会泄露到未采纳企业中去，在此假设采纳企业向未采纳企业的技术溢出率为 β，$0 < \beta < 1$，也就是说由于溢出效应，

当一个企业采纳新技术时，未采纳企业的边际成本会降为 $c - \beta\varepsilon$，为了简化分析，假设产品需求充分大，使得 $a - c > \max\left\{\varepsilon, \ \mu + \dfrac{\delta^2}{\mu}\right\}$。

企业之间进行两阶段的博弈（见图 6-1），在第一阶段为序贯博弈，企业 i、j 在 $t = 0$ 时刻选择他们各自的采纳时间 T_i，$i = 1$、2，以使得各自的总贴现利润最大；第二阶段，企业在市场上进行以利润最大化为目标的古诺竞争或伯川德竞争博弈。假设企业 1 在时间 T_1 采纳新技术，企业 2 观察到企业 1 的采纳时间后，决定在时间 T_2 采纳新技术，$T_1 < T_2$。

图 6-1 企业技术采纳博弈流程

6.3 市场竞争分析

6.3.1 古诺竞争情形

古诺竞争下企业在每个阶段的均衡产量和利润为：$q_i^c(c_i, \ c_j) = \dfrac{2(a - c_i) - \gamma(a - c_j)}{4 - \gamma^2}$，$u_i^c(c_i, \ c_j) = [q_i^c(c_i, \ c_j)]^2 = \left[\dfrac{2(a - c_i) - \gamma(a - c_j)}{4 - \gamma^2}\right]^2$。

（1）当 $t < T_1$ 时，$c_1 = c$，$c_2 = c$，此时，两企业均衡利润为 $u_0^c(c, \ c) = \left[\dfrac{(2 - \gamma)(a - c)}{4 - \gamma^2}\right]^2$。

（2）当 $T_1 \leqslant t < T_2$ 时，企业 1 采纳新技术，企业 2 没有采纳新技术，由于溢出效应可知 $c_1 = c - \varepsilon$，$c_2 = c - \beta\varepsilon$，此时，企业的均衡利润为：$u_l^c(c - \varepsilon, \ c - \beta\varepsilon) = \left[\dfrac{(2 - \gamma)(a - c) + (2 - \gamma\beta)\varepsilon}{4 - \gamma^2}\right]^2$，$u_f^c(c - \beta\varepsilon, \ c - \varepsilon) = \left[\dfrac{(2 - \gamma)(a - c) + (2\beta - \gamma)\varepsilon}{4 - \gamma^2}\right]^2$。式中，下标 l 表示企业 1 为领导企业，下

标 f 表示企业 2 为追随企业，下同。

（3）当 $t \geqslant T_2$ 时，两企业都采纳新技术 $c_1 = c_2 = c - \varepsilon$，此时，$u_b^c(c - \varepsilon, c - \varepsilon) = \left[\dfrac{(2-\gamma)(a-c) + (2-\gamma)\varepsilon}{4-\gamma^2}\right]^2$。

由上可知，古诺竞争下企业 1 和企业 2 在各个阶段的期望均衡利润分别为：

$$\pi_1^c = \begin{cases} \left[\dfrac{a-c}{2+\gamma}\right]^2, & t < T_1 \\[4mm] \dfrac{\left[(2-\gamma)(a-c) + (2-\gamma\beta)\mu\right]^2 + \left[(2-\gamma\beta)\delta\right]^2}{(4-\gamma^2)^2}, & T_1 \leqslant t < T_2 \\[4mm] \dfrac{\left[(2-\gamma)(a-c) + (2-\gamma)\mu\right]^2 + \left[(2-\gamma)\delta\right]^2}{(4-\gamma^2)^2}, & t \geqslant T_2 \end{cases}$$

$$\pi_2^c = \begin{cases} \left[\dfrac{a-c}{2+\gamma}\right]^2, & t < T_1; \\[4mm] \dfrac{\left[(2-\gamma)(a-c) + (2\beta-\gamma)\mu\right]^2 + \left[(2\beta-\gamma)\delta\right]^2}{(4-\gamma^2)^2}, & T_1 \leqslant t < T_2 \\[4mm] \dfrac{\left[(2-\gamma)(a-c) + (2-\gamma)\mu\right]^2 + \left[(2-\gamma)\delta\right]^2}{(4-\gamma^2)^2}, & t \geqslant T_2 \end{cases}$$

6.3.2 伯川德竞争情形

在伯川德竞争情形下，企业在每个阶段的均衡价格和利润为：$p_i^b(c_i, c_j) = \dfrac{(2+\gamma)(1-\gamma)a + 2c_i + \gamma c_j}{4-\gamma^2}$，$u_i^b(c_i, c_j) = \dfrac{\left[p_i^b(c_i, c_j) - c_i\right]^2}{1-\gamma^2}$。

（1）当 $t < T_1$ 时，$c_1 = c$，$c_2 = c$，此时，两企业均衡利润为 $u_0^b(c, c) = \dfrac{(1-\gamma)(a-c)^2}{(1+\gamma)(2-\gamma)^2}$。

（2）当 $T_1 \leqslant t < T_2$ 时，企业 1 采纳新技术，企业 2 未采纳，由于溢出效应知 $c_1 = c - \varepsilon$，$c_2 = c - \beta\varepsilon$，此时，两企业的均衡利润为：$u_l^b(c - \varepsilon, c - \beta\varepsilon) = \dfrac{1}{1-\gamma^2}\left[\dfrac{(2-\gamma-\gamma^2)(a-c) + (2-\gamma^2-\gamma\beta)\varepsilon}{4-\gamma^2}\right]^2$，$u_f^b(c - \beta\varepsilon, c - \varepsilon) =$

$$\frac{1}{1-\gamma^2}\left[\frac{(2-\gamma-\gamma^2)(a-c)+(2\beta-\gamma-\gamma^2\beta)\varepsilon}{4-\gamma^2}\right]^2 。$$

（3）当 $t \geq T_2$ 时，$c_1 = c_2 = c - \varepsilon$，此时 $u_b^b(c-\varepsilon, c-\varepsilon) = \frac{(1-\gamma)(a-c+\varepsilon)^2}{(1+\gamma)(2-\gamma)^2}$。

所以，由上可知，伯川德竞争下企业 1 和企业 2 在各个阶段的期望均衡利润分别为：

$$\pi_1^b = \begin{cases} \dfrac{(1-\gamma)(a-c)^2}{(1+\gamma)(2-\gamma)^2}, & t < T_1 \\[3mm] \dfrac{\left[(2-\gamma-\gamma^2)(a-c)+(2-\gamma^2-\gamma\beta)\mu\right]^2+\left[(2-\gamma^2-\gamma\beta)\delta\right]^2}{(1-\gamma^2)(4-\gamma^2)^2}, & T_1 \leq t < T_2 \\[3mm] \dfrac{(1-\gamma)\left[(a-c+\mu)^2+\delta^2\right]}{(1+\gamma)(2-\gamma)^2}, & t \geq T_2 \end{cases}$$

$$\pi_2^b = \begin{cases} \dfrac{(1-\gamma)(a-c)^2}{(1+\gamma)(2-\gamma)^2}, & t < T_1 \\[3mm] \dfrac{\left[(2-\gamma-\gamma^2)(a-c)+(2\beta-\gamma-\gamma^2\beta)\mu\right]^2+\left[(2\beta-\gamma-\gamma^2\beta)\delta\right]^2}{(1-\gamma^2)(4-\gamma^2)^2}, & T_1 \leq t < T_2 \\[3mm] \dfrac{(1-\gamma)\left[(a-c+\mu)^2+\delta^2\right]}{(1+\gamma)(2-\gamma)^2}, & t \geq T_2 \end{cases}$$

6.4 新技术采纳分析

6.4.1 企业最优采纳分析

企业 1 和企业 2 分别选择在时刻 T_1、T_2 采纳新技术，则企业 1 和企业 2 的贴现总利润为：

$$\max_{T_1} \prod_1^m(T_1, T_2) = \int_0^{T_1} \pi_0^m e^{-rt}\mathrm{d}t + \int_{T_1}^{T_2} \pi_l^m e^{-rt}\mathrm{d}t + \int_{T_2}^{+\infty} \pi_b^m e^{-rt}\mathrm{d}t - k(T_1)$$

$$(6.2)$$

$$\max_{T_2} \prod_2^m(T_1, T_2) = \int_0^{T_1} \pi_0^m e^{-rt}\mathrm{d}t + \int_{T_1}^{T_2} \pi_f^m e^{-rt}\mathrm{d}t + \int_{T_2}^{+\infty} \pi_b^m e^{-rt}\mathrm{d}t - k(T_2)$$

$$(6.3)$$

其中，用上标 m 表示古诺竞争和伯川德竞争两种情形，当上标 $m = c$ 时，为古诺竞争情形；当上标 $m = b$ 时为伯川德竞争情形。设企业 1 和企业 2 分别在时刻 T_1^m、T_2^m 采纳新技术时，企业 1、企业 2 的贴现总利润最大，对式（6.2）、式（6.3）两边求导得：

$$\pi_l^m - \pi_0^m = -k'(T_1^m)e^{rT_1^m}; \quad \pi_b^m - \pi_f^m = -k'(T_2^m)e^{rT_2^m} \tag{6.4}$$

进一步可以得出：

$$\pi_l^c - \pi_0^c = \frac{(2-\gamma\beta)\mu[2(2-\gamma)(a-c)+(2-\gamma\beta)\mu]+[(2-\gamma\beta)\delta]^2}{(4-\gamma^2)^2} \tag{6.5}$$

$$\pi_b^c - \pi_f^c = \frac{4(1-\beta)\{[(2-\gamma)(a-c)+(1-\gamma+\beta)\mu]\mu+(1-\gamma+\beta)\delta^2\}}{(4-\gamma^2)^2} \tag{6.6}$$

$$\pi_l^b - \pi_0^b = \frac{(2-\gamma^2-\gamma\beta)\mu[2(2-\gamma-\gamma^2)(a-c)+(2-\gamma^2-\gamma\beta)\mu]+[(2-\gamma^2-\gamma\beta)\delta]^2}{(1-\gamma^2)(4-\gamma^2)^2} \tag{6.7}$$

$$\pi_b^b - \pi_f^b = \frac{(2-\gamma^2)(1-\beta)}{(1-\gamma^2)(4-\gamma^2)^2}\{[2(2-\gamma-\gamma^2)(a-c)+(2-2\gamma-\gamma^2+$$
$$2\beta-\gamma^2\beta)\mu]\mu+(2-2\gamma-\gamma^2+2\beta-\gamma^2\beta)\delta^2\} \tag{6.8}$$

由式（6.4）可以得出，企业 1 和企业 2 在采纳新技术前后的利润增加值 $\pi_l^c - \pi_0^c$、$\pi_l^b - \pi_0^b$、$\pi_b^c - \pi_f^c$ 以及 $\pi_b^b - \pi_f^b$ 均大于 0，事实上如果采纳新技术后利润变化值小于零，企业将不会采纳新技术，而利润的增加激励企业去选择最优时间采纳新技术。由于 μ 和 δ^2 刻画了新技术的不确定性，是企业制定技术采纳策略的重要影响因素，下面分析技术创新回报和技术回报不确定性对企业的影响程度。由式（6.5）至式（6.8）可以得到：

$$\frac{\partial(\pi_l^c - \pi_0^c)}{\partial\mu} = \frac{2(2-\gamma\beta)[(2-\gamma)(a-c)+(2-\gamma\beta)\mu]}{(4-\gamma^2)^2} > 0 \tag{6.9}$$

$$\frac{\partial(\pi_b^c - \pi_f^c)}{\partial\mu} = \frac{4(1-\beta)[(2-\gamma)(a-c)+2(1-\gamma+\beta)\mu]}{(4-\gamma^2)^2} > 0 \tag{6.10}$$

$$\frac{\partial(\pi_l^b - \pi_0^b)}{\partial\mu} = \frac{2(2-\gamma^2-\gamma\beta)\left[(2-\gamma-\gamma^2)(a-c)+(2-\gamma^2-\gamma\beta)\mu\right]}{(1-\gamma^2)(4-\gamma^2)^2} > 0$$

$$(6.11)$$

$$\frac{\partial(\pi_b^b - \pi_f^b)}{\partial\mu} = \frac{(2-\gamma^2)(1-\beta)}{(1-\gamma^2)(4-\gamma^2)^2}\left[2(2-\gamma-\gamma^2)(a-c)+\right.$$

$$\left. 2(2-2\gamma-\gamma^2+2\beta-\gamma^2\beta)\mu\right] \qquad (6.12)$$

对于式（6.12），可知当 $\sqrt{3}-1 < \gamma < 1$ 且 $\frac{2\gamma}{2-\gamma^2} - 1 < \beta < 1$ 时，

$\frac{\partial(\pi_b^b - \pi_f^b)}{\partial\mu} > 0$；$0 < \gamma < \sqrt{3}-1$ 时，$\frac{\partial(\pi_b^b - \pi_f^b)}{\partial\mu} > 0$。也就是说，企业1在古

诺竞争下和伯川德竞争下采纳新技术前后的期望利润增加值 $\pi_l^c - \pi_0^c$、$\pi_l^b -$

π_0^b 都随着企业的期望创新回报 μ 的增加而增大。企业2在古诺竞争下期望

利润的增加值随着期望创新回报 μ 的增加而增大；当 $\sqrt{3}-1 < \gamma < 1$ 且 $\frac{2\gamma}{2-\gamma^2} -$

$1 < \beta < 1$，或者 $0 < \gamma < \sqrt{3}-1$ 时，企业2在伯川德竞争下期望利润的增加值

随着创新回报 μ 的增加而增大。

命题6.1 在古诺竞争和伯川德竞争情形下，后发国家企业采纳新技

术时随着创新回报不确定性的增加，先采纳新技术企业的期望利润增加更

多，也就是技术创新回报不确定性的增加对先采纳新技术企业更有利。

证明：

由式（6.5）至式（6.8）可以得到：

$$\frac{\partial(\pi_l^c - \pi_0^c)}{\partial\delta^2} - \frac{\partial(\pi_b^c - \pi_f^c)}{\partial\delta^2} = \frac{1}{(4-\gamma^2)^2}\left[(4+\gamma^2)\beta^2 - 8\beta\gamma + 4\gamma\right]$$

令 $f(\beta) = (4+\gamma^2)\beta^2 - 8\beta\gamma + 4\gamma$，由于 $\Delta = 16\gamma(\gamma - \gamma^2 - 4) < 0$，所以，

$$f(\beta) > 0$$

$$\frac{\partial(\pi_l^c - \pi_0^c)}{\partial\delta^2} - \frac{\partial(\pi_b^c - \pi_f^c)}{\partial\delta^2} > 0$$

$$\frac{\partial(\pi_l^b - \pi_0^b)}{\partial\delta^2} - \frac{\partial(\pi_b^b - \pi_f^b)}{\partial\delta^2} = \frac{1}{(1-\gamma^2)(4-\gamma^2)^2}\{\left[(2-\gamma^2)^2+\gamma^2\right]\beta^2 - $$

$$4(2-\gamma^2)\beta\gamma + 2(2-\gamma^2)\gamma\}$$

令 $g(\beta) = \left[(2-\gamma^2)^2 + \gamma^2 \right]\beta^2 - 4(2-\gamma^2)\beta\gamma + 2(2-\gamma^2)\gamma$，由于 $\Delta = -8\gamma$ $(2-\gamma^2)(2-\gamma-\gamma^2)^2 < 0$，所以，

$$g(\beta) > 0,$$

$$\frac{\partial(\pi_l^b - \pi_0^b)}{\partial\delta^2} - \frac{\partial(\pi_b^b - \pi_f^b)}{\partial\delta^2} > 0$$

证毕。

命题6.1说明，不论是在古诺竞争情形还是伯川德竞争情形下，随着技术创新回报不确定性的增加，先采纳新技术企业的期望利润的增加值更大，新技术回报不确定性的增加对先采纳新技术企业更有利。虽然新技术的回报具有不确定性，但是，在企业采纳新技术后的期望利润对采纳企业是有利的，先采纳企业的期望利润往往增加的更多，激励企业尽早采纳新技术。

另外，由式（6.4）可知，$\dfrac{\partial(\pi_l^m - \pi_0^m)}{\partial T_1^m} < 0, \dfrac{\partial(\pi_b^m - \pi_f^m)}{\partial T_2^m} < 0$，也就是说，企业期望利润的增加值与企业的采纳时间呈反方向变化[1]，企业采纳新技术越早，该企业的期望利润增加越多；反之，跟随企业采纳新技术的时间较晚，期望利润增加相对较少。由此表明，先采纳新技术的领导企业具有技术上的优势。

命题6.2　在企业选择新技术采纳时间的序贯博弈中，企业1的最优采纳时间满足：当 $0 < \gamma < \gamma(\beta)$ 时，$T_1^c < T_1^b$，当 $\gamma(\beta) < \gamma < 1$ 时，$T_1^c > T_1^b$；企业2的最优采纳时间 $T_2^c < T_2^b$。

证明：

由式（6.4）至式（6.8）可知，

$$\pi_l^c - \pi_0^c - (\pi_l^b - \pi_0^b) = \frac{\gamma^3\{2(1-\gamma)(1+\beta)(a-c)\mu + [2\beta - (1+\beta^2)\gamma](\mu^2 + \delta^2)\}}{(1-\gamma^2)(4-\gamma^2)^2}$$

令 $g(\beta) = 2(1-\gamma)(1+\beta)(a-c)\mu + [2\beta - (1+\beta^2)\gamma](\mu^2 + \delta^2)$，则 $0 < \gamma < \gamma(\beta)$ 时，$\pi_l^c - \pi_0^c > \pi_l^b - \pi_0^b$，故 $T_1^c < T_1^b$；$\gamma(\beta) < \gamma < 1$ 时，$\pi_l^c - \pi_0^c < \pi_l^b - \pi_0^b$，

---

① 参考米尔柳和佩特拉基斯（Milliou & Petrakis，2011），由于 $-k'(t_i^m)e^{rt_i^m} < 0$，故随着 t_i^m 的增大而减小，企业期望利润的增加值与企业的采纳时间呈反方向变化。

故 $T_1^c > T_1^b$；其中，$\gamma(\beta) = \dfrac{2(1+\beta)(a-c)\mu + 2\beta(\mu^2+\delta^2)}{2(1+\beta)(a-c)\mu + (1+\beta^2)(\mu^2+\delta^2)} < 1$。

$$\pi_b^c - \pi_f^c - (\pi_b^b - \pi_f^b) = \frac{(1-\beta)\gamma^3\left[2(1-\gamma)(a-c)\mu + (2-\gamma-\beta\gamma)(\mu^2+\delta^2)\right]}{(1-\gamma^2)(4-\gamma^2)^2} > 0$$

因此，$\pi_b^c - \pi_f^c > \pi_b^b - \pi_f^b$，故 $T_2^c < T_2^b$。

证毕。

由命题 6.2 可知，对于先采纳新技术的企业 1 来说，企业间产品差异较大时，企业 1 在古诺竞争下的最优采纳时间要比伯川德竞争下的最优采纳时间要早；企业间产品差异较小时，企业 1 在古诺竞争下的最优采纳时间要晚于伯川德竞争下的最优采纳时间。对于采纳新技术较晚的跟随企业 2 来说，企业 2 在古诺竞争下的最优采纳时间始终早于伯川德竞争下的最优采纳时间。

命题 6.3　企业的最优采纳时间与新技术的期望创新回报有如下关系：

（1）T_1^c，T_2^c，T_1^b 均随着新技术的期望创新回报增加而减小；

（2）当 $\sqrt{3}-1 < \gamma < 1$ 且 $\dfrac{2\gamma}{2-\gamma^2}-1 < \beta < 1$，或者 $0 < \gamma < \sqrt{3}-1$ 时，T_2^b 也随着新技术的期望创新回报增加而减小。

证明：由式（6.9）至式（6.12）可知，企业期望利润增加值与新技术期望创新回报之间的关系，而企业的最优采纳时间与企业期望利润增加值又呈反方向变化，故可以得出上述结论。

命题 6.3 说明，随着新技术期望创新回报的增加，企业 1 采纳新技术的最佳时间和企业 2 在古诺竞争下的最佳采纳时间都将会提前，也就说当新技术的期望创新回报增加时，企业 1 将会考虑提前采纳新技术，以获得竞争优势。企业 2 在产品差异和溢出率满足一定条件时，企业 2 的最优采纳时间也将随着创新回报的增加而提前。

6.4.2　社会最优采纳分析

考虑企业采纳新技术之后带来的社会福利，下面分析在社会福利达到最优时的采纳问题。企业 1 和企业 2 分别选择在时刻 T_1、T_2 采纳新技术，则企业 1 和企业 2 采纳新技术之后的社会福利可表示为：

$$\max_{T_1, T_1} W^m(T_1, T_2) = \int_0^{T_1} V_0^m e^{-rt} \mathrm{d}t + \int_{T_1}^{T_2} V_l^m e^{-rt} \mathrm{d}t + \int_{T_2}^{+\infty} V_b^m e^{-rt} \mathrm{d}t - k(T_1) - k(T_2)$$

$$(6.13)$$

其中，$V_0^m = V^m(c, c)$，$V_1^m = V^m(c-\varepsilon, c-\beta\varepsilon)$，$V_b^m = V^m(c-\varepsilon, c-\varepsilon)$。

每个阶段的期望社会福利 $V^m(c_1, c_2)$ 为对应的期望消费者剩余与期望利润之和，即：

$$V^m(c_1, c_2) = \frac{1}{2} E\big[(q_1^m)^2 + 2\gamma q_1^m q_2^m + (q_2^m)^2\big] + \pi_1^m(c_1, c_2) + \pi_2^m(c_1, c_2)$$

经过计算可以得出：

$$V_0^c = V^c(c, c) = (3+\gamma)\left(\frac{a-c}{2+\gamma}\right)^2$$

$$V_l^c = \frac{(3+\gamma)(2-\gamma)^2\big[(a-c)^2 + (1+\beta)(a-c)\mu\big]}{(4-\gamma^2)^2} +$$

$$\frac{\big[(12-\gamma^2)(1+\beta^2) + 2\beta\gamma(\gamma^2-8)\big](\mu^2+\delta^2)}{2(4-\gamma^2)^2}$$

$$V_b^c = \frac{(3+\gamma)(2-\gamma)^2\big[(a-c)^2 + 2(a-c)\mu + \mu^2 + \delta^2\big]}{(4-\gamma^2)^2}$$

$$V_0^b = V^b(c, c) = \frac{(3-2\gamma)(a-c)^2}{(1+\gamma)(2-\gamma)^2}$$

$$V_l^b = \frac{(3-2\gamma)\big[(a-c)^2 + (1+\beta)(a-c)\mu\big]}{(2-\gamma)^2(1+\gamma)} +$$

$$\frac{\{(3-2\gamma^2)\big[(2-\gamma\beta-\gamma^2)^2 + (2\beta-\gamma^2\beta-\gamma)^2\big] + 2\gamma(2-\gamma\beta-\gamma^2)(2\beta-\gamma^2\beta-\gamma)\}(\mu^2+\delta^2)}{2(4-\gamma^2)^2(1-\gamma^2)^2}$$

$$V_b^b = \frac{(3-2\gamma)\big[(a-c)^2 + 2(a-c)\mu + \mu^2 + \delta^2\big]}{(2-\gamma)^2(1+\gamma)}$$

对式（6.13）两边求导，可得：

$$V_l^m - V_0^m = -k'(T_1^{sm}) e^{rT_1^{sm}}, \quad V_b^m - V_l^m = -k'(T_2^{sm}) e^{rT_2^{sm}} \qquad (6.14)$$

$$V_l^c - V_0^c = \frac{(3+\gamma)(1+\beta)(a-c)\mu}{(2+\gamma)^2} + \frac{\big[(12-\gamma^2)(1+\beta^2) + 2\beta\gamma(\gamma^2-8)\big](\mu^2+\delta^2)}{2(4-\gamma^2)^2}$$

$$V_b^c - V_l^c = \frac{(3+\gamma)(1-\beta)(a-c)\mu}{(2+\gamma)^2} + \frac{\big[2(3+\gamma)(2-\gamma)^2 - (12-\gamma^2)(1+\beta^2) + 2\beta\gamma(8-\gamma^2)\big](\mu^2+\delta^2)}{2(4-\gamma^2)^2}$$

$$V_l^b - V_0^b = \frac{(3-2\gamma)(1+\beta)(a-c)\mu}{(2-\gamma)^2(1+\gamma)} +$$

$$\frac{\{(3-2\gamma^2)[(2-\gamma\beta-\gamma^2)^2+(2\beta-\gamma^2\beta-\gamma)^2]+2\gamma(2-\gamma\beta-\gamma^2)(2\beta-\gamma^2\beta-\gamma)\}(\mu^2+\delta^2)}{2(4-\gamma^2)^2(1-\gamma^2)^2}$$

$$V_b^b - V_l^b = \frac{(3-2\gamma)(1-\beta)(a-c)\mu}{(2-\gamma)^2(1+\gamma)} + \frac{(3-2\gamma)(\mu^2+\delta^2)}{(2-\gamma)^2(1+\gamma)} -$$

$$\frac{\{(3-2\gamma^2)[(2-\gamma\beta-\gamma^2)^2+(2\beta-\gamma^2\beta-\gamma)^2]+2\gamma(2-\gamma\beta-\gamma^2)(2\beta-\gamma^2\beta-\gamma)\}(\mu^2+\delta^2)}{2(4-\gamma^2)^2(1-\gamma^2)^2}$$

由式（6.14）可以知道，$-k'(T_i^{sm})e^{rT_i^{sm}}$ 随着 T_i^{sm} 的增大而减小。所以，在分析企业采纳新技术的最优时间时，可先分析 $V_l^m - V_0^m$ 与 $V_b^m - V_l^m$ 之间的关系。

命题 6.4　随着创新回报不确定性程度的增加，企业 1 的最优社会采纳时间 T_1^{sc} 和 T_1^{sb} 都将减小，企业 2 在伯川德竞争情形下的最优社会采纳时间 T_2^{sb} 将增大；在产品差异率满足 $0<\gamma<0.77$ 时，或者 $\gamma>0.77$ 且溢出满足 $\beta^*(\gamma)<\beta<1$ 时，企业 2 在古诺竞争情形下的最优社会采纳时间 T_2^{sc} 将减小；产品差异率满足 $\gamma>0.77$ 且溢出满足 $0<\beta<\beta^*(\gamma)$ 时，企业 2 在古诺竞争情形下的最优社会采纳时间 T_2^{sc} 将增大。

证明：

$$\frac{\partial(V_l^c-V_0^c)}{\partial\delta^2}=\frac{(12-\gamma^2)(1+\beta^2)-2\beta\gamma(8-\gamma^2)}{2(4-\gamma^2)^2}>0$$

$$\frac{\partial(V_b^c-V_l^c)}{\partial\delta^2}=\frac{2(3+\gamma)(2-\gamma)^2-(12-\gamma^2)(1+\beta^2)+2\beta\gamma(8-\gamma^2)}{2(4-\gamma^2)^2}$$

令 $l(\beta)=2(3+\gamma)(2-\gamma)^2-(12-\gamma^2)(1+\beta^2)+2\beta\gamma(8-\gamma^2)$，$\tilde{\beta}=\frac{\gamma(8-\gamma^2)}{12-\gamma^2}$ 时，$l(\beta)$ 最大，又 $l(1)=0$，$l(0)=12-16\gamma-\gamma^2+2\gamma^3$，对于 $l(0)$，$\gamma\approx0.77$ 时，$l(0)\approx0$，故 $0<\gamma<0.77$ 时，$\frac{\partial(V_b^c-V_l^c)}{\partial\delta^2}>0$；$\gamma>0.77$ 时，设 $l(\beta)=2(3+\gamma)(2-\gamma)^2-(12-\gamma^2)(1+\beta^2)+2\beta\gamma(8-\gamma^2)$ 在区间 $(0,\tilde{\beta})$ 上的解为 $\beta^*(\gamma)$，则 $0<\beta<\beta^*(\gamma)$ 时，$l(\beta)<0$；$\beta^*(\gamma)<\beta<1$ 时，$l(\beta)>0$。所以，$\gamma>0.77$ 且 $0<\beta<\beta^*(\gamma)$，$\frac{\partial(V_b^c-V_l^c)}{\partial\delta^2}<0$；$\gamma>0.77$

且 $\beta^*(\gamma) < \beta < 1$ 时，$\dfrac{\partial(V_b^c - V_l^c)}{\partial \delta^2} > 0$。

$$\frac{\partial(V_l^b - V_0^b)}{\partial \delta^2} = \frac{(3-2\gamma^2)\left[(2-\gamma\beta-\gamma^2)^2 + (2\beta-\gamma^2\beta-\gamma)^2\right] + 2\gamma(2-\gamma\beta-\gamma^2)(2\beta-\gamma^2\beta-\gamma)}{2(4-\gamma^2)^2(1-\gamma^2)^2}$$

当 $(2\beta-\gamma^2\beta-\gamma) > 0$ 时，$(3-2\gamma^2)\left[(2-\gamma\beta-\gamma^2)^2 + (2\beta-\gamma^2\beta-\gamma)^2\right] +$

$2\gamma(2-\gamma\beta-\gamma^2)(2\beta-\gamma^2\beta-\gamma) \geq 2(3-2\gamma^2+\gamma)(2-\gamma\beta-\gamma^2)(2\beta-\gamma^2\beta-\gamma) > 0$

当 $2\beta-\gamma^2\beta-\gamma < 0$ 时，$(3-2\gamma^2)\left[(2-\gamma\beta-\gamma^2)^2 + (2\beta-\gamma^2\beta-\gamma)^2\right] + 2\gamma$

$(2-\gamma\beta-\gamma^2)(2\beta-\gamma^2\beta-\gamma) \geq -2(3-2\gamma^2-\gamma)(2-\gamma\beta-\gamma^2)(2\beta-\gamma^2\beta-\gamma) > 0$

所以，$\dfrac{\partial(V_l^b - V_0^b)}{\partial \delta^2} > 0$，同理 $\dfrac{\partial(V_b^b - V_l^b)}{\partial \delta^2} < 0$。

证毕。

命题 6.4 说明，不管在古诺竞争下还是伯川德竞争下，企业新技术创新回报的不确定性越大，企业 1 的最优社会采纳时间将越提前；对于企业 2，在与企业 1 进行产量竞争情形下，如果产品差异较大，或者产品差异比较小但是技术溢出比较大时，企业 2 的最优社会采纳时间也会随着创新回报不确定性程度的增大而提前，如果产品差异较小并且技术溢出较小时，企业 2 的最优社会采纳时间将推迟。企业 2 在伯川德竞争情形下的最优社会采纳时间将随着创新回报不确定性程度的加大而增大。

直观上，由于企业 1 为领导企业，企业 2 为追随企业，在古诺竞争情形下，如果技术溢出较大时，企业 2 从企业 1 获得较多的溢出效益，所以，企业 2 会跟随企业 1 提前最优社会采纳时间；在技术溢出较小时，虽然产品差异比较小，但是企业 2 为跟随者，竞争时的溢出较小，而创新回报的不确定性程度增大，企业 2 为了期望的最大社会福利，要推迟最优社会采纳时间。

命题 6.5 企业在创新回报不确定性下的序贯博弈中，期望社会福利最大化时企业的社会最优采纳时间满足：

当 $\delta^2 > \delta_1^{sc}(\mu)$ 时，$T_1^{sc} < T_2^{sc}$；$\delta^2 < \delta_1^{sc}(\mu)$ 时，$T_1^{sc} > T_2^{sc}$；

当 $\delta^2 > \delta_1^{sb}(\mu)$ 时，$T_1^{sb} < T_2^{sb}$；$\delta^2 < \delta_1^{sb}(\mu)$ 时，$T_1^{sb} > T_2^{sb}$。

证明：

由 $V_l^c - V_0^c$，$V_b^c - V_l^c$ 的值可以得到：

$$V_l^c - V_0^c - (V_b^c - V_l^c) = \frac{[(12-\gamma^2)(1+\beta^2)-2\beta\gamma(8-\gamma^2)-(2-\gamma)^2(3+\gamma)]}{(4-\gamma^2)^2}$$

其中，

$(12-\gamma^2)(1+\beta^2)-2\beta\gamma(8-\gamma^2)-(2-\gamma)^2(3+\gamma) \geqslant (12-\gamma^2)(1+\beta^2) - (\beta^2+\gamma^2)(8-\gamma^2)-(2-\gamma)^2(3+\gamma) = \gamma(1-\gamma)(8-\gamma^2)+4\beta^2 > 0$

记 $\varphi(\delta^2) = [(12-\gamma^2)(1+\beta^2)-2\beta\gamma(8-\gamma^2)-(2-\gamma)^2(3+\gamma)](\mu^2+\delta^2)+2(2-\gamma)^2(3+\gamma)\beta(a-c)\mu$，所以，当 $\delta^2 > \delta_1^{sc}(\mu)$ 时，$V_l^c - V_0^c > (V_b^c - V_l^c)$，故 $T_1^{sc} < T_2^{sc}$；$\delta^2 < \delta_1^{sc}(\mu)$ 时，$V_l^c - V_0^c < (V_b^c - V_l^c)$，故 $T_1^{sc} > T_2^{sc}$。

$$V_l^b - V_0^b - (V_b^b - V_l^b) = \frac{2\beta(3-2\gamma)(a-c)\mu-(3-2\gamma)(\mu^2+\delta^2)}{(2-\gamma)^2(1+\gamma)} +$$

$$\frac{\{(3-2\gamma^2)[(2-\gamma\beta-\gamma^2)^2+(2\beta-\gamma^2\beta-\gamma)^2]+2\gamma(2-\gamma\beta-\gamma^2)(2\beta-\gamma^2\beta-\gamma)\}(\mu^2+\delta^2)}{(4-\gamma^2)^2(1-\gamma^2)^2}$$

所以，$\delta^2 > \delta_1^{sb}(\mu)$ 时，$V_l^b - V_0^b > V_b^b - V_l^b$，故 $T_1^{sb} < T_2^{sb}$；$\delta^2 < \delta_1^{sb}(\mu)$ 时，$V_l^b - V_0^b < V_b^b - V_l^b$，故 $T_1^{sb} > T_2^{sb}$。

其中，

$$\delta_1^{sc}(\mu) = -\frac{2(2-\gamma)^2(3+\gamma)\beta(a-c)\mu}{(12-\gamma^2)(1+\beta^2)-2\beta\gamma(8-\gamma^2)-(2-\gamma)^2(3+\gamma)} - \mu^2$$

$$\delta_1^{sb}(\mu) = -\frac{2(3-2\gamma)(1+\gamma)(2-\gamma-\gamma^2)^2\beta(a-c)\mu}{\{(3-2\gamma^2)[(2-\gamma\beta-\gamma^2)^2+(2\beta-\gamma^2\beta-\gamma)^2]+2\gamma(2-\gamma\beta-\gamma^2)\times(2\beta-\gamma^2\beta-\gamma)-(3-2\gamma)(1+\gamma)(2-\gamma-\gamma^2)^2\}} - \mu^2$$

在古诺竞争情形下，如果企业的期望创新回报始终为正值，那么，企业 1 的最优社会采纳时间要早于企业 2 的最优社会采纳时间；如果企业的创新回报不确定性程度较小，企业 1 的最优社会采纳时间要晚于企业 2 的最优社会采纳时间。伯川德竞争情形和古诺竞争情形类似。也就是说，在期望社会福利最大的条件下，创新回报的不确定性程度和期望回报对于企业的社会最优采纳时间都有一定的影响。

6.5　算例分析和政策启示

1. 算例分析

考虑后发国家市场上两个相互竞争、生产有差异化产品的本国企业 1 和企业 2，假设 $a-c=100$，$\mu=2$，$\delta^2=5$，当 β 分别赋值 0.2、0.4、0.6 时，通过数值模拟，可以得出企业 1 和企业 2 采纳新技术前后期望利润增加值的变化量随产品差异率变化的趋势图（见图 6-2、图 6-3）。由图 6-2 可以看出，当产品差异率 γ 较小也就是产品差异较大时，$\pi_l^c - \pi_0^c > \pi_l^b - \pi_0^b$，又由企业期望利润的增加值与企业的采纳时间呈反方向变化可知，$T_1^c < T_1^b$，说明企业 1 在古诺竞争情形下的最优采纳时间要比伯川德竞争情形下的最优采纳时间要早。企业间产品差异较小时，$\pi_l^c - \pi_0^c < \pi_l^b - \pi_0^b$，又由企业期望利润的增加值与企业的采纳时间呈反方向变化可知，$T_1^c > T_1^b$，说明企业 1 在古诺竞争情形下的最优采纳时间要晚于伯川德竞争情形下的最优采纳时间。

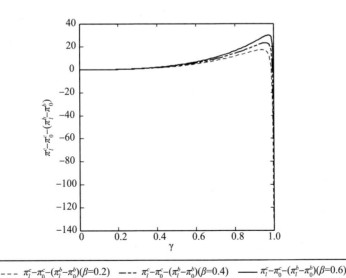

图 6-2　企业 1 期望利润增加值的变化量趋势

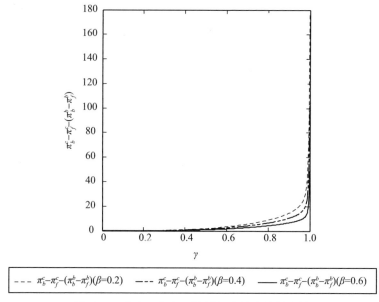

图 6 - 3　企业 1 期望利润增加值的变化量趋势

由图 6 - 3 可直观看出，$\pi_b^c - \pi_f^c > \pi_b^b - \pi_f^b$，由企业期望利润的增加值
与企业的采纳时间呈反方向变化可知，$T_2^c < T_2^b$，说明企业 2 在古诺竞争下
的最优采纳时间始终比伯川德竞争下的最优采纳时间要早。当技术溢出 β
赋值 0.2 时，企业的期望利润增加值与创新回报、产品差异之间的关系如
图 6 - 4、图 6 - 5 所示，通过图 6 - 4 和图 6 - 5 可以看出，当产品差异和技
术溢出满足命题 6.3 的条件时，随着新技术期望创新回报的增大，企业的
期望利润增加值也将增大，由企业期望利润的增加值与企业的采纳时间呈
反方向变化可知，企业 1 采纳新技术的最佳时间和企业 2 在古诺竞争下的
最佳采纳时间都将会提前。

2. 政策启示

从本章的理论研究和算例分析结果，可得出对企业和政府的政策启示
为：当技术创新回报不确定性较大时，企业为了利润最大化，应该尽早采
纳新技术，技术创新回报不确定性的增加更利于先采纳企业。企业之间市

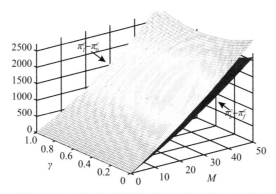

图 6 - 4　古诺竞争下企业期望利润增加值与创新回报、产品差异之间关系

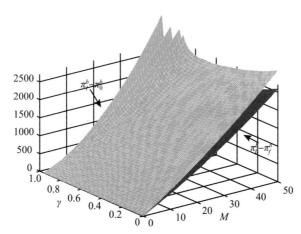

图 6 - 5　伯川德竞争下企业期望利润增加值与创新回报、产品差异之间关系

场竞争中采取产量竞争方式时，如企业之间产品差异越大，先采纳新技术
企业的采纳时间越应该提前，要早于在价格竞争下的最优采纳时间；企业
之间产品差异较小时，先采纳新技术企业的采纳时间应稍微推迟，要晚于
在价格竞争下的采纳时间。对于跟随企业来说，在产量竞争下应该尽量早
采纳新技术，要比价格竞争下采纳新技术的时间要早。企业之间在市场竞
争中采取价格竞争方式时的采纳时间与采取产量竞争方式下的采纳时间
相反。

　　在社会福利最大化下，技术创新回报不确定性越大，先采纳新技术企
业采纳时间应越早。对于跟随企业来说，企业间进行产量竞争时，如果企

业间产品差异较大，或者产品差异比较小且技术溢出比较大时，也要尽早采纳新技术；如果产品差异较小并且技术溢出较小时，要推迟采纳新技术。如果市场竞争为价格竞争，跟随企业要晚些采纳新技术。

6.6 本章小结

本章研究了后发国家企业从先发国家企业购买新技术面临的技术采纳策略问题。已有的对企业采纳新技术的研究，除米卢的研究外，多数都没有涉及新技术采纳时间，但米卢的研究又没有考虑技术溢出以及技术创新回报的不确定性。与以往研究不同的是，本章同时考虑企业在采纳新技术过程中的技术溢出、创新回报不确定性、技术采纳时间以及贴现率等因素，研究后发国家企业的最优采纳时间。主要结论有以下两个。

（1）随着创新回报不确定性的增加，先采纳新技术企业的期望利润增加更多，也就是技术创新回报不确定性的增加对先采纳企业更有利。即随着创新回报不确定性的增加，率先采纳新技术的企业越应及早采纳新技术。

（2）企业间产品差异较大时，领先企业在古诺竞争下的最优采纳时间要比伯川德竞争下的最优采纳时间要早；企业间产品差异较小时，领先企业在古诺竞争下的最优采纳时间要晚于伯川德竞争下的最优采纳时间。跟随企业在古诺竞争下的最优采纳时间始终早于伯川德竞争下的最优采纳时间。

第 7 章

我国相关企业技术创新案例分析

前面几章研究了不同情形下后发国家企业的技术创新投入和技术采纳策略。本章通过几个案例对前面的理论分析结果进行说明。首先，介绍了作为后发国家企业的华为技术有限公司，说明了技术溢出对后发国家企业技术创新投入的影响；其次，介绍了齐鲁制药的自主创新，说明了政府研发投入补贴对后发国家企业技术创新的影响；再次，介绍了国家给予研发产出补贴鼓励创新的企业——比亚迪新能源汽车，说明了先发国家企业竞争下，政府研发产出补贴政策对后发国家企业技术创新的重要激励作用；最后，介绍后发国家企业技术采纳案例——上海三菱的信息技术采纳，说明了后发国家企业的新技术采纳时间的重要性。并一一对应进行了分析。

7.1 技术溢出对后发国家企业技术创新投入的影响：以华为公司为例[*]

7.1.1 华为创新的情况

近年来，通信制造业尤其是手机行业的技术更新速度越来越快，从以

---

[*] 公司情况介绍主要来源于官网及作者根据网络资料整理。

前的普通按键手机到后来的触屏智能手机，再到现在以苹果、三星为代表的高端智能手机。随着每一类新型手机的推出，市场上山寨版产品迅速跟进，说明技术相似产品推出速度极快。由于企业之间研发人员的流动或者专利的保护力度不够等原因，企业可以获得其他企业的技术研发信息，这样通信行业中企业的研发信息和技术信息很容易溢出到其他企业，其他企业可以免费获得研发信息，使得通信设备制造业存在一定的技术溢出。已有研究通过计算通信传输设备制造、通信设备交换制造和通信终端设备制造三个细分子行业在研发投入、企业申请有效专利数、研发人员和新产品的销售收入上的比例，测得通信设备制造业的平均溢出水平为 0.9，说明通信设备制造业的溢出水平比较高（孙其龙，2012）。例如，由于通信设备行业的高溢出性，格力电器董事长兼总裁董明珠在《中国企业家》杂志社主办的"2014（第十三届）中国企业领袖年会"上演讲时，指出小米侵犯别人专利的"小偷"行为，将小米公司推上了风口浪尖（杨延超，2014）。

华为技术有限公司 1987 年创立于深圳，是一家生产销售通信设备的民营通信科技公司。华为一直是中国企业的代表之一，据 IDC、Gartner 等统计数据显示，华为 2015 年全球范围内的智能手机发货量达到 1.38 亿台，成为首家发货量破亿的国产手机厂商。据 IHS iSuppli 给出的最新数据显示，2016 年第一季度，华为智能手机在国内市场上的实际销量为 1657.7 万台，高居第 1 名。[①]

由于通信设备企业之间技术溢出效应容易在企业间形成知识产权纠纷。2016 年 7 月，三星在北京知识产权法院起诉华为技术有限公司侵犯其专利，共计索赔 1.61 亿元。三星电子在起诉书中表示，华为技术有限公司生产的华为 Mate8、荣耀等手机和平板电脑上分别使用了其 6 项专利权，包括"用于在移动通信系统中发送和接收随机化小区间干扰的控制信息的方法和装置""记录活动图像数据的方法和数码照相机"等，并且申请禁止华为使用上述 6 项专利。值得注意的是，就在两个月前，即 2016 年 5

---

① 王晓映 . 华为一季度国内出货量登顶［N］. 通信信息报，2016 - 04 - 27.

月，华为在美国、深圳同时对三星提起专利侵权诉讼，7 月初又在福建泉州中级人民法院起诉三星，同样索赔 8050 万元。而在 2016 年 5 月，华为公开宣布在美国和中国对三星电子发起专利侵权诉讼。华为在美的起诉中，声称三星侵权了其 11 项美国授权专利，这些专利大部分与 LTE（4G）技术相关，也有涉及 2G/3G 技术的。而华为在国内诉讼的涉案专利除 LTE 标准专利之外，还包含手机功能相关专利。①

事实上，三星和华为均为专利申请"巨头"。此前华为方面透露，2015 年，华为的研发费用为 596 亿元，全球授权专利达到 50300 件。三星的技术储备同样不可小觑，2015 年，三星电子的研发费用高达 795 亿元，美国专利商标局 USPTO 公布三星公司共获得 5072 项美国专利，仅次于 IBM。②

2015 年年报显示，华为 2015 年全球销售收入 3950 亿元（608 亿美元），同比增长 37%；净利润 369 亿元（57 亿美元），同比增长 33%；经营活动现金流达到了 493 亿元。华为将之归功于手机品牌影响力的提升，根据此前的报道，华为智能手机在 2015 年出货量达到了 1.38 亿台，已经成为全球第三大手机品牌，仅次于三星和苹果。

华为是中国规模最大、技术最领先、上下游整合最完全及海外出货阻力最小的厂商，稳坐国产手机市场的头把交椅，这背后付出的了巨大的努力。华为的核心竞争力是对技术孜孜不倦的追求，技术创新是华为不断增强自身竞争力的关键。华为不仅自主量化生产手机芯片，而且还积极在竞争对手研发的前沿技术的基础上进行再创新。经过十几年的积累，华为形成了以核心技术和标准专利为核心的竞争资源。

特别是在研发实力上，华为远超国内其他同行企业。根据欧盟委员会下属调研机构 IRI 最近对全球研发投入最多的 2500 家企业的排名，中国大陆共有 301 家企业上榜，其中，华为研发投入排在全球 15 位。数据显示，华为 2015 年研发投入 596 亿人民币，占销售收入 15%，比 2014 年的 408

---

　　①②　杨清清．三星华为诉讼拉锯战：三星索赔 1.6 亿元［N］.21 世纪经济报道，2016 - 07 - 26（17）.

亿元增加了 188 亿元, 同比增长 46.1%。根据统计, 华为从 2006 年研发
投入 68 亿元以来, 此后每年保持阶梯式增长, 其研发投入累计超过 2400
亿元 (见图 7 – 1)。而在专利上, 华为的数量也是猛增, 截至 2016 年 4
月, 累计申请中国专利 52550 件, 累计申请外国专利 30613 件, 90% 以上
专利为发明专利。①

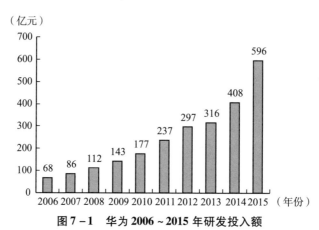

图 7 – 1　华为 2006～2015 年研发投入额

资料来源: 周超臣. 2015 年研发开支高达 596 亿元, 华为 2015 年财报三大看点 [EB/OL]. 虎
嗅网, 2016 – 04 – 01.

7.1.2　案例分析

通过华为的案例, 可以看到以见两个方面的结论。

(1) 华为手机之所以能够在中端甚至是高端市场取得突破, 技术上的
自主创新是最关键因素。在通信设备制造业, 随着技术的突飞猛进, 新技
术新产品不断更新换代, 速度极快, 市场竞争非常激烈, 若不维持或增加
相应的研发投入, 就有可能失去市场上的竞争力, 最终被市场淘汰。一个
企业只有持续不断进行技术创新, 才能在激烈的市场竞争中赢得竞争优
势。通过持续进行技术创新, 企业可以生产出与竞争对手不同的产品满足

---

① 周超臣. 2015 年研发开支高达 596 亿元, 华为 2015 年财报三大看点 [EB/OL]. 虎嗅网,
2016 – 04 – 01.

不同消费者的新需求。在技术溢出非常高的通信设备制造行业，由于企业研发人员之间的流动性、专利保护的力度较低等原因，其他企业有可能会从研发企业免费获得的研发信息，对同类产品进行模仿创新。例如，市场上"山寨"手机的不断涌现就是通信设备制造行业高溢出率的一个体现。华为始终把自主创新放在第一位，与其他同行业企业相比，华为拥有较高的技术创新能力，再加上手机产品之间的差异性不大，企业之间较高的技术溢出，促使华为不断加大研发投入。只有不断加大研发投入，研发出自己的技术，积极申请专利，争夺自己的市场份额，才能实现自己的发展战略。

（2）在通信设备制造行业，三星、苹果等国外企业都在与华为进行竞争，而且苹果、三星企业的技术创新能力很强，研发投入也很多。由于技术溢出的存在，三星、华为经常为专利产生纠纷，例如，三星电子在起诉书中表示，华为技术有限公司生产的华为 Mate 8、荣耀等手机和平板电脑分别使用了其 6 项专利权。而 2016 年 5 月，华为公开宣布在美国和中国对三星电子发起专利侵权诉讼。三星、苹果作为外资企业，华为作为后发国家企业，三星和华为的技术创新效率都较高，如果先发国家企业和后发国家企业的技术创新效率都较大，由于通信业技术溢出较高，其他企业很容易进行产品技术创新，竞争力的增加促使华为必须增大技术创新投入。同时，作为后发国家企业的华为技术创新效率较高，产品差异越小，越容易形成双寡头垄断竞争或者多寡头垄断竞争，随着技术溢出增加，"搭便车"现象更加严重，也将激励作为先发国家企业的三星、苹果进行技术创新，增加研发投入，进一步提高企业技术创新能力，以保持其领先优势。此案例解释了技术溢出对生产差异化产品的后发国家企业技术创新投入的影响：当后发国家企业的技术创新效率较高时，技术溢出的增加会促进先发国家企业加大技术创新投入；产品差异越小，也会促进先发国家企业加大技术创新投入。当先发国家企业与后发国家企业的技术创新效率同时都较高或者同时较低时，后发国家企业的技术创新投入与技术溢出正相关。

7.2 政府研发投入补贴对后发国家企业技术创新的影响：以齐鲁制药公司创新为例*

7.2.1 齐鲁制药创新的情况

目前，全球生物医药产业呈现集聚发展态势，美国、欧洲、日本等发达国家和地区占据主导地位，持有94%以上的专利，尤其是美国占有世界近六成生物制药专利，包括我国在内的后发国家加起来的专利占有率则还不足6%，这也体现出欧美等发达国家在生物制药领域具有绝对的技术垄断地位。

与先发国家相比，我国生物制药产业还处于比较落后的状态，起步较晚。目前，制约我国生物制药产业发展的主要因素有资金短缺、研发力量薄弱、缺乏产业化机制、科研成果转化率低等。近年来，我国各级政府对生物制药产业的发展予以大力扶持，通过政府引导，生物制药产业已经呈现集聚发展态势，使这一领域逐步缩短了与先发国家的差距，以基因工程药物为核心的研制、开发和产业化已经颇具规模。

齐鲁制药有限公司位于山东省济南市，前身为齐鲁制药厂，拥有50年的发展历史。目前主要从事治疗肿瘤、心脑血管、感染、神经系统、呼吸系统、消化系统、眼科疾病的制剂及其原料药的研制、生产与销售，一直以来在临床用药市场上享有盛名。济南市为引导企业持续加大研发投入，促使企业成为技术创新和研发投入的主体，出台了《济南市企业研发费用投入财政补助实施细则》。在此次发放研发补助中，齐鲁制药获得济南市最高的研发投入补贴300万元。

齐鲁制药2015年实现销售收入128.3亿元，缴税12.7亿元。在很多国内药企科研投入不足3%的情况下，齐鲁制药2013年、2014年、2015

---

* 公司情况介绍主要来源于官网及作者根据网络资料整理。

年、2016 年研发经费投入分别为 5.504 亿元、6.5547 亿元、7.0351 亿元、7.5 亿元，每年都有增长，并且每年的科技投入均占销售收入的 5%～8%，位于行业前列。较高的科技投入、高素质的研究队伍、持续的新产品研发，使齐鲁制药的技术创新步入了良性循环。通过新产品研发，齐鲁制药的创新成果产生了"裂变"效应，建立了具有市场竞争力的产品线，在公司上市的 160 余种产品中，10 余个产品的市场占有率稳居国内第一。① 连续 8 年位列中国医院用药金额内资企业第 1 名、产品出口 70 多个国家和地区。

2016 年以来，齐鲁制药在进军国际市场方面的好消息接连不断，先后有无菌制剂、口服固体制剂等多个产品顺利通过美国以及包括英国、丹麦、冰岛、挪威、西班牙、瑞典在内的欧盟 6 国的仿制药申请审评，获批在当地上市销售。这表明，齐鲁制药在研发、生产、质量管控、注册等各方面均获得国际高端市场的高度认可。

7.2.2　案例分析

通过齐鲁制药创新的成功案例可以看出：与先发国家相比，我国生物制药产业还处于比较落后的状态。国家政策的大力扶持，给予生物制药企业研发投入补贴，能促进企业增大技术创新投入。生物医药产业已成为国内发展最快的行业之一，齐鲁制药作为从事药品研制、生产与销售的企业，每年研发投入都在增长，并且每年的研发投入占销售收入的比例均位于行业前列，十几个产品市场占有率稳居全国第一位。政府政策对其大力支持，给予其最高研发投入补贴，对其自主创新有一定的激励作用。激励企业不断加大研发投入，提升产品品质，扩大销售额，增大企业利润，齐鲁制药的技术创新步入了良性循环。此案例说明，先发国家企业竞争下后发国家政府的研发投入补贴会促进后发国家企业增大企业技术创新投入，具有明显的激励作用。

---

① 董莉. 百亿市场的背后是大把的研发投入 [J]. 济南时报，2016 - 04 - 21（A12）.

7.3 先发国家企业竞争下后发国家企业技术创新：以比亚迪新能源汽车公司为例[*]

7.3.1 比亚迪新能源汽车创新的情况

随着环境保护形势的日益严峻和低碳经济的兴起，发展新能源汽车成为解决中国能源与环保问题的有效途径。目前，新能源汽车主要包括混合动力汽车、纯电动汽车、燃料电池汽车、氢动力汽车、代用燃料汽车等。

当前国际上新能源汽车快速发展，日本发布新能源汽车发动机的核心方向是蓄电池、氢燃料电池和清洁柴油三方面；美国则倾向于重点发展电动车。目前，日本的弱混合动力汽车可以节能38%，而且为了适应未来新能源汽车的发展，日本已经开始进行道路、周边设施改造，包括居民住宅设施。日产汽车在电池方面也已取得实质性的结果。而我国的产品只能达到节能20%的水平，这说明国内新能源汽车在电控等技术方面还有差距。日本的燃料电池汽车产业化进展很快，丰田汽车已经推出了首款量产的氢燃料电池车Mirai，该车续航里程达650公里，远远超过目前国内纯电动车市场中续航里程最长的特斯拉Model S，且氢燃料的加注时间仅为3分钟，解决了纯电动汽车续航里程短、充电时间长的"瓶颈"，并且它的成本大大降低。相对于国外，国内汽车企业的新能源技术则并非如此先进，仍缺乏核心技术和竞争力。

在我国节能减排、大力加强生态环境的背景下，中央和地方政府出台了"不限行、不限购、高额补贴"等很多政策支持新能源汽车的发展，成为推动地方政府发展新能源汽车的重要动力。2010年6月，国家决定中央财政对5个试点城市私人购买、登记注册和使用的插电式混合动力乘用车和纯电动乘用车给予一次性补贴。2010年9月8日，国务院确定加快培育

---

[*] 公司情况介绍主要来源于官网及作者根据网络资料整理。

和发展包括新能源汽车在内的七大战略性新兴产业。这些扶持政策的密集出台，有利于鼓励汽车企业加大研发力度，有利于鼓励汽车企业积极开拓市场，促进新能源汽车的消费，实现新能源汽车的产业化。2015 年 4 月 29 日，财政部、发展改革委、工信部和科技部四部委联合下发的新一轮新能源汽车补贴政策正式出台，在未来 5 年，补贴额度大幅退坡。也就是说，2017～2020 年，除燃料电池汽车外，其他新能源车型补贴标准都实行退坡，其中，2017～2018 年补贴标准在 2016 年基础上下降 20%，2019～2020 年补贴标准在 2016 年基础上下降 40%。但是，2016 年的补贴标准相比 2015 年的标准并非统一下调，而是有升有降。其中，续航里程超过 250 公里的纯电动汽车以及燃料电池汽车的补贴额度都比 2015 年高。燃料电池乘用车补贴不但没有退坡，而且在 2015 年的基础上有所增加，恢复到 2013 年的补贴额度，并且一直持续到 2020 年，显示政府对燃料电池汽车的推广力度在逐渐加强。①

我国新能源汽车现阶段虽然落后于国外先发国家先进水平，但实际上不少企业正处于蓄势待发阶段，积极进行创新，提高各项技术水平，差距正在缩小。

比亚迪股份公司创立于 1995 年，由 20 多人的规模起步，2003 年成长为全球第二大充电电池生产商，同年组建比亚迪汽车，是一家香港上市的高新技术民营企业。比亚迪总裁王传福始终坚信"技术改变世界，创新造福人类"，这也是比亚迪的发展理念。比亚迪在全国拥有九大产业基地，设立中央研究院、通信电子研究院以及汽车工程研究院，专门负责生产设备及生产工艺的研发，拥有可以从硬件、软件以及测试等方面提供产品设计和项目管理的专业队伍，拥有多种产品的完全自主开发经验与数据积累，逐步形成了自身特色并具有国际水平的技术开发平台。比亚迪从市场需求出发，率先研发混合动力电动车、纯电动车，近年来表现不错，取得了一定的成绩。

---

① 王艳.2016—2020 新能源汽车补贴政策解读［EB/OL］.http：//www.evdays.com/html/2015/0430/zc49387.html，2015－04－30.

比亚迪的"混合动力专利技术"获得第十七届中国专利金奖,这是我国唯一针对已授予专利权的发明创造给予的最高奖项,也是汽车厂商首次在新能源领域获此殊荣。据统计显示,比亚迪累计申请专利近万件,是国内汽车行业中专利申请最多、研发投入最多的车企。时至今日,比亚迪是世界上唯一既掌握传统车技术,又掌握电动车电池、电机、电控技术的车企,拥有世界领先的核心技术。[①] 2015 年是比亚迪新能源汽车的转折年,在政策红利的强烈刺激下,比亚迪新能源汽车实现收入 193 亿元,同比增长 1.64 倍。

正是由于新能源汽车的加速爆发,比亚迪 2015 年年报实现逆袭。2015 年,比亚迪新能源乘用车销量为 6.17 万辆,超越特斯拉、日产等品牌,排名全球新能源汽车年度销量第 1 位,国内市场份额约为 20%,全球市场占有率超过 11%。与 2014 年净利润负增长的情况不同,2015 年比亚迪营业收入为 800.09 亿元,比上年同期增长 37.48%;归属于上市公司股东的净利润为 28.23 亿元,同比增长 551.28%。根据中汽协数据,2016 年第一季度,比亚迪新能源汽车销量约 1.8 万辆,国内市场份额约为 30%。

目前,其以历史朝代名称命名的车型有四款,包括 A 级轿车秦,A0、A 和 B 级三款 SUV——元、宋、唐。接下来,其 C 级 SUV 车型于 2017 年推出,在轿车板块还将推出三款车型,补齐 A0 到 C 级轿车序列,完成共计 8 款车型的布局。比亚迪针对私人用户推出的新能源乘用车"王朝"将成型(刘旭,2016)。实际上,"王朝"车型只是比亚迪新能源汽车布局的一小部分。比亚迪总裁兼董事会主席王传福表示,私人市场是长远布局,短期较难形成较大利润。但比亚迪通过新能源板块的规模优势,可以反哺私人用车板块,最终在政府补贴完全退坡之后支撑销售。

2016 年,比亚迪针对私人市场的新能源汽车正在加速发力。与公共交通领域单纯考量技术优势、成本竞标等方式不同,私人市场的购车需求更为多样化,品牌、产品以及渠道服务等方面缺一不可。比亚迪希望通过"王朝"概念打造新能源汽车矩阵,一方面强化比亚迪新能源车型品牌的

---

① 比亚迪:领跑全球新能源汽车 [EB/OL]. 中国科技网,2016 – 03 – 21.

知名度与美誉度；另一方面与此前比亚迪在消费者心中的"刻板印象"做一次切割。这是市场需求倒推出来的品牌升级战略。根据比亚迪规划，2020 年，新能源汽车在比亚迪汽车业务中将占到 90%，到 2030 年，将完全实现比亚迪私家车产品的电动化。

比亚迪总裁王传福坚信，在克服世界能源危机、实现绿色地球梦想的道路上，一定会涌现出一批创新的技术、伟大的企业，在这当中，一定会有中国技术、中国企业的一席之地。世界给了比亚迪热烈的掌声。2015 年，比亚迪拿下联合国历史上首个"联合国能源特别奖"，联合国秘书长潘基文亲手把该奖项交到比亚迪的手上；2016 年，比亚迪从来自 97 个国家和地区的 1437 个竞争者中脱颖而出，荣膺能源领域的企业最高荣誉"扎耶德未来能源奖"大型企业类奖的桂冠。而此前，王传福曾荣获"扎耶德未来能源奖"个人终身成就奖，比亚迪由此成为全球唯一一家包揽该奖项大型企业类奖和个人终身成就奖的企业。

7.3.2　案例分析

通过比亚迪新能源汽车创新案例，可以发现以下两个方面的结论。

（1）目前，我国新能源汽车发展的主要困难在于技术。在主流新能源汽车领域如混合动力汽车、燃料电池汽车方面缺乏核心技术，与先发国家先进技术水平存在一定差距。在技术创新能力方面，国内目前仍主要停留在改进型技术创新方面，与国外相比，我国汽车企业技术创新能力较弱，电池续航里程较短，为了鼓励企业研发出续航里程更高的电动汽车，政府提高了续航里程较长的纯电动汽车以及燃料电池汽车的补贴额度，例如对于续航里程超过 250 公里的纯电动汽车的补贴，2016 年的补贴额度比 2015 年高 1.1 万元，升至 5.5 万元。另外，虽然国产高端新能源汽车续航能力增强，但是，技术走向商业化还要降低其生产成本，解决涡轮发动机的噪声、燃烧效率等问题，这都给商业化带来了困难，还需要进一步创新。

（2）在先发国家的新能源汽车技术优于国内的情况下，比亚迪树立长期的汽车技术创新战略目标，组建庞大的技术研发团队，从市场需求出发，积极对新能源汽车各项技术进行研发，率先研发混合动力电动车、纯电动车。缩小了与国外先进技术的差距，适应国内市场需求，销量猛增，公司利润快速增长。这与政府的补贴政策息息相关，政府补贴这一激励政策对比亚迪在新能源汽车的研发具有重要的推动作用。在政府政策的支持下，比亚迪加大研发投入，技术研发团队不断壮大，技术吸收能力不断增强，科技创新能力得到提高，在新能源汽车产业打造出长期可持续的竞争优势。这说明了政府提高研发产出补贴对企业技术创新的巨大激励作用。新能源汽车作为一个新兴行业，仅依靠汽车生产企业来推动是很难发展起来的，政府补贴促进了这个新兴行业的发展，推动了比亚迪新能源汽车技术的进步，同时也提高了企业的技术创新能力，推动了经济社会发展。此案例说明了在先发国家企业竞争下，政府研发产出补贴政策对后发国家企业技术创新的重要激励作用。

(7.4) 后发国家企业的技术采纳：以上海三菱电梯公司的信息技术采纳为例[*]

7.4.1 上海三菱信息技术采纳情况

随着信息技术的飞速发展，新技术更新速度非常快，越来越多的企业意识到信息技术以及信息化对企业生存和发展的重要性，纷纷引入先进的信息技术，提升企业的信息化水平，增强企业的竞争力。新技术往往会带来较高的收益，但同时会伴随着很多不确定性，例如创新回报不确定性，采纳较晚有可能错过最优的采纳时机，得不到较高的回报；采纳较早又有可能使得原有技术还没有发挥出最优的效率，以致投入原有技术中的成本随着新技术的采纳而得不到回收等问题。所以，巨额的投入有可能并没有给采纳新技术企业带来预期的回报，过早或者过晚采纳新技术都有可能造

---

* 公司情况介绍主要来源于官网及作者根据网络资料整理。

成企业的损失，采纳新技术的时间非常重要。

　　上海三菱电梯有限公司成立于 1987 年，是国内规模最大的电梯制造销售企业，产品市场占有率在国内保持领先地位，是全国最大的 500 家外商投资企业之一。上海三菱自成立开始，不断通过引进购买并采纳新的信息技术，优化并提高信息系统能力。通过企业的信息化管理，提升信息化效益，降低了产品边际成本。在激烈的竞争环境下，其他电梯厂家也在努力为企业的长远发展而寻找出路，其中也有很多企业投入大量资金来发展企业信息系统，想通过信息化的手段来解决企业内部问题，让企业能更好地适应市场的变化。

　　1996 年，公司通过购买采用德国 SAP 公司的 R/3 应用软件（SAP R/3 系统于 1992 年全面推向市场）建立了 ERP（企业资源计划）系统。1997 年 7 月 SAP R/3 销售模块顺利上线，其后，库存、财务、生产等模块也陆续上线，成为企业管理不可或缺的一部分。SAP R/3 系统的实施，使产品销售、合同管理、生产计划、采购、库存管理、质量管理、维修保养、财务管理等发生了根本转变。例如在降低采购成本、压缩库存方面，实施第一年库存资金就从 14307 万元降低到 8220 万元，降幅达 43%，周转天数从 119 天降为 55 天。[①]

　　1998 年，公司引进了 Docs Open 图档管理系统，并自行开发集成了 CAD/CAE/CAPP/CAM、图库管理、计算机方法库、任务管理、工作流程管理、档案管理及与 SAP 侧 3 接口等模块，形成了工程信息系统。使技术工作实现了从传统的手工方法向现代化的计算机应用的转变。

　　CAD/CAE/CAM 的应用提高了设计能力和质量，缩短了设计周期，特别是在新产品开发、非标产品设计、工装设计、合同产品营业设计等方面，解决了以前用传统方法难以解决的问题，并且大大提高了解决问题的速度。例如，一个客户要订购客梯，需要预留 300 千克装饰重量，采用传统的方法，不但计算不精确，确认时间就需要一周。利用 CAD 将全部参

---

　　① 金慧良. 基于环境因素的制造企业信息技术采纳的宏观轨迹研究［D］. 上海：复旦大学，2008.

数填入系统中，通过软件的计算，几秒钟内就可以计算出是否可行，既节省时间而且更精确，同时也及时回应了客户的要求，体现了上海三菱的技术实力。[①]

1999 年底，上海三菱购入开发平台 LOTUs Domino（R5），开始进行基于办公自动化的知识管理系统（OA）建设。购买了 IBM 成熟的文档管理、工作流管理、learning space 三个产品，再加上企业根据自己的特点开发的系统，为后期进一步的知识管理系统的建设打好了基础。实施办公自动化系统以后，公司进一步拓展了销售管理，增强了对业务工作流程的监控，很大程度上提高了整个公司的办公效率。

进入 21 世纪之后，上海三菱在继续推广实施 ERP 系统的基础上，在供应链管理、客户关系管理、知识管理上下功夫，通过 Intemet 实现企业网络信息化。公司再次投入四十多万美元，购买了 SAP 公司的 CRM、SCM、电子商务产品，采用 mySAP. com 电子商务解决方案，充分利用 Internet 技术增加公司与顾客、供应商、代理商的实时信息传递，提高了公司在协同商务、快速的客户服务等方面的能力。2005 年，上海三菱入选中国制造业信息化工程应用示范标杆企业。十几年来，上海三菱投资 8000 多万元全面推行信息化建设，作为一个销售额年增幅平均 20% 的企业，上海三菱 2012 年电梯产量突破 60000 台，2013 年超过 70000 台。

7.4.2　案例分析

通过案例，可以发现以下两个方面的结论。

（1）上海三菱通过自己的摸索和努力，不断加大创新投入开展技术创新，采用新技术，不但解决了企业的难题，而且在越来越激烈的市场竞争中实现了新的竞争优势。上海三菱首次投入 70 万马克购买 SAP 的 R/3 软件，同时也成为国内最早使用该系统的用户之一，这在当时风险是很大

---

① 李开顺. 信息化在上海三菱电梯有限公司销售业务的应用研究［D］. 长春: 吉林大学，2013.

的，因为当时国内还没有几个企业尝试着采用该新技术，采纳该新技术也面临着巨大的投入会不会换来较大的回报、新技术应用会不会遇到技术上无法解决的问题等不确定性。在首次建立 ERP 系统后，上海三菱电梯深刻体会到了信息化为企业带来的重大作用，又继续投入购买采纳 LOTUS Domino（R5），使用 OA 系统，使得公司进一步拓展了销售管理，增强了对业务工作流程的监控，进一步提高了公司的效率。作为采纳该项新技术的领先者，采纳时间较早有可能承担较大的风险和回报不确定性，采纳较晚有可能错过最优的采纳时机而得不到较高的回报。上海三菱新技术采纳无疑是成功的，采纳新技术不仅降低了产品的生产成本，而且提高了生产效率，最重要的是在激烈的市场竞争中占据了较大的优势。

（2）上海三菱是在德国 SAP 公司将公司的 R/3 应用软件全面推向市场四年后购买并采纳该新技术的，这说明上海三菱公司考虑到了新技术创新回报的不确定性，并且经过了大量需求分析和反复论证。这同时也说明，新的技术可能尚有可改进的空间，所以，新技术的采纳具有滞后性，这使得企业可能会持观望态度，而不会在新技术刚一出现的时候立刻采纳新技术。待企业论证成熟后，上海三菱引入新技术建立 ERP 系统，马上对公司中高层领导以及员工进行了封闭式培训以及 MRP II 的普及性知识培训，采纳新技术成功。而在当时国内企业采纳 ERP 成功率不足 10%[①]，即使在后来众多的企业实施 ERP，甚至采用了同一套 ERP 产品，但很多企业往往由于方法不对或有些细节问题没有处理好，最终导致整个实施过程失败。上海三菱之所以能顺利地成功实施 ERP，与上海三菱的管理基础、高层领导的远见卓识和信息化实施人员的高素质也是分不开的。该案例解释了后发国家企业实施从先发国家企业购买新技术后的企业新技术采纳时间选择策略：当新技术创新回报不确定性较大时，企业为了利润最大化，应该积极尝试先采纳新技术，技术创新回报不确定性的增加更利于先采纳企业。

---

① 代宏坤. 信息技术采纳时间的决策模型及应用研究［D］. 成都：四川大学，2005.

(7.5) 本章小结

　　本章通过对华为、齐鲁制药、比亚迪新能源汽车、上海三菱四个后发国家企业技术创新案例的分析，分别对技术溢出对后发国家企业技术创新投入的影响、研发投入和研发产出补贴对后发国家企业技术创新投入的激励作用、创新回报不确定性下的企业新技术采纳策略等前述理论分析结果进行了验证说明，论证了理论研究的合理性与科学性。

第8章

结论与展望

本书综合运用技术创新管理理论、产业组织理论、博弈论与信息经济学、激励理论、优化理论等，采用理论分析与数值模拟相结合的方法，考虑先发国家企业技术优势、先发国家企业对后发国家企业的价格打压、后发国家引进技术时的回报不确定性、技术溢出、政府激励等因素，研究这些因素对后发国家企业技术创新投入与技术采纳策略的影响。本书研究成果既可以为后发国家企业技术创新管理的决策提供理论指导，也可以为政府制定政策提供支持和借鉴，具有积极的理论意义和现实意义。

8.1 创新之处

本书考虑了后发国家企业的两种创新模式：一种是自主创新；另一种是引进—消化—吸收—再创新。在自主创新方面，研究了具有领先技术的先发国家企业在后发国家市场和后发国家企业分别进行产量竞争和价格竞争时，后发国家企业的技术创新投入策略、技术溢出与研发投入补贴下生产差异化产品的后发国家企业技术创新投入策略。在外部购买技术实施创新方面，研究了创新回报不确定性以及技术溢出下生产差异化产品的后发国家企业新技术采纳策略。本书的创新之处，主要有以下四个方面。

（1）对在后发国家市场中，后发国家企业与先发国家企业进行同质产品竞争情况下，本书创新性地考虑了先发国家企业的技术领先优势，研究了后发国家中企业的特征、后发国家政府的研发补贴方式以及后发国家企业间不同的竞争与合作模式等因素对后发国家企业技术创新投入策略的影响。

对于具有技术优势的先发国家企业在后发国家市场和生产同质产品的后发国家企业竞争时，现有研究很少考虑先发国家企业技术领先优势，讨论后发国家企业的技术创新投入策略。本书考虑了先发国家企业的技术优势，讨论不同市场环境下后发国家企业的技术创新投入策略问题。首先，考虑后发国家含有股份制公有企业、纯私有企业、合资企业的混合三寡头市场竞争，研究后发国家企业私有化程度、合资企业中的国内控股比例对后发国家企业技术创新投入的影响。研究认为，随着后发国家私有化程度以及合资企业的国内控股比例的变化，后发国家企业的技术创新投入也随之变化。其次，针对后发国家政府给予本国企业研发投入补贴和研发产出补贴两种情形，考虑先发国家企业的技术优势，本书研究了两种补贴对后发国家企业技术创新投入的影响。研究认为，研发产出补贴对企业技术创新投入的激励要优于研发投入补贴。最后，假设市场竞争为含有一个先发国家企业和两个后发国家企业的三寡头，考虑先发国家企业的技术优势，分析后发国家两企业之间在研发竞争、研发卡特尔、共同实验三种竞争与合作模式下的创新投入。研究认为，在先发国家企业具有技术优势的竞争环境下，后发国家企业的最优研发投资策略是研发卡特尔竞争模式。

（2）对在后发国家市场中，后发国家企业与先发国家企业进行差异化产品的价格竞争时，本书创新性地研究了后发国家企业与先发国家企业产品差异化程度、后发国家企业的类型特征、后发国家政府的研发补贴方式等因素对后发国家企业技术创新投入策略的影响。

对于具有领先技术的先发国家企业在后发国家市场和生产差异化产品的后发国家企业进行价格竞争时，后发国家企业的技术创新投入策略，现有研究很少考虑先发国家企业的主导作用、技术差距以及政府研发补贴等因素。本书考虑这些因素，研究了在市场中进行价格竞争时，生产差异化产品的后发国家企业技术创新投入策略。首先，针对具有领先技术的先发国家企业在后发国家市场和生产差异化产品的后发国家企业进行价格竞争的情况，考虑先发国家企业的技术优势以及企业之间的产品差异、后发国家企业的类型以及研发投入补贴，假设市场竞争是以同时价格竞争的方式，并把后发国家企业分为公有企业和私有企业两种情形，研究了伯川德竞争下后发国家企业的技术创新投入策略。研究表明，后发国家企业的私有化会降低国内企业的创新投入，研发投入补贴对后发国家私有企业技术创新投入具有一定的激励作用。其次，假设在市场竞争阶段先发国家企业先制定产品价格作为价格主导者，后发国家企业作为价格追随者，并考虑先发国家企业的技术优势及产品差异化，研究了后发国家政府给予本国企业研发投入补贴和研发产出补贴两种方式下的后发国家企业技术创新投入策略。研究表明，当产品差异较大时，研发产出补贴政策更能激励后发国家企业进行创新，来增加创新投入；当产品差异较小时，研发投入补贴政策更能激励后发国家企业进行创新。

（3）考虑技术创新溢出效应下，本书创新性地研究了产品的差异化程度、企业的技术创新效率、技术溢出水平、政府的研发补贴等因素对生产差异化产品的后发国家企业技术创新投入策略的影响。

对于溢出效应下生产差异化产品的后发国家企业技术创新投入策略的研究，现有文献很少考虑产品的差异化、技术创新投入的有序性即斯坦伯格投入博弈、技术溢出、政府补贴及研发时间等因素。本书考虑这些因素，研究了溢出效应下生产差异化产品的后发国家企业技术创新投入策略。首先，假设先发国家企业作为创新领导者率先进行技术创新投入，后发国家企业跟随进行创新投入，考虑先发国家企业与后发国家企业之间的产品差异性、技术溢出，研究溢出效应下生产异质产品的后发国家企业技术创新投入策略。研究认为，当先发国家企业与后发国家企业的技术创新效率同时都较高或者同时较低时，后发国家企业的技术创新投入与技术溢出正相关；当先发国家企业技术创新效率较高且后发国家企业技术创新效率较低时，技术溢出的增加会降低后发国家企业的技术创新投入。其次，同时考虑研发投入补贴、技术溢出以及企业之间的产品差异化等因素，研究了研发投入补贴与技术溢出下的后发国家企业技术创新投入策略。研究认为，两个生产差异化产品的后发国家企业的技术创新投入随着研发投入补贴的增加，企业会增大技术创新投入。如果两企业之间的产品差异不大，并且政府给予企业的研发投入补贴不多时，随着技术溢出的增加，后发国家企业的技术创新投入将减少；如果企业的产品差异较大，并且政府给予企业的研发投入补贴较多时，随着技术溢出的增加，后发国家企业技术创新投入将增大。

（4）本书创新性地同时考虑技术溢出、创新回报的不确定性、产品差异化程度等因素，研究它们对后发国家企业从先发国家企业购买新技术时的新技术采纳策略选择的影响。

对于后发国家企业从先发国家企业购买新技术实施创新时的新技术采纳策略问题，已有研究很少同时考虑技术溢出和创新回报的不确定性。已有的对企业采纳新技术的研究，除米卢的研究外，多数没有涉及新技术采纳时间，但米卢的研究又没有考虑技术溢出以及技术创新回报的不确定性。与以往研究不同的是，本书同时考虑企业在采纳新技术过程中的技术溢出、创新回报不确定性、技术采纳时间以及贴现率等因素，研究后发国家企业的最优采纳时间。研究表明，随着创新回报不确定性的增加，率先采纳新技术的企业越应及早采纳新技术。在古诺竞争和伯川德竞争情形下，创新回报不确定性、产品差异以及技术溢出变化时，后发国家企业采纳新技术的最优时间也将随之发生改变。

⑧.2 主要结论

在后发国家企业自主创新模式方面，本书主要研究了市场竞争为古诺竞争时后发国家同质产品企业的技术创新投入策略、市场竞争为价格竞争时后发国家生产差异化产品企业的技术创新投入策略、溢出效应下生产差异化产品的后发国家企业技术创新投入策略三个问题。在后发国家企业从先发国家购买技术实施创新方面，研究了创新回报不确定性以及技术溢出下生产差异化产品的后发国家企业新技术采纳策略。本书的主要研究结论包括以下四个方面。

1. 后发国家同质产品企业的技术创新投入策略方面

一是对于后发国家市场中股份制公有企业、纯私有企业、合资企业的混合三寡头竞争情形，研究了股份制公有企业的私有化比例和合资企业的国内控股比例对企业技术创新投入的影响。研究表明，在含有股份制公有企业、私有企业以及合资企业的混合多寡头竞争情形下，后发国家减少股份制公有企业的私有化比例，股份制公有企业的创新投入会增加；提高股份制公有企业的私有化比例，纯私有企业和合资企业的创新投入将增加。后发国家增加合资企业的国内控股比例，可以促进后发国家股份制公有企业、纯私有企业以及合资企业加大创新投入，也会提高社会福利。后发国家股份制公有企业应保持一定的私有化比例，也就是实行国有企业股份制改革策略。

二是考虑先发国家企业的技术优势，在后发国家政府给予本国企业研发投入补贴和研发产出补贴两种情形下，分析了政府的两种补贴策略对后发国家企业技术创新投入策略的影响。研究表明，具有技术优势的先发国家企业在后发国家市场与后发国家生产同质产品的企业进行竞争时，后发国家为了激励本国企业技术创新，要优先采用研发产出补贴策略。

三是假设市场竞争为含有一个先发国家企业和两个后发国家企业的三寡头，对后发国家两企业之间在研发竞争、研发卡特尔、共同实验三种竞争与合作模式下的创新投入进行分析。研究表明，后发国家企业在面对先发国家企业具有技术优势的竞争情形下，从后发国家企业的创新投入、产出以及收益角度来看，后发国家企业技术创新的最优策略是后发国家企业在研发阶段合作进行共同研发，以降低产品的边际成本，在市场竞争阶段进行竞争以获得各自最大收益。后发国家企业进行技术创新时应采取的策略是研发阶段合作，市场阶段竞争，也就是研发卡特尔模式。

2. 具有领先技术的先发国家企业在后发国家市场和生产差异化产品的后发国家企业进行价格竞争时，后发国家企业的技术创新投入策略方面

一是把后发国家企业分为公有企业和私有企业两种情形，分析了后发国家企业的技术创新投入策略。研究表明,在存在先发国家企业的混合寡头伯川德竞争情形下,后发国家企业的私有化将会降低国内企业的创新投入。后发国家私有企业在政府研发投入补贴激励下的创新投入要比没有研发投入补贴时的创新投入要高,研发投入补贴对后发国家私有企业技术创新投入具有一定的激励作用。

二是假设在市场竞争阶段先发国家企业先制定产品价格作为价格主导者,后发国家企业作为价格追随者,研究了后发国家政府给予本国企业研发投入补贴和研发产出补贴两种方式下的企业技术创新投入策略。研究表明,在存在先发国家企业的有序价格竞争情形下,研发投入补贴下的最优创新投入要比无研发投入补贴下的最优创新投入要高,研发投入补贴政策对后发国家企业进行技术创新具有明显的激励效应。在存在先发国家企业的有序价格竞争情形下,当产品差异较大时,研发产出补贴下的最优创新投入要高于研发投入补贴下的最优创新投入,此时,研发产出补贴政策更能激励后发国家企业进行创新,来增加创新投入;当产品差异较小时,研发产出补贴下的最优创新投入要比研发投入补贴下的最优创新投入低,此时,研发投入补贴政策更能激励后发国家企业进行创新。

3. 溢出效应下后发国家企业的技术创新投入策略方面

一是假设先发国家企业作为领导者率先进行技术创新投入,后发国家企业跟随进行创新投入,分析技术溢出与产品差异性对企业技术创新投入的影响。研究表明,当后发国家企业的技术创新效率较低时,技术溢出的增加会抑制先发国家企业的技术创新投入;产品差异越大,同样也会抑制先发国家企业的技术创新投入;当后发国家企业的技术创新效率较高时,技术溢出的增加会促进先发国家企业进行技术创新投入;产品差异越小,也会促进先发国家企业进行技术创新投入。当先发国家企业与后发国家企业的技术创新效率同时都较高或者同时较低时,后发国家企业的技术创新投入与技术溢出正相关;当先发国家企业技术创新效率较高且后发国家企业技术创新效率较低时,技术溢出的增加会降低后发国家企业的技术创新投入。

二是考虑政府激励因素以及技术溢出，分析了产品差异性、技术溢出、研发投入补贴对后发国家企业技术创新投入的影响。研究表明，同时存在技术溢出和政府研发投入补贴时，两个生产差异化产品的后发国家企业的技术创新投入随着研发投入补贴的增加，企业会增大技术创新投入。如果两企业之间的产品差异不大，并且政府给予企业的研发投入补贴不多时，随着技术溢出的增加，后发国家企业的技术创新投入将减少；如果企业的产品差异较大，并且政府给予企业的研发投入补贴较多时，随着技术溢出的增加，后发国家企业技术创新投入将增大。当后发国家企业之间的产品差异较小或者技术溢出不大时，或者当企业之间产品差异较大并且技术溢出较大时，存在最优研发投入补贴，也就是说，若给予企业的研发投入补贴过高，社会福利将会减小；如果给予企业的研发投入补贴过低，社会福利也会减小。后发国家政府可以制订一个研发投入补贴方案提供给技术创新企业，以鼓励本国企业创新。

4. 当后发国家企业通过向先发国家企业购买新技术实施创新时，后发国家企业的新技术采纳策略问题方面

本书考虑企业在采纳新技术过程中的技术溢出、创新回报不确定性、技术采纳时间以及贴现率等因素，研究后发国家企业的最优采纳时间。研究表明，当技术创新回报不确定性较大时，企业为了利润最大化，应该尽早采纳新技术，技术创新回报不确定性的增加更利于先采纳企业。企业之间市场竞争中采取产量竞争方式时，如企业之间产品差异越大，先采纳新技术企业的采纳时间越应该提前，要早于在价格竞争下的最优采纳时间；企业之间产品差异较小时，先采纳新技术企业的采纳时间应稍微推迟，要晚于在价格竞争下的采纳时间。对于跟随企业来说，在产量竞争下应该尽量早采纳新技术，要比价格竞争下采纳新技术的时间早。企业之间在市场竞争中采取价格竞争方式时的采纳时间与采取产量竞争方式下的采纳时间相反。在社会福利最大化下，技术创新回报不确定性越大，先采纳新技术企业采纳时间应越早。对于跟随企业来说，企业间进行产量竞争时，如果企业间产品差异较大，或者产品差异比较小且技术溢出比较大时，也要尽早采纳新技术；如果产品差异较小并且技术溢出较小时，要推迟采纳新技术。如果市场竞争为价格竞争，跟随企业要晚些采纳新技术。

(8.3) 进一步研究方向

由于时间和精力限制，本书仍有一些相关问题未能进行深入研究，今后需要继续开展的工作有以下五个方面。

（1）在政府研发补贴方面，本书考虑的是研发投入补贴与研发产出补贴，进一步研究可以考虑政府给予消费者一定补贴，利用 hoteling 模型，分析消费补贴对后发国家企业创新投入的影响，并与其他补贴方式效果进行对比。

（2）针对具有先进技术的先发国家企业的冲击，考虑先发国家企业对后发国家企业的打压措施，可进一步构建相应的打压函数，研究先发国家企业打压下后发国家企业的技术创新投入问题。

（3）在大力倡导发展生态经济、低碳环保、循环经济的背景下，考虑企业技术创新过程或者创新产品对环境的破坏程度，引入排污税与环境危害系数，可进一步研究后发国家企业技术创新投入问题。另外，在我国实行国有企业股份制改革的背景下，考虑股份制国有企业中的私有化程度以及研发补贴，研究股份制公有企业技术创新投入问题。

（4）对于后发国家企业的另外一种创新模式——从先发国家企业购买新技术实施创新，后发国家企业的新技术采纳问题研究，进一步可利用演化博弈理论或者微分博弈方法，构建动态博弈模型，对后发国家企业采纳新技术时间进行分析。

（5）本书主要通过构建模型的方法模拟后发国家企业的技术创新投入与技术采纳，建模方法只是在一定程度上对现实情境的简化，如何借助问卷调查、实证模型更深入透彻地分析后发国家企业技术创新投入与技术采纳策略，是未来进一步可以研究的方向。

参 考 文 献

[1] 艾兴政，朱中国，唐小我. 存在技术溢出的供应链合作创新机制 [J]. 控制与决策，2012，27（11）：1627-1632.

[2] 安同良，周绍东，皮建才. R&D 补贴对中国企业自主创新的激励效应 [J]. 经济研究，2009（10）：87-98.

[3] 代宏坤. 信息技术采纳时间的决策模型及应用研究 [D]. 成都：四川大学，2005.

[4] 戴菊贵，王伟. 基于产品差分、合作研发的古诺竞争与伯川德竞争均衡效率比较分析 [J]. 软科学，2012，26（9）：20-23.

[5] 党兴华，郑登攀. 技术溢出情况下企业创新模式选择的非对称博弈模型研究 [J]. 科技进步与对策，2007，24（10）：100-102.

[6] 董莉. 百亿市场的背后是大把的研发投入 [J]. 济南时报，2016-04-21（A12）.

[7] 方海燕，达庆利. 基于差异产品的政府最优 R&D 补贴策略研究 [J]. 中国管理科学，2009，17（3）：166-172.

[8] 傅家骥. 技术创新学 [M]. 北京：清华大学出版社，1998.

[9] 傅晓霞，吴利学. 技术差距、创新环境与企业自主研发强度[J]. 世界经济，2012（7）：101-122.

[10] 傅晓霞，吴利学. 技术差距、创新路径与经济赶超——基于后发国家的内生技术进步模型 [J]. 经济研究，2013（6）：19-32.

[11] 郭小戈. 上半年汽车销售 1283 万辆同比增 8.1% 比去年同期高 6.7 个百分点 [N]. 南方日报，2016-07-12（A15）.

[12] 韩丽华. 外国企业的技术溢出限制公有企业的私有化——基于混合寡头理论的分析 [J]. 山东大学学报（哲学社会科学版），2010（5）：

103 - 107.

[13] 何晓亮. 比亚迪新能源汽车国内份额占三成 [N]. 科技日报, 2016 - 05 - 16 (6).

[14] 胡荣, 张骥骥. 技术溢出对双寡头 R&D 竞争演化的影响 [J]. 系统管理学报, 2012, 21 (5): 625 - 633.

[15] 黄波, 孟卫东, 李宇雨等. 不确定环境下研发联盟成员投资激励机制研究 [J]. 管理工程学报, 2010, 24 (4): 58 - 65.

[16] 姜虹. 我国风电涂料市场被国外企业所垄断 [N]. 中国化工报, 2011 - 04 - 30.

[17] 金慧良. 基于环境因素的制造企业信息技术采纳的宏观轨迹研究 [D]. 上海: 复旦大学, 2008.

[18] 科技部办公厅调研室、东南大学企业技术创新研究中心. 公共产品创新——以公共产品创新带动企业技术创新 [R]. 科技发展重大问题研究报告之一, 2007.

[19] 李岱. 企业技术创新战略投资最优时机的实物期权分析 [J]. 系统工程, 2014, 32 (1): 82 - 86.

[20] 李岱, 岳意定. 企业技术创新战略投资时机研究——基于非完全信息的期权博弈分析 [J]. 江淮论坛, 2013 (6): 93 - 96.

[21] 李开顺. 信息化在上海三菱电梯有限公司销售业务的应用研究 [D]. 长春: 吉林大学, 2013.

[22] 李星北, 齐二石. 考虑不同风险偏好的供应链企业创新投资决策模型 [J]. 管理学报, 2014, 11 (10): 1514 - 1519.

[23] 梁彤缨, 赵悦祺. 技术溢出及政策歧视对 R&D 补贴效果的影响 [J]. 科技管理研究, 2016 (5): 41 - 46.

[24] 林承亮, 许为民. 技术外部性下创新补贴最优方式研究 [J]. 科学学研究, 2012 (5): 766 - 772.

[25] 刘力钢, 袁少锋, 高英. 后发国家企业自主创新战略研究——中国轿车制造企业价值创新战略模式 [J]. 辽宁大学学报 (哲学社会科学版), 2010, 38 (2): 126 - 132.

［26］刘旭. 比亚迪今年发力"7 + 4"战略新能源车收入或首超传统车 ［N］. 每日经济新闻，2016 - 04 - 14 （14）.

［27］龙勇，姜寿成. 基于知识创造和知识溢出的 R&D 联盟的动态模型 ［J］. 管理工程学报，2012，26 （1）：35 - 41.

［28］鲁若愚，银路. 企业技术管理 ［M］. 北京：高等教育出版社，2006.

［29］吕俊涛. 基于纵向差异化的企业产品创新策略博弈分析 ［D］. 上海：上海交通大学，2008.

［30］骆瑞玲，范体军，夏海洋. 碳排放交易政策下供应链碳减排技术投资的博弈分析 ［J］. 中国管理科学，2014，22 （11）：44 - 53.

［31］马家喜，仲伟俊，梅姝娥. 不确定环境下基于 Bertrand 竞争的企业创新模式比较研究 ［J］. 管理工程学报，2010，24 （1）：152 - 157.

［32］［美］艾里克·拉斯缪森. 博弈与信息：博弈论概论 ［M］. 王晖，白金辉，吴任昊，译，北京：北京大学出版社，2003.

［33］［美］罗伯特·吉本斯. 博弈论基础 ［M］. 高峰，译，北京：中国社会科学出版社，1999.

［34］［美］梅丽莎·A. 希林. 技术创新的战略管理 ［M］. 谢伟，王毅，译，北京：清华大学出版社，2005.

［35］孟卫军，张子健. 供应链企业间产品创新合作下的政府补贴策略 ［J］. 系统工程学报，2010，25 （3）：359 - 364.

［36］齐欣，王策. 政策边界视角下政府补贴对企业研发模式的影响 ［J］. 科技进步与对策，2015，32 （5）：100 - 105.

［37］生延超. 创新投入补贴还是创新研发产品补贴：技术联盟的政府策略选择 ［J］. 中国管理科学，2008，16 （6）：184 - 192.

［38］生延超. 环保创新补贴和环境税约束下的企业自主创新行为 ［J］. 科技进步与对策，2013，30 （15）：111 - 116.

［39］宋之杰，孙其龙. 技术创新型企业研发投资的三阶段博弈——基于吸收能力的观点 ［J］. 管理工程学报，2009，23 （1）：112 - 115.

［40］宋之杰，孙其龙. 减排视角下企业的最优研发与补贴 ［J］. 科研

管理，2012，3（10）：80 – 89.

[41] 孙彩虹，齐建国，于辉. 不对称双寡头企业半合作创新模式研究 [J]. 系统工程理论与实践，2009，29（3）：21 – 27.

[42] 孙丽玮. 中国新能源汽车发展现状与对策研究 [J]. 中国科技信息，2012（7）：135.

[43] 孙其龙. 知识溢出条件下企业 R&D 策略行为研究 [D]. 秦皇岛：燕山大学，2012.

[44] 孙晓华，郑辉. 技术溢出、研发投资与社会福利效应 [J]. 科研管理，2012，33（9）：47 – 53.

[45] 唐丁祥，蒋传海. 定价模式、产品差异化与企业的创新激励研究 [J]. 财经研究，2010，36（8）：90 – 99.

[46] 涂舒. 后发国家创新模式选择：一个综述性理论框架 [J]. 商业研究，2013（11）：169 – 176.

[47] 汪应洛，贾理群. 技术创新 [M]. 西安：西安交通大学出版社，1995.

[48] 王健聪. 技术溢出条件下产业内研发投入与技术选择博弈分析 [J]. 求索，2011（5）：70 – 72.

[49] 王露. 公共产品技术创新及其企业参与方式研究 [D]. 南京：东南大学，2013.

[50] 王玮，陈丽华. 技术溢出效应下供应商与政府的研发补贴策略 [J]. 科学学研究，2015，3（3）：363 – 368.

[51] 王小芳. 基于混合三寡头模型的企业跨国竞购行为 [J]. 系统管理学报，2013，22（1）：23 – 30.

[52] 王晓映. 华为一季度国内出货量登顶 [N]. 通信信息报，2016 – 04 – 27.

[53] 韦铁，鲁若愚. 技术外溢条件下企业自主创新投入问题研究 [J]. 管理工程学报，2011，25（1）：83 – 87.

[54] 吴福象，段巍. 质量竞争、技术溢出与最优补贴战略 [J]. 科研管理，2015，36（5）：38 – 46.

［55］吴贵生，王毅．技术创新管理［M］．北京：清华大学出版社，2009．

［56］夏洪胜，张世贤．技术开发与管理［M］．北京：经济管理出版社，2014．

［57］肖湘平，黎继子，阮阿平等．不同合作模式下供应链研发补贴动态博弈模型［J］．中国管理科学，2014（22）：503－510．

［58］谢识予．经济博弈论［M］．上海：复旦大学出版社，1997．

［59］徐南荣，仲伟俊．现代决策理论和方法［M］．南京：东南大学出版社，2002．

［60］徐示波，仲伟俊，黄超．后发国家战略性新兴产业技术创新及其挑战研究［J］．科技管理研究，2015（20）：16－20．

［61］许庆瑞．技术创新管理［M］．杭州：浙江大学出版社，1990．

［62］许庆瑞．研究发展与技术创新管理［M］．北京：高等教育出版社，2000．

［63］杨清清．三星华为诉讼拉锯战：三星索赔1.6亿元［N］.21世纪经济报道，2016－07－26（17）．

［64］杨仕辉，王麟凤．最优环境研发补贴及技术溢出的效应分析［J］．经济与管理评论，2015（3）：5－11．

［65］杨伟娜，刘西林．政府推动下企业新技术采纳博弈分析［J］．管理学报，2011，8（4）：621－627．

［66］杨延超．小米怎样才能不倒在专利战中——从小米公司的专利困境看企业专利战略布局［N］．经济参考报，2014－12－23（8）．

［67］叶光亮，邓国营．最优关税和部分私有化战略——产品差异的混合寡头模型［J］．经济学（季刊），2010，9（2）：598－608．

［68］游达明，杨晓辉，朱桂菊．多主体参与下企业技术创新模式动态选择研究［J］．中国管理科学，2015，23（3）：151－158．

［69］游达明，朱桂菊．不同竞合模式下企业生态技术创新最优研发与补贴［J］．中国工业经济，2014（8）：122－134．

［70］张春辉，陈继祥．考虑内生溢出与R&D投入的创新模式选择

[J]. 中国管理科学, 2011, 19 (3): 26 – 32.

[71] 张洪潮, 何任. 非对称企业合作创新的进化博弈模型分析 [J]. 中国管理科学, 2010, 18 (6): 163 – 170.

[72] 张倩, 刘丹, 章金霞. 环境偏好和环境税视角下企业技术决策博弈分析 [J]. 技术经济, 2014, 33 (9): 66 – 73.

[73] 张世龙, 马尚平. 技术突变下后发国家自主技术创新战略研究 [M]. 北京: 科学出版社, 2014.

[74] 张维迎. 博弈论与信息经济学 [M]. 上海: 上海人民出版社, 1996.

[75] 张艳芳. 考虑技术创新特征因素的企业技术创新策略选择问题研究 [D]. 南京: 东南大学, 2013.

[76] 张子健, 刘伟. 不同竞合模式下企业研发投资决策及绩效——基于不确定条件的分析 [J]. 管理工程学报, 2010, 24 (2): 104 – 110.

[77] 赵骅, 丁丽英. 技术溢出对企业集群技术创新能力的影响分析 [J]. 中国管理科学, 2009, 17 (1): 176 – 182.

[78] 赵晶媛. 技术创新管理 [M]. 北京: 机械工业出版社, 2010.

[79] 郑绪涛, 柳剑平. R&D 活动的溢出效应、吸收能力与补贴政策 [J]. 中国软科学, 2011 (11): 52 – 63.

[80] 仲伟俊, 胡钰, 梅姝娥. 民营科技企业的技术创新战略和政策选择 [M]. 北京: 科学出版社, 2005.

[81] 仲伟俊, 梅姝娥. 企业技术创新管理理论与方法 [M]. 北京: 科学出版社, 2009.

[82] 朱礼. 百人会: 我国新能源汽车差距在哪? [N]. 中国城市报, 2016 – 01 – 18 (13).

[83] 朱丽献. 企业技术创新采纳研究 [D]. 沈阳: 东北大学, 2008.

[84] Amir M, Amir R, Jin J. Sequencing R&D decisions in a two-period duopoly with spillovers [J]. Economic Theory, 2000, 15: 297 – 317.

[85] Amir R. Endogenous timing in two-player games: a counterexample [J]. Games and Economic Behavior, 1995, 9: 234 – 237.

［86］ Amir R. Modelling imperfectly appropriable R&D via spillovers ［J］. International Journal of Industrial Organization, 2000, 18：1013 – 1032.

［87］ Amir R, Wooders J. Effects of one-way spillovers on market shares, industry price, welfare and R&D cooperation ［J］. Journal of Economics and Management Strategy, 1999, 8 （2）：223 – 249.

［88］ Andersona S, Palma A, Thisse J. Privatization and efficiency in a differentiated industry ［J］. European Economic Review, 1997, 41：1635 – 1654.

［89］ Arrow K J. The economic implications of learning by doing ［J］. Review of Economic Studies, 1962, 29 （3）：155 – 173.

［90］ Asker J, Baccara M. Subsidies, entry and the distribution of R&D investment ［J］. International Journal of Industrial Organization, 2010, 28：254 – 270.

［91］ Atallah G. R&D cooperation with asymmetric spillovers ［J］. Canadian Journal of Economic, 2005, 38 （3）：919 – 936.

［92］ Barham B L, Chavas J, Fitz D. The roles of risk and ambiguity in technology adoption ［J］. Journal of Economic Behavior & Organization, 2014 （97）：204 – 218.

［93］ Betz F. Strategic technology management ［M］. McGraw – Hill, NY, 1993.

［94］ Blundell R, Griffith R, Van Reenen J. Market share, market value and innovation in a panel of British manufacturing firms ［J］. Review of Economic Studies, 1999, 66 （3）：529 – 554.

［95］ Bondarev A. Endogenous specialization of heterogeneous innovative activities of firms under the technological spillovers ［J］. Journal of Economic Dynamics & Control, 2014, 38：235 – 249.

［96］ Brod A, Shivakumar R. R&D cooperation and joint exploitation of R&D ［J］. Canadian Journal of Economics, 1997, 30 （3）：673 – 684.

［97］ Broekel T, Fornahl D, Morrison A. Another cluster premium：innovation subsidies and R&D collaboration networks [J]. Research Policy, 2015, 44: 1431 – 1444.

[98] Bronzini R, Piselli P. The impact of R&D subsidies on firm innovation [J]. Research Policy, 2016, 45: 442 – 457.

[99] Carluccio J, Fally T. Foreign entry and spillovers with technological incompatibilities in the supply chain [J]. Journal of International Economics, 2013, 90: 123 – 135.

[100] Cassiman B, Veugelers R. In search of complementarity in innovation strategy: internal R&D and external knowledge acquisition [J]. Management Science, 2006, 52 (1): 68 – 82.

[101] Cato S. Mixed oligopoly, productive efficiency, and spillover [J]. Economics Bulletin, 2008, 12 (33): 1 – 5.

[102] Cato S. Privatization policy and cost-reducing investment by the private sector [J]. The Manchester School, 2011, 79 (6): 1157 – 1178.

[103] Cato S. Public monopoly, mixed oligopoly and productive efficiency: a generalization [J]. Economics Bulletin, 2008, 12 (24): 1 – 7.

[104] Cellini R, Lambertini L. Dynamic R&D with spillovers: competition vs cooperation [J]. Journal of Economic Dynamics & Control, 2009, 33: 568 – 582.

[105] Chao C – C, Yu E. S. H. Partial privatization, foreign competition, and optimum tariff [J]. Review of International Economics, 2006, 14 (1): 87 – 92.

[106] Chen H, Ma T. Technology adoption with limited foresight and uncertain technological learning [J]. European Journal of Operational Research, 2014, 239: 266 – 275.

[107] Chiou J, Hu J. Environmental research joint ventures under emission Taxes [J]. Environmental and Resource Economics, 2001, 20: 129 – 146.

[108] Clausen T. Do subsidies have positive impacts on R&D and innova-

tion activities at the firm level? [J]. Structural Change and Economic Dynamics, 2009, 20: 239 – 253.

[109] Colombo M, Grilli L, Murtinu S. R&D subsidies and the performance of high-tech start-ups [J]. Economics Letters, 2011, 112: 97 – 99.

[110] Dai X, Cheng L. The effect of public subsidies on corporate R&D investment: an application of the generalized propensity score [J]. Technological Forecasting & Social Change, 2015, 90: 410 – 419.

[111] d'Aspremont C, Jacquemin A. Cooperative and noncooperative R&D in duopoly with spillovers [J]. American Economic Review, 1988, 78: 1133 – 1137.

[112] Dijkstra B R, Mathew A J, Mukherjee A. Privatization in the presence of foreign competition and strategic policies [J]. Journal Economic, 2015, 114: 271 – 290.

[113] Doraszelski U. Innovations, improvements, and the optimal adoption of new technologies [J]. Journal of Economic Dynamics & Control, 2004, 28: 1461 – 1480.

[114] Ederington J, McCalman P. Technology adoption, government policy and tariffication [J]. Journal of International Economics, 2013, 90: 337 – 347.

[115] Elberfeld W, Nti, K. O. Oligopolistic competition and new technology adoption under uncertainty [J]. Journal of Economics, 2004, 82 (2): 105 – 121.

[116] Erkal N, Piccinin D. Cooperative R&D under uncertainty with free entry [J]. International Journal of Industrial Organization, 2010 (28): 74 – 85.

[117] Fanelli V, Maddalena L. A time delay model for the diffusion of a new technology [J]. Nonlinear Analysis: Real World Applications, 2012: 643 – 649.

[118] Farzin Y H, Huisman K J M. Optimal timing of technology adoption

[J]. Journal of Economic Dynamics and Control, 1998, 22 (5): 779 –799.

[119] Fernández – R J. Managerial delegation in a mixed duopoly with a foreign competitor [J]. Economics Bulletin, 2009, 29 (1): 90 –99.

[120] Fjell K, Heywood J S. Mixed oligopoly, subsidization and the order of firm's moves: the relevance of privatization [J]. Economics Letters, 2004, 83: 411 –416.

[121] Formaneck S, Cozzarin B. Technology adoption and training practices as a constrained shortest path problem [J]. Omega, 2013, 41 (2): 459 – 472.

[122] Freeman C, Soete L. The economics of industrial innovation [M]. Cambridge: The MIT Press, 1997.

[123] Fujiwara K. Privatization in a differentiated mixed oligopoly [J]. Journal of Economics, 2007, 92 (1): 51 –65.

[124] Fu Qiang, Lu Jingfeng, Lu Yuanzhu. Incentivizing R&D: prize or subsidies? [J]. International Journal of Industrial Organization, 2012, 30: 67 – 79.

[125] Gaitsgory V, Tarnopolskaya T. On adoption of new technology under uncertainty [J]. 20th International Congress on Modelling and Simulation, Adelaide, Australia, 2013: 1433 –1439.

[126] Ghosh A, Mitra M. Comparing bertrand and cournot in mixed markets [J]. Economics letters, 2010, 109 (2): 72 –74.

[127] Gil – Molto M J, Poyago – Theotoky J, Zikos V. R&D policy and privatization in a mixed oligopoly [C]. Department of Economics Working Paper Series WP 06 –22, Loughborough University, 2006.

[128] Goettler R, Gordon B R. Competition and product innovation in dynamic oligopoly [J]. Quant Mark Econ, 2014, 12: 1 –42.

[129] Gotz G. Strategic timing of adoption of new technologies under uncertainty: a note [J]. International Journal of Industrial Organization, 2000, 18: 369 –379.

[130] Hagspiel V, Huisman K J M, Nunes C. Optimal technology adoption when the arrival rate of new technologies changes [J]. European Journal of Operational Research, 2015, 243: 897 –911.

[131] Hagspiel V, Huisman K J M. R&D investment and technology adoption [C]. Working Paper, 2010.

[132] Halmenschlager C. R&D cooperation laggards versus a technological leader [J]. Economics of Innovation and New Technology, 2004, 13 (8): 717 –732.

[133] Haraguchi J, Matsumura T. Price versus quantity in a mixed duopoly with foreign penetration [J]. Research in Economics, 2014 (68): 338 – 353.

[134] Hauenschild N. On the role of input and output spillovers when R&D projects are risky [J]. International Journal of Industrial Organization, 2003, 21 (8): 1065 –1089.

[135] Helm C, Schottner A. Subsidizing technological innovations in the presence of R&D spillovers [J]. German Economic Review, 2008, 9 (3): 339 –353.

[136] Heywood J S, McGinty M. Cross-border mergers in a mixed duopoly [J]. Economic Modelling, 2010, 28: 328 –389.

[137] Heywood J S, Ye G. Optimal privatization in a mixed duopoly with consistent conjectures [J]. Journal Economic, 2010, 101: 231 –246.

[138] Heywood J S, Ye G. Partial privatization in a mixed duopoly with an R&D rivalry [J]. Bulletin of Economic Research, 2009, 61 (2): 165 –178.

[139] Hinloopen J. More on subsidizing cooperative and noncooperative R&D in duopoly with spillovers [J]. Journal Economic, 2000, 72 (3): 295 – 308.

[140] Hinloopen J. Subsidizing cooperative and noncooperative R&D in duopoly with spillovers [J]. Journal Economic, 1997, 66 (2): 151 –175.

[141] Hinloopen J. Subsidizing R&D cooperatives [J]. De Economist,

2001, 149 (3): 313 –345.

[142] Hinloopen J, Vandekerckhove J. Dynamic efficiency of cournot and bertrand competition: input versus output spillovers [J]. Journal Economic, 2009, 98 (2): 119 –136.

[143] Huang Y S, Hsueh T L, Zheng G H. Decisions on optimal adoption time for new technology [J]. Computers & Industrial Engineering, 2013, 65: 388 –394.

[144] Hud M, Hussinger K. The impact of R&D subsidies during the crisis [J]. Research Policy, 2015, 44: 1844 –1855.

[145] Huisman KJM, Kort P. Strategic investment in technological innovations [J]. European Journal of Operational Research, 2003, 144 (1): 209 – 223.

[146] Ishibashi K, Kaneko T. Partial privatization in mixed duopoly with price and quality competition [J]. Journal Economic, 2008, 95: 213 –231.

[147] Jain R, Pal R. Mixed duopoly, cross-ownership and partial privatization [J]. Journal of Economics, 2012, 107: 45 –70.

[148] Jirjahn U. R&D and the use of spillovers [J]. Economics Letters, 2007, 96: 84 –88.

[149] José Gil – Moltó M, Poyago – Theotoky J. R&D subsidies, spillovers, and privatization in mixed markets [J]. Southern Economic Journal, 2011, 78 (1): 233 –255.

[150] Kamien M, Muller E, Zang I. Research joint ventures and R&D cartels [J]. American Economic Review, 1992, 82: 1293 –1306.

[151] Kato K, Tomaru Y. Mixed oligopoly, privatization, subsidization, and the order of firms' moves: several types of objectives [J]. Economics Letters, 2007, 96: 287 – 292.

[152] Kesavayuth D, Zikos V. R&D versus output subsidies in mixed markets [J]. Economics Letters, 2013, 118: 293 –296.

[153] Kondo H. International R&D subsidy competition, industrial agglom-

eration and growth [J]. Journal of International Economics, 2013, 89: 233 –
251.

[154] Kurtyka O, Mahenc P. The switching effect of environmental taxation within Bertrand differentiated duopoly [J]. Journal of Environmental Economics and Management, 2011, 62: 267 – 277.

[155] Lin M H, Ogawa H. Cost reducing incentives in a mixed duopoly market [J]. Economics Bulletin, 2005, 12 (6): 1 – 6.

[156] Love J H, Roper S. Location and network effects on innovation success: evidence for UK, German and Irish manufacturing plants [J]. Research Policy, 2001, 30 (1): 313 – 332.

[157] Mansfield E. The economics of technological change [M]. New York: WW Norton & Company, 1971.

[158] Matsumura T, Kanda O. Mixed oligopoly at free entry markets [J]. Journal of Economics, 2005, 84: 27 – 48.

[159] Matsumura T, Matsushima N, Cato S. Competitiveness and R&D competition revisited [J]. Economic Modelling, 2013, 31: 541 – 547.

[160] Matsumura T, Matsushima N, Ishibashi I. Privatization and entries of foreign enterprises in a differentiated industry [J]. Journal of Economics, 2009, 98: 203 – 219.

[161] Matsumura T, Okumura Y. Privatization neutrality theorem revisited [J]. Economics Letters, 2013, 118: 324 – 326.

[162] Matsumura T. Partial privatization in mixed duopoly [J]. Journal of Public Economics, 1998, 70: 473 – 483.

[163] Matsumura T. Stackelberg mixed duopoly with a foreign competitor [J]. Bulletin of Economic Research, 2003, 55 (3): 275 – 287.

[164] Michie J, Sheehan M. Labour market deregulation, flexibility and innovation [J]. Cambridge Journal of Economics, 2003, 27 (1): 123 – 143.

[165] Milliou C, Petrakis E. Timing of technology adoption and product market competition [J]. International Journal of Industrial Organization, 2011,

29: 513 - 523.

[166] Miyagiwa K, Ohno Y. Uncertainty, spillovers, and cooperative R&D [J]. International Journal of Industrial Organization, 2002, 20: 855 - 876.

[167] Naseem A. Spillovers. Joint ventures and social welfare in a mixed duopoly R&D [C]. Agricultural and Applied Economics Association Annual Meeting, 2006: 1 - 26.

[168] Nasierowski W, Arcelus F J. On the efficiency of national innovation systems [J]. Socio - Economic Planning Sciences, 2003 (37): 215 - 234.

[169] Nishimori A, Ogawa H. Public monopoly, mixed oligopoly and productive efficiency [J]. Australian Economic Papers, 2002, 41 (2): 185 - 190.

[170] Ohnishi K. Partial privatization in price-setting mixed duopolies with complementary goods [J]. Modern Economy, 2011, 2: 45 - 48.

[171] Ohnishi K. Partial privatization in price-setting mixed duopoly [J]. Economics Bulletin, 2010, 30 (1): 309 - 314.

[172] Ouchida Y, Goto D. Do emission subsidies reduce emission? In the context of environmental R&D organization [J]. Economic Modelling, 2014, 36: 511 - 516.

[173] Pal R, Saha B. Pollution tax, partial privatization and environment [J]. Resource and Energy Economics, 2015, 40: 19 - 35.

[174] Pal R. Technology adoption in a differentiated duopoly: cournot versus Bertrand [J]. Research in Economics, 2010, 64: 128 - 136.

[175] Petrakis E, Poyago - Theotoky J. Subsidies versus R&D cooperation in a duopoly with spillovers and pollution [J]. Australian Economic Papers, 2002, 41 (1): 37 - 52.

[176] Piga C, Poyago - Theotoky J. Endogenous R&D spillovers and locational choice [J]. Regional Science and Urban Economics, 2005, 35: 127 - 139.

[177] Poyago – Theotoky J. Equilibrium and optimal size of a research joint venture in an oligopoly with spillovers [J]. The Journal of Industrial Economics, 1995, 43 (2): 209 –226.

[178] Poyago – Theotoky J. Mixed oligopoly, subsidization and the order of firm's moves: an irrelevance result [J]. Economics Bulletin, 2001, 12: 1 –5.

[179] Poyago – Theotoky J. R&D Competition in a mixed duopoly under uncertainty and easy imitation [J]. Journal of Comparative Economics, 1998, 26: 415 –428.

[180] Qiu L D, Tao Z G. Policy on international R&D cooperation: subsidy or tax? [J]. European Economic Review, 1998, 42: 1727 –1750.

[181] Saha B. Mixed ownership in a mixed duopoly with differentiated products [J]. J Econ, 2009, 98: 25 –43.

[182] Sandonís J, Mariel P. Technology policy and antitrust in a polluting industry [J]. Prague Economic Papers, 2004 (1): 67 –81.

[183] Schumpeter J A. The theory of economic development [M]. Cambridge: Harvard University Press, 1923.

[184] Scrimitore M. Quantity competition vs. price competition under optimal subsidy in a mixed oligopoly [J]. Economic Modelling, 2014, 42: 166 – 176.

[185] Shibata T. Market structure and R&D investment spillovers [J]. Economic Modelling, 2014, 43: 321 –329.

[186] Silipo D B, Weiss A. Cooperation and competition in an R&D market with spillovers [J]. Research in Economics, 2005, 59: 41 –57.

[187] Slivko O, Theilen B. Innovation or imitation? The effect of spillovers and competitive pressure on firms' R&D strategy choice [J]. Journal of Economics, 2014, 112: 253 –282.

[188] Solo S C. Innovation in the capitalist process: a critique for the Schumpeterian theory [J]. The Quarterly Journal of Economics, 1951, 65 (3): 417 –428.

[189] Suzumura K. Cooperative and noncooperative R&D in an oligopoly with spillovers [J]. The American Economic Review, 1992, 82 (5): 1307 – 1320.

[190] Symeonidis G. Comparing cournot and bertrand equilibria in a differentiated duopoly with product R&D [J]. International Journal of Industrial Organization, 2003, 21 (1): 39 – 55.

[191] Tesoriere A. Competing R&D joint ventures in cournot oligopoly with spillovers [J]. Journal of Economics, 2015, 115: 231 – 256.

[192] Tesoriere A. Endogenous R&D symmetry in linear duopoly with one-way spillovers [J]. Journal of Economic Behavior & Organization, 2008, 66: 213 – 225.

[193] Tirole J. the Theory of industrial organization [M]. Cambridge: The MIT Press, 1988.

[194] Tomaru Y. Mixed oligopoly, partial privatization and subsidization [J]. Economics Bulletin, 2006, 12 (5): 1 – 6.

[195] Tomaru Y. Privatization, productive efficiency and social welfare with a foreign competitor [J]. Research in Economics, 2007, 61 (4): 224 – 232.

[196] Tsutomu H. Advantages of backwardness and forwardness with shifting comparative advantage [J]. Research in Economics, 2012, 66: 72 – 81.

[197] Uzun A. Technological innovation activities in Turkey: the case of manufacturing industry, 1995 – 1997 [J]. Technovation, 2001, 21 (3): 189 – 196.

[198] Wang L F S, Chen T L. Do cost efficiency gap and foreign competitors matter concerning optimal privatization policy at the free entry market? [J]. J Econ, 2010, 100: 33 – 49.

[199] Wang L F S, Chen T L. Mixed oligopoly, optimal privatization, and foreign penetration [J]. Economic Modelling, 2011, 28: 1465 – 1470.

[200] Wang L F S, Wang J. Environmental taxes in a differentiated mixed

duopoly [J]. Economic Systems, 2009, 33: 389 –396.

[201] Yi S. The welfare effects of cooperative R&D in oligopoly with spillovers [J]. ReviewofIndustrial Organization, 1996, 11: 681 –698.

[202] Zanchettin P. Differentiated duopoly with asymmetric costs [J]. Journal of Economics and Management Strategy, 2006, 15 (4): 999 –1015.

[203] Zhang Y, Mei S, Zhong W. New technology adoption in a Cournot oligopoly with spillovers [J]. Journal of Economics, 2014, 112: 115 –136.

[204] Zikos V, Kesavayuth D. Equilibrium and optimal R&D roles in a mixed market [J]. ICFAI University Journal of Industrial Economics, 2008, 5 (2): 31 –37.

后　记

　　光阴荏苒，岁月如梭。蓦然回首，心中无限感慨。在本书的撰写过程中，我得到了无数无私的帮助，在此向所有关心我、帮助我的人们表示衷心的感谢！

　　首先，我要感谢我的恩师仲伟俊教授为我所付出的心血。本书是在恩师的悉心指导下完成的，从选题到写作、修改直到成型，每个过程都得到了恩师的耐心指导。仲老师为本书提供了很多宝贵和建设性的意见，并在百忙之中对本书仔细审改，本书的每章每节、字里行间都倾注了恩师辛勤的汗水。回想起恩师一遍遍地帮我认真修改文稿的场景，内心无比感激。仲老师渊博的学识、孜孜不倦的求索精神、严谨的治学态度、敏锐的洞察力、认真求实的工作作风，使我铭记于心、终生难忘，并将成为我终身受益的精神财富。从仲老师身上，我不仅学到了如何做学问，更学到了很多做人的道理。在此表示我最诚挚的谢意！

　　感谢课题组的另一位恩师梅姝娥教授。多年来，梅老师不仅一直在学习方面给予我指导与勉励，在生活方面也给予了我无私的关心与帮助。在本书撰写过程中梅老师提出了许多建设性意见，梅老师的帮助令我受益匪浅，对此表示最真挚的谢意！

　　感谢周宇老师在学习和生活方面给予的大力帮助。感谢高星师兄、张艳芳师姐在文献阅读、写作方面给予我的极大帮助，师兄师姐一直是我的榜样，他们的为人处事，他们对科研的热爱永远值得我学习。

　　感谢课题组顾建强、方玲、朱树婷、赵江、邹翔、潘崇侠、蔡传晰、陈之中、魏尉、马亮、严磊、成燕、张宇翔、江芬芬、鲍立江等兄弟姐妹们在学习和生活上的无私帮助。感谢安徽省自然科学基金面上项目（项目编号：2108085MG243）和安徽省哲学社会科学规划项目（项目编号：

AHSKQ2021D09）对研究工作的支持。

特别感谢我的家人对我一直以来的关心和支持。感谢父母对我多年的养育，他们无私的关爱与付出，是我终身难以报答的。感谢我的爱人，用她那并不厚实的肩膀默默扛起了家庭的重担，在我低落与迷茫时她给予我安慰，她的支持与鼓励是我坚持到底的动力。感谢我可爱的儿子，他那纯真快乐的笑容是我生活、学习、工作的不竭动力。

谨以此书献给所有关怀、帮助、支持、鼓励我的亲人、师长、学友和朋友们！

图书在版编目（CIP）数据

后发国家企业技术创新投入和采纳策略研究/张伟著.
—北京：经济科学出版社，2021.8
ISBN 978 - 7 - 5218 - 2717 - 0

Ⅰ.①后…　Ⅱ.①张…　Ⅲ.①发展中国家－企业创新
－研究　Ⅳ.①F273.1

中国版本图书馆 CIP 数据核字（2021）第 141905 号

责任编辑：赵　芳
责任校对：齐　杰
责任印制：范　艳

后发国家企业技术创新投入和采纳策略研究
张　伟　著
经济科学出版社出版、发行　新华书店经销
社址：北京市海淀区阜成路甲 28 号　邮编：100142
总编部电话：010 - 88191217　发行部电话：010 - 88191522
网址：www. esp. com. cn
电子邮箱：esp@ esp. com. cn
天猫网店：经济科学出版社旗舰店
网址：http://jjkxcbs. tmall. com
北京季蜂印刷有限公司印装
710 × 1000　16 开　13 印张　200000 字
2021 年 12 月第 1 版　2021 年 12 月第 1 次印刷
ISBN 978 - 7 - 5218 - 2717 - 0　定价：58.00 元
（图书出现印装问题，本社负责调换。电话：010 - 88191510）
（版权所有　侵权必究　打击盗版　举报热线：010 - 88191661
QQ：2242791300　营销中心电话：010 - 88191537
电子邮箱：dbts@ esp. com. cn）